형상과 해학의
중국숙어

# 歇後語

溫端政 지음
제해성 역주

부록: ≪常用 歇後語 100句≫

신아사

商務印書館(北京) 2000年再版 ≪歇後語≫

# 역자서문

'숙어(熟語)'는 언어생활에서 사람들의 입에 자주 오르내리며 상용되는 기성의 정형화된 고정어구(固定語句) 또는 문장표현이다. 형태적으로는 두 개 이상의 낱말로 이루어져 있으면서 그 낱말들의 뜻만으로는 전체의 의미를 알 수 없는, 관용적으로 특유한 의미를 나타내는 어구이다. 중국어에서 널리 쓰이는 숙어를 '상용어(常用語)'라고도 하는데, 성어(成語), 속어(俗語), 언어(諺語), 격언(格言), 관용어(慣用語), 헐후어(歇後語) 등이 여기에 속한다.

'성어(成語)'는 의미의 완전성과 구조의 응집력이 두드러지는 숙어로, 광범위한 사회구성원들에 의해 널리 사용되는 사회성과 장기간에 걸쳐 이어져 내려온 역사성을 지닌다. 구성성분들 간의 결합관계가 매우 긴밀하기 때문에 임의로 바꾸거나 떼어낼 수 없다. 또 그 격식에 있어서 흔히 '사자성어(四字成語)'라고 불릴 정도로 네 글자로 된 것이 절대다수를 차지한다. 성어를 적절하게 잘 구사하면, 간결하고 분명하며 함축적이고 생동감과 리듬감을 갖춘 품격 있는 중국어 표현이 가능해진다.

'속어(俗語)'나 '언어(諺語)'는 모두 '속담(俗談)'을 말하는데, 대중들의 입을 통해 널리 전파되어 쓰이고 있는 문장형식의 고정어구이다. 구어(口語)에 뿌리를 두고 있어서 짧고 예리하며 통속적이고 알기 쉬운 특징을 지니며, 민족정서나 지방색이 매우 강하다. 성어가 문장의 일부 성분으로 활용되어 개념을 나타내는데 비해, 속담은 모두 문장의 형식으로 되어 있고 판단 또는 추리를 표시한다. 또 성어보다는 형식이 비교적 자유롭지만, 일반 문장보다는 훨씬 고정성이 강하여 임의로 바꿀 수 없다. 내용적으로는 농사, 계절, 날씨 및 다양한 사회생활과 관련된 것이 많으며, 그 속에 사리나 인생의 이치 등을 담고 있기도 하다.

'격언(格言)'은 문장의 형식으로 되어 있어 고정성이 강하여 임의로 바꿀 수 없다는 점에서 속담과 같지만, 교훈적 의미가 특히 강하고 유명인사의 어록에서 나와 대중들 사이에서 널리 쓰이는 점이 속담과 다르다.

'관용어(慣用語)'는 구어의 색채가 강하고 함의가 비교적 단순한 숙어로, 통상 '동사(V)+목적어(O)'의 구조로 되어 있다. 다른 숙어에 비해 구성성분을 분리하거나 그 사이에 다른 표현을 삽입할 수 있는 융통성을 지닌다. 어구의 표면적인 뜻보다는 비유(比喩) 또는 연상(聯想)작용에 의해 개괄된 의미로 쓰이고, 마치 은어(隱語)처럼 부정적인 의미를 띠는 경우가 많기 때문에 때와 장소를 가려 써야한다.

'헐후어(歇後語, Chinese Two-Part Allegorical Sayings)'는 '뒤 자른 말' 또는 '에두른 말'로 옮길 수 있는데, 속뜻을 직접 드러내지 않고 비유적(比喩的)으로 에둘러 표현하는 매우 형상적(形象的)이고 해학적(諧謔的)인 숙어이다. 보통 앞뒤 두 부분으로 나뉘어져 있는데, 앞부분은 수수께끼문제처럼 어떤 사물, 동작, 상황 등을 비유하거나 묘사하고 뒷부분은 수수께끼답안처럼 그것에 대해 구체적으로 설명하는 방식을 취한다. 통상적으로는 단음절어인 중국어의 특성을 살려 '음이 같거나 비슷한 글자(諧音字)'를 써서 우회적으로 속뜻을 드러내는 경우가 많다. 또한 '헐후어'의 문자 의미 그대로 뒷부분을 쉬고 말하지 않는 경우가 있지만, 모든 헐후어가 다 그런 것은 아니다.

≪형상과 해학의 중국숙어 '헐후어'≫(부록: 상용 헐후어 100구)는 헐후어를 학습하고 연구하려는 국내 중국어문학 관련전공의 학부생(특히 '중등교원임용시험－중국어' 준비생)과 대학원생들을 주요대상으로 역주하였다. 우선 중국에서 이미 '헐후어 이론서'로 정평이 나있는 북경 상무인서관(商務印書館)의 '한어지식총서(漢語知識叢書)' 중 한 권인 ≪헐후어(歇後語)≫를 우리말로 역주하고, 권말에 '중국에서 상용되는 헐후어 100구'를 부록으로 제시하여 하나하나의 의미를 상세하게 해설하였다.

중국숙어 중 우리에게 비교적 생소한 헐후어에 대해 평소 흥미를 갖고 있으나 체계적으로 학습할 기회가 없었던 학생들이, 이 책을 통하여 헐후어와 관련된 이론지식을 두루 이해하고 중국에서 상용되는 헐후어를 집중 연습하여 실제 중국어회화와 작문에서 고급스런 헐후어를 제대로 사용할 수 있게 된다면 이 책을 역주한 보람을 조금이나마 느끼게 될 것이다.

≪헐후어(歇後語)≫의 저자 온단정(溫端政, Wen Duan-zheng) 선생은 중국어어휘학(漢語語彙學), 특히 헐후어 및 상용어 전반에 걸친 연구와 관련 사전의 편찬에 있어서 큰 업적을 남긴 중국을 대표하는 언어학자이다. 저자는 1932년 절강성(浙江省) 온주시(溫州市)에서 태어나서 온주고등학교를 졸업한 후, 온주의 신화서점(新華書店)에서 일하다가 북경대학(北京大學) 중국어문학과(中國語言文學系)에 입학하였다. 1958년 졸업 후, 산서성(山西省) 흔현사범전문학교(忻縣師範專科學校), 진북사범전문학교(晋北師範專科學校), 산서성교육대학(山西省教育學院)에서 교

수를 하다가 1978년 산서성사회과학연구소(山西省社會科學研究所)로 옮겨 언어연구실(語言硏究室) 주임을 맡았다. 1980년 학술지 ≪어문연구(語文硏究)≫의 창간에 참여하였으며, 그 후 주편(主編)을 맡았다. 1983년 산서성사회과학연구소가 산서성사회과학원(山西省社會科學院)으로 개편된 이후 언어연구소(語言硏究所) 소장을 맡았다. 이어서 산서성언어문자공작위원회(山西省語言文字工作委員會) 부주임, 전국한어방언학회(全國漢語方言學會) 이사, 중국사서학회(中國辭書學會) 이사, 산서성언어학회(山西省語言學會) 부회장을 두루 역임하였다. 지금도 산서성언어학회 명예회장과 산서성사회과학원 언어연구소 명예소장으로 학술활동을 계속하고 있다.

그가 저술한 중국어어휘연구방면의 논저로는 ≪한어어휘학(漢語語彙學)≫ 외에도 ≪헐후어≫와 ≪언어(諺語)≫가 있는데, 각각 헐후어와 언어(諺語)의 성질, 구조, 어의(語義), 어법기능 및 수사작용 등에 대해서 중점적으로 논술하였다. 특히, ≪헐후어≫는 1985년 북경 상무인서관에서 초판이 나온 이후, 1989년 일본학자 아이하라 시게루(相原茂)와 시라이 게이스케(白井啓介)가 일본어로 편역한 ≪헐후어의 이야기: 중국의 언어유희(歇後語のはなし：中國のことば遊び)≫가 동경(東京) 광생관(光生館)에서 출판되기도 하였다. 공저한 ≪20세기한어속어연구(二十世紀漢語俗語硏究)≫는 중국어속담연구의 역사와 현황에 대해서 비교적 객관적으로 서술하였다. 그는 또 30여 년간 상용어관련사서(辭書)의 편찬에 온힘을 다 바쳤는데, ≪중국속어대사전(中國俗語大辭典)≫, ≪고금속어집성(古今俗語集成)≫, ≪언해(諺海)≫, ≪한어상용어사전(漢語常用語詞典)≫, ≪중국헐후어대사전(中國歇後語大詞典)≫, ≪신화헐후어사전(新華歇後語詞典)≫ 등 각종 중국상용어사전의 편찬을 주도하였다.

역자는 저자 온단정 선생을 만나기 위해 2008년 7월 중국 산서성 태원시(太原市)에 있는 산서성사회과학원을 한 차례 방문한 적이 있다. 퇴직 후 명예직만 맡으며 당시 태원시에 부재중인 저자를 아쉽게도 직접 만나보지 못하고 돌아왔지만, 최근 이 책의 번역작업을 끝내고 저자의 동의를 구하기 위해 보낸 서신에 의해 가까스로 연락이 닿아 다행히도 저자의 가르침을 구할 수 있게 되었다. 여든의 고령에도 불구하고 수차 회신을 보내 번역서의 출판을 흔쾌히 동의하고 격려해 주신 저자에게 고마움을 표함과 동시에 그의 평생 학문적 업적에 머리 숙여 경의를 표한다.

끝으로 역자의 최근 수년간 숙원사업이던 이 책을 신아사(新雅社)에서 출판할 수 있도록 애써 주선해주신 한규갑 상무님, 출판을 허락해 주신 정현걸 사장님, 책다운 책으로 만들어주신 김금란 실장님께 진심으로 감사드린다.

2012년 2월, 수월재(水月齋)에서

제해성(諸海星) 삼가 씀

# 일러두기

1. 이 책은 온단정(溫端政)이 지은 ≪헐후어(歇後語)≫(북경: 상무인서관, 1985년 초판, 2000년 재판)를 우리말로 역주한 것이다. 부록한 ≪상용 헐후어 100구≫는 중국 간체자본 ≪헐후어(歇後語) 100≫(북경: 화어교학출판사, 2003년)과 같은 책의 대만 번체자본 ≪초피화(俏皮話) 100≫(대북: 영활문화사업유한회사, 2003년)의 중국어 원문을 참고하여 우리말로 해설한 것이다.

2. ≪헐후어(歇後語)≫ 원서의 마지막 장인 <제7장 헐후어의 규범화>는 "헐후어의 규범화(規範化)를 위해서 헐후어의 건강과 교양에 주의해야하고, 헐후어 구조형식의 정형화에 주의해야하며, 지역성이 강한 헐후어의 사용에 주의해야하고, 헐후어 서면형식의 통일에 주의해야한다."는 저자의 개인적인 주장을 담고 있다. 저자의 표현대로 '헐후어의 규범화'는 매우 복잡한 문제이기에 사용자와 연구자의 공통적인 탐구토론이 필요할 뿐만 아니라, 헐후어가 올바른 방향으로 발전할 수 있도록 사회적으로도 지속적인 관심을 갖고 지켜보아야 할 문제이다. 특히 이 장절의 논술내용 중 일부는 정치이념적 색채를 띠고 있기에 그 내용을 생략해도 헐후어를 전체적으로 이해하는데 무방하다고 판단하여 이 책에서는 일일이 번역하여 소개하지 않았다.

3. 원서의 내용을 우리말로 옮길 때, 이 책의 독자가 주로 헐후어를 학습하고 연구하려는 중국어문학 관련전공의 학생들인 점을 충분히 고려하였다. 문장의 유려함을 좇아 지나친 수식을 추구하기보다는 표현이 다소 딱딱하더라도 원서에 사용된 중국어의 원래의미를 최대한 살려서 그 하나하나의 의미를 한 글자도 빠뜨리지 않고 우리말로 상세하고 정확하게 옮기려고 노력하였다. 우리말로 옮기는 과정에서 일부 용어(주로 학술용어)는 괄호 속에 원서의 해당 중국어어휘를 참고로 밝혔다.

4. 원서의 인용예문 끝에 저자가 명기한 예문의 출처는 각주를 사용하여 상세하게 밝혔으며, 원서에는 없지만 독자들의 이해를 돕기 위하여 보충이나 부연 설명이 필요한 경우에도 역시 각주를 사용하여 별도의 '역자주(譯者註)'를 달았다.

5. 학술논문제목을 제외한 서명과 편명 또는 작품명은 번역하지 않고 중국어(한자) 그대로 표기하였으며, 역주자의 평소 지론에 따라서 중국어인명과 지명 등 각종 고유명사는 모두 중국어발음이 아닌 우리 한자음으로 표기하였다.

6. 이 책에 쓰인 중국어 예문은 모두 정자(正字)인 번체자(繁體字)로 적었다. 부록한 ≪상용 헐후어 100구≫의 표제 헐후어는 번체자와 중국 대륙에서 쓰는 간체자(簡體字) 및 한어병음(漢語拼音)을 대조하여 제시하였고, 헐후어 설명은 번체자로 적었다.

7. 중국어 예문의 문장부호는 '중국어문장부호(標點符號)'의 용례 원칙에 따랐다.

8. 이 책에 쓰인 주요 문장부호는 다음 원칙에 따랐다.

“ ” : 직접인용 및 중국어 어구를 강조할 때

‘ ’ : 간접인용 및 한국어 어구를 강조할 때

≪ ≫ : 책, 학술지, 신문잡지의 이름을 표기할 때

< > : 책의 편명, 작품명, 논문제목을 표기할 때

( ) : 한자와 중국어를 표기하거나 생략 및 보충설명을 할 때

[ ] : 앞의 어휘나 구를 대체하거나 헐후어의 속뜻을 표기할 때

{ } : 헐후어 속의 해음자(諧音字) 및 해당하는 내용을 표기할 때

; : 헐후어 뒷부분( —— )의 설명하는 내용을 우리말로 표기할 때

9. 이 책에서 사용한 중국어 문법용어의 우리말 번역용어는 가급적 <중국어 문법용어 통일시안>(한국중국언어연구회, 1991년 6월)에 따랐다.

# 목 차

형상과 해학의 중국숙어

# 歇後語

# 제1장
# 헐후어(歇後語)의 명칭과 성질

중국어에는 '泥菩薩過江 — 自身難保(진흙으로 만든 보살이 강을 건너다 ; 자기 자신도 보전하기 어렵다)', '黃鼠狼給鷄拜年 — 不安好心(족제비가 닭에게 세배하다 ; 좋은 마음을 품고 있지 않다)', '大水淹了龍王廟 — 一家人不認識一家人(홍수가 용왕사당을 잠기게 하다 ; 한 집안 식구끼리 알아보지 못하다)' 등과 같이 대중들에 의해 즐겨 사용되는 어휘(語彙)가 있다. 이러한 어휘는 예로부터 여러 가지 서로 다른 명칭을 가지고 있는데, 어떤 사람은 이런 어휘의 뒷부분이 때로는 생략될 수 있다는데 착안하여 그것을 '숨긴 말(藏詞)', '마지막 글을 줄인 말(縮脚語)', '뒷부분을 쉬고 말하지 않는 말(歇後語)'이라고 부르고, 어떤 사람은 이런 어휘의 앞뒤 두 부분 사이의 관계에 착안하여 그것을 '뒤를 풀이하는 말(解後語)' 또는 '비유하여 풀이하는 말(譬解語)'이라고 부른다. 또 어떤 사람은 이러한 어휘의 수사(修辭)상 특색에 착안하여 그것을 '해학적인 말(諧謔語)', '풍자[비난]하는 말(俏皮話)'이라고 부른다. 각 지방의 토속적인 명칭은 더욱 많은데, 예를 들어 동북(東北) 지방에서는 '초피합(俏皮嗑)'이라 부르고, 사천(四川) 지방에서는 '언자(言子)'라고 하며, 산동(山東)의 일부 지역에서는 '감자(坎子)', 하남(河南)의 일부 지역에서는 '규아(竅兒)', 절강(浙江)의 일부 지역에서는 '비어(譬語)', 산서(山西)의 일부 지역에서는 '양화(洋話)' 등으로 부른다. 이러한 명칭 중에서 가장 대표적인 것이 '헐후어

(歇後語)'와 '비해어(譬解語)'이다. 이 두 가지 명칭의 영향이 비교적 크긴 하지만 학술명칭으로서는 모두 이런 어휘의 가장 본질적인 특징을 반영해낼 수 없기 때문에 문제를 제기하여 토론할 필요가 있다.

먼저 '헐후어(歇後語)'란 이 명칭에 대해 설명해보자.

왜 이러한 어휘를 '헐후어'라고 불러야 하는가? 이름을 지은 사람이 설명하지 않았지만, 후인의 해석으로는 대체로 두 종류가 있다. 하나는 이러한 어휘가 "두 부분으로 구성되어있고, 말할 때 두 부분 사이의 어기는 비교적 길게 멈추었다 읽어야 하기 때문에 이로 인해 이름을 얻었다"는 것이다. 다른 하나는 이런 어휘는 '반 토막 말(半截話)'로 "뒤 반 토막은 말을 하든 말든 결코 중요하지 않아" 뒤 반 토막은 "항상 말하지 않기 때문에 헐후어라고 부른다"는 것이다. 전자의 견해는 확실히 성립될 수 없는데, 왜냐하면 두 부분으로 구성되고 중간에 어기의 휴지(休止)가 있는 어휘가 매우 많기 때문이다. 적지 않은 언어(諺語)와 성어(成語) 역시 두 부분으로 이루어져 있고 중간에 어기의 휴지가 있지만, 이 때문에 그것들을 헐후어라고 말할 수 없다. 동시에 '兎子尾巴長不了(토끼꼬리는 길어질 수 없다)', '出頭的椽子先爛(뾰족한 서까래가 먼저 썩다 [모난 돌이 정 맞는다])', '丈二和尙摸不着頭腦(1장 2척의 중은 머리를 만져볼 수 없다 [영문을 알 수 없다])' 등과 같은 헐후어는 앞뒤 두 부분 사이 어기의 휴지가 모두 짧다. 그러므로 이러한 견해를 견지하는 사람은 많지 않다. 그러나 후자의 견해는 오히려 널리 퍼져있고, 헐후어와 관련된 많은 논저들이 모두 이 견해를 취하였다. 그러나 이것 역시 언어 실천면에서의 검정을 견뎌내지 못하였다. 이런 어휘가 '뒷부분을 쉬고 말하지 않는(歇後)' 것이 결코 아니라는 것을 많은 사실들이 증명하였다. ≪홍루몽(紅樓夢)≫, ≪유림외사(儒林外史)≫, ≪서유기(西遊記)≫, ≪폭풍취우(暴風驟雨)≫, ≪이자성(李自成)≫ 등 520여 편의 문예작품에서 사용된 4,893개의 헐후어에 대한 우리의 통계에 따르면, 뒷부분을 '쉬고 말하지 않는' 것은 단지 375개로 12분의 1도 차지하지 않는다.

왜 헐후어의 뒷부분은 일반적으로 '쉬고 말하지 않지(즉, 생략하지)' 않는가? 이는 헐후어를 구성하는 앞뒤 두 부분이 밀접하게 서로 연결되어 있고, 뒷부분은 여전히 뜻을 나타내는 중점이 있는 곳이어서, 만약 무리하게 뒷부분을 '쉬고 말하지 않게' 된다면 표현의 효과에 영향을 줄 수 있기 때문이다.

첫째, 이해하기 힘들다는 것이다. 예를 들면 다음과 같다.

① 現在合作化了, 原來一家一戶的打麥場都合在一起了。原來的石碾子還用不完, 誰來買你們的。這就叫做：**沒出嫁的閨女做鞋子——不管女婿脚大小**。[1)]

지금은 협동화되어서 원래 집집마다 있던 보리타작 마당이 모두 한데 합쳐졌어. 원래 있던 탈곡용 돌도 아직 다 사용하지 않았는데 누가 너희들의 것을 사겠어. 이게 바로 **'시집가지도 않은 딸이 신발을 만들다 ; 사위의 발 크기를 상관하지 않다'**라고 하는 거야.

② 卻說那三個魔頭, 齊心竭力, 與大聖兄弟三人, 在城東半山內, 努力爭持。這一場, 正是那"**鐵刷帚刷銅鍋, 家家挺硬**。"[2)]

오히려 그 세 명의 요괴가 마음을 합쳐 전력으로 성 동쪽 산허리에서 성인 형제 세 명과 힘껏 다투고 있다고 말했다. 이러한 장면은 바로 **'철**

1) 李準, ≪李雙雙小傳≫, 人民文學出版社, 1977年版, 236쪽.
2) 明·吳承恩, ≪西遊記≫(第77回), 人民文學出版社, 1959年版, 879쪽.

**수세미로 동 솥을 닦듯 양쪽 모두 아주 단단한[강경한] 것'**이다.

③ 衣服打濕了，又餓了一天，一個鬼毛也沒抓住。這眞是**薛仁貴不叫薛仁貴，叫白跑{袍}**。[3]

옷도 젖고, 하루 종일 굶었는데, 귀신 털 오라기 하나도 잡지 못했다. 이게 정말 **설인귀[4]를 설인귀라고 부르지 않고, 백포장군이라고 부르는 것{허탕을 친 것}**이다.

예문 ①의 '不管女婿脚大小'는 일을 하는데 있어 실제상황에서부터 출발하지 않음을 비유하는 것인데, 만약 '쉬고 말하지 않는다면' 쉽게 추측해내지 못할 것이다. 예문 ②의 '家家挺硬'의 원래 의미는 두 개의 물건이 모두 단단한 것을 가리키는 것이나, 문장 속에 사용되어 양측의 태도가 모두 완강함을 나타내는 것으로 전의(轉義) 되었다. 만약 '쉬고 말하지 않는다면' 역시 쉽게 추측할 수 없을 것이다. 예문 ③의 '白袍'는 '白跑(허탕 치다)'와 음이 같거나 비슷한 해음(諧音) 인데, 만약 '쉬고 말하지 않는다면' 그것은 더욱 추측해내기 어려울 것이다. 만약 무리하게 뒷부분을 '쉬고 말하지 않는다면', 듣는 사람은 문제를 제기하며 분명하게 말해주길 요구할 것이다. 경극(京劇) ≪옥당춘(玉堂春)≫ 중에 이러한 대화 한 단락이 있다.

潘必正：二位大人，……司吏把他二人好有一比。

王金龍、劉秉義：比作何來？

3) 王英先，≪楓香樹≫，中國青年出版社，1979年版，210쪽.
4) 역자주: '薛仁貴(612-681)'는 당(唐) 태종(太宗) 때 농민출신의 장군으로, 공을 많이 세우고 전쟁터에서 흰 두루마기(白袍)를 입어 '백포장군(白袍將軍)'이라고도 불렀다.

潘必正：**黃檗樹下撫瑤琴**。

王金龍、劉秉義：此話怎講？

潘必正：**苦中而取樂**啊!

劉秉義：我把他二人也好有一比。

王金龍、潘必正：比作何來？

劉秉義：**望鄕臺上摘牡丹**。

王金龍、潘必正：此話怎講？

劉秉義：**至死他也忘不了貪花**呀！5)

반필정: 두 명의 대인, ……제(관청의 관리)가 그 두 사람을 비유해보겠습니다.

왕금룡, 유병의: 어찌 비유하겠습니까?

반필정: **황벽나무 아래서 옥으로 만든 거문고를 타네.**

왕금룡, 유병의: 그 말이 무슨 말입니까?

반필정: **고통 속에서 즐거움을 취한다**는 거지요.

유병의: 나도 그 두 사람을 비유해보지요.

왕금룡, 반필정: 어찌 비유하겠습니까?

유병의: **망향대에서 모란을 꺾는구나.**

왕금룡, 반필정: 그 말이 무슨 말입니까?

유병의: **죽어서까지도 색[여자]을 탐하는 것을 잊지 못하는구나!**

---

5) 中國唱片廠編, ≪中國唱片大戲考≫, 上海文化出版社, 1958年版, 55쪽.

장편소설≪임해설원(林海雪原)≫에도 이러한 대화 한 단락이 있다.

"我早把咱們這一仗估計透了, 座山雕碰上咱們小分隊, 就好比**三十晚上咽了氣**。"

"此話怎講？"劉勳蒼知道老欒又來了疙瘩話。

**"活不到來年初一。"**[6)]

"나는 일찌감치 우리들의 이 전투를 꿰뚫어 예측했었어. 좌산조(座山雕)에서 우리 분대를 만난다는 것은 **삼십일 날 밤 숨을 거두는 것**과 같은 거야."

"그게 무슨 말이야?" 유훈창은 란씨가 또 성가신 말을 한다는 것을 알았다.

**"내년 초하루까지 살지 못한단 말이야."**

이와 같은 대사와 대화는 연극과 소설 속에서 흔히 보이는데, 헐후어의 뒷부분은 '말을 하든 말든 결코 중요하지 않다'는 것이 아니며, 일반적인 상황에서는 꼭 말해야지 그렇지 않으면 듣는 사람이 곧 '그게 무슨 말입니까?'라고 물을 것이란 것을 증명해준다.

둘째, 다른 의미를 발생시킬 수 있고, 심지어는 완전히 그 의미를 변화시킬 수 있다. 예를 들면 다음과 같다.

① "他呀！嘿, 能文能武, 文章寫得流暢, 還會刻寫一手好字。"編輯主任呵呵笑道："人們都說他是**張飛穿針 —— 粗中有細**哩!"[7)]

---

6) 曲波, ≪林海雪原≫, 作家出版社, 1958年版, 323쪽.

"그 말이지! 허, 문무에 모두 능해 글도 아주 유창하게 쓰고, 또 글씨도 잘 새기지." 편집장이 허허 웃으며 말했다. "사람들은 모두 그를 보고 **장비가 바늘에 실을 꿰듯이 거칠면서도 세심한 데가 있다**고들 하지!"

② 幾句話，把個馬連福說得**張飛穿針 ——大眼瞪小眼**，後脊背蘇蘇地冒涼氣。[8)]

몇 마디 말은 마연복을 **장비가 바늘에 실을 꿸 때 큰 눈이 작은 바늘구멍을 노려보는 것**과 같이 말하여, 뒤 등골이 오싹하였다.

③ 李鎖龍憑着兩手和肩膀，指揮水面配合，好容易地把鐵鎖對準了洞孔，開始穿鎖。但是潛水員上不着水，下不着地，中間無依靠，全憑浮力，一使勁就東晃西搖，弄得李鎖龍像**張飛穿針 ——有勁無處使**。[9)]

이쇄룡은 두 팔과 어깨에 의지해 수면을 저으며 조화되어 가까스로 철 자물쇠를 구멍에 맞추어 뚫기 시작했다. 그러나 잠수대원은 물 위로 올라오지도 땅으로 내려가지도 못하고, 중간에서 의지할 것도 없이 전적으로 부력에 의지해야 했기에 힘을 쓰자 곧 이리저리 움직여 이쇄룡은 **장비가 바늘에 실을 꿰니 힘이 있어도 쓸 수 없는 것**처럼 되었다.

이상의 세 가지 예문에서 앞부분은 모두 '張飛穿針(장비가 바늘에 실을 꿰다)'이나 뒷부분은 각각 '粗中有細(거칠면서도 세심한 데가 있다)', '大眼瞪小眼(큰 눈이 작은 눈을 노려보다)', '有勁無處使(힘이 있어도 쓸 곳이 없다)'로 하였는데, 만약 뒷부분을 '쉬고 말하지 않는다면' 추측하기도 어렵고, 그것들의 의미를 구별할 수도 없을 것이다.

---

7) ≪烽火南天≫，廣東人民出版社，1974年版，332쪽.
8) 浩然，≪艶陽天≫(第1卷)，人民文學出版社，1974年版，162쪽.
9) 沈順根，≪水下尖兵≫，北京人民出版社，1974年版，48쪽.

또 예를 들어보면 다음과 같다.

① 看你！**屬老鼠的，眼睛看寸光。**[10)]

넌 보아하니, **쥐처럼 식견이 좁구나.**

② 我又不是**屬老鼠的，撂下爪子就忘。**[11)]

나는 **쥐처럼 발을 내려놓자마자 잊어버리지는 않아.**

③ 你……是**屬鼠的，膽不如米粒大。**[12)]

너……**쥐처럼 소심한 것이 간[담]이 쌀 한 톨보다도 작구나.**

④ 這個老自私咋**屬耗子的 ——記吃不記打？**[13)]

이 늙은 이기주의자는 어째서 **쥐처럼 먹는 것만 기억하고 때린 것은 기억하지 못하니?**

이상의 네 가지 예문에서 앞부분은 모두 '屬老鼠[鼠, 耗子]的'이나 뒷부분은 각각 다른 표현을 가지고 있으니, 만약 모두 '쉬고 말하지 않는다면' 그것들의 의미를 추측하고 구별해낼 방법이 없을 뿐 아니라, 쉽게 오해를 일으켜 정말로 한 사람의 '띠(屬相)'를 말하는 것이라 여길 수 있다. 다시 예를 들면 다음과 같다.

① 羅大牛狠狠揮動拳頭, 大聲訓斥着, 弄得園丁個個**丈二金剛**

10) ≪草原民兵≫, 中國青年出版社, 1956年版, 48쪽.
11) 浩然, ≪艷陽天≫, 人民文學出版社, 1974年版, 1242쪽.
12) 李新民, ≪第一個春天≫, 山東人民出版社, 1959年版, 8쪽.
13) 管建勳, ≪雲燕≫, 人民文學出版社, 1976年版, 422쪽.

——**摸不着頭腦**, 茫茫然不知所措。[14]

나대우가 모질게 주먹을 휘두르며 큰 소리로 꾸짖자, 의용병들은 모두 **1장 2척의 금강은 머리를 만져볼 수 없어 [영문을 알 수 없어]** 어쩔 줄 몰라 하였다.

② 大伙擡頭一看, 可不是嘛！只見老政委執一把開山钁, 兩鬢、眼角、嘴邊、鼻子窩, 渾身上下, 同樣滿是黃沙。不知又是哪個小姑娘, 嘴快地喊了句："嘻！嘻嘻！老政委成了**丈二金剛**啦！"

모두가 고개를 들어보니, 늙은 정치위원이 산을 개척하는데 쓰는 곡괭이 한 자루를 들고 있는 것만이 보였다. 양쪽 귀밑머리, 눈초리, 입가, 콧구멍, 온 몸이 모두 누런 모래로 가득했다. 어느 아가씨인지는 몰라도 입이 싸게 소리 질렀다. "히히히! 늙은 정치위원께서 **1장 2척의 금강**이 되었네!"

예문 ①의 '丈二[15]金剛 — 摸不着頭腦'는 머리가 어지러워 방향감각을 잃고 뭐가 뭔지 갈피를 잡지 못함을 가리키는 것으로, '丈二金剛'은 단지 '제시하여 이끌어내는 말(引子)'로서만 작용한다. 예문 ②의 뒷부분이 없는 '丈二金剛'은 비유대상이 되어 의미도 완전히 다르고, 뒷부분 '摸不着頭腦'는 덧붙이고 싶어도 덧붙일 수 없다.

셋째, 문장의 완전성을 해쳐 문장으로 하여금 뜻을 표현하는 기능을 잃게 할 수 있다. 이는 앞뒤 두 부분 사이에 기타 언어성분을 끼워 넣거나 뒷부분이 분리되어 중간에 기타 언어성분을 끼워 넣을 때 가장

14) ≪烽火南天≫, 廣東人民出版社, 1974年版, 108쪽.
15) 역자주: '丈'은 길이의 단위이다. 1장은 10척(尺)이며 그 길이는 약 3.3미터이나, 실제는 사람 키 정도의 길이를 가리킨다. '丈二'은 1장 2척(약 4미터)을 말한다.

명백하게 드러난다. 예를 들면 다음과 같다.

① 現在是**啞巴吃蠶豆** ——黎元洪**心中有了數**, 他也慢慢地站起來, 邊擦眼淚邊躊躇, 口氣不同了 : "誰同你們造反 ? "16)

지금은 **벙어리가 누에콩을 먹는 것처럼 (말은 안 해도)** 여원홍에게는 **속셈이 있었으니**, 그 역시 천천히 일어나 눈물을 닦으며 망설였는데, 어투가 달라졌다. "누가 당신들과 반란을 일으킨답니까?"

② 陳慶山不由得咧開大嘴笑了, 說 : "**耗子啃皮球**, 你倒**客{嗑}氣**起來啦 !"17)

진경산은 절로 크게 입을 벌리고 웃으며 말했다. "**쥐가 가죽 공을 갉아먹듯** 당신은 오히려 **겸손{갉다, 쏠다}하시네요!**"

③ 合作社裏一片嘈雜, 老初的大嗓壓倒所有的聲音, 他說 : "這算是什麽合作社 ? 這些家伙, **布袋裏買貓**, **盡抓**咱們老百姓的**迷糊**。"18)

협동조합[합작사] 안은 떠들썩했으나, 초씨의 큰 목소리가 모든 소리를 눌러버리며 말했다. "이게 무슨 협동조합이야? 이놈들이 **자루 속에서 고양이를 사듯 [실정도 모르면서]** 우리 백성들의 **모호함을 이용하는 거야.**"

예문 ①의 앞뒤 두 부분 사이에 '黎元洪'을, 예문 ②의 앞뒤 두 부분 사이에는 '你倒'를 끼워 넣었고, 예문 ③의 뒷부분 '盡抓迷糊'는

16) 李六如, ≪六十年的變遷≫, 作家出版社, 1961年版, 262쪽.
17) 林予, 謝樹, ≪咆哮的松花江≫, 黑龍江人民出版社, 1976年版, 301쪽.
18) 周立波, ≪暴風驟雨≫, 人民文學出版社, 1958年版, 273쪽.

분리되어 사이에 '咱們老百姓'을 끼워 넣었다. 이러한 상황에서 뒷부분은 어찌되었든 간에 쉬고 말하지 않을 수 없는데, 만약 무리하게 쉬고 말하지 않으려한다면 의미표현이 정확하지 못할 뿐 아니라 문장 자체도 성립될 수 없다.

여기서 이른바 헐후어는 사실상 '뒷부분을 쉬고 말하지 않는(歇後)' 것이 결코 아니며, 또한 모두 '뒷부분을 쉬고 말하지 않을' 수 없음을 알 수 있다. 물론 이는 헐후어가 절대로 '뒷부분을 쉬고 말하지 않을' 수 없다고 하는 것은 결코 아니다. 그러나 여기에는 조건이 있다. 흔히 볼 수 있는 것으로 두 가지 상황이 있는데, 그 첫 번째는 동일한 헐후어가 앞 문장에 이미 나왔거나 뒤 문장에 연이어 출현한다면, 중복을 피하기 위해 뒷부분을 생략한다. 예를 들면 다음과 같다.

① 溫十三妹周身痙攣, 支吾道："那, 那就算我是**小和尙念經——有口無心**吧！還不行嗎？""不行！你得說淸楚, 到底是'**小和尙念經**', 還是你十三妹造謠？"何暢乘勝追擊, 步步緊逼。[19]

온십삼매(溫十三妹)가 온몸에 경련이 일어나 어물어물 넘기며 말했다. "그럼, 그럼 내가 **어린 중이 경을 읽듯 말 뿐이지 진심이 어려 있지 않다[성격이 솔직하고 말이 직선적이다]**고 쳐, 이래도 안 되겠니?" "안 돼, 너 똑바로 말해, 도대체 **어린 중이 경을 읽는 거니** 아니면 네가 유언비어를 퍼뜨린 거니?" 얼마나 시원하게 승기를 잡고 추격하며 한 걸음씩 죄든지.

② 張琦一聽, 心上痲辣火燒, 忽然想起田貴發在縣上開會時曾經向他說過的話："這是**趕着綿羊過火焰山——往死裏逼**哩。"

---

19) 周肖, ≪霞島≫, 解放軍文藝出版社, 1974年版, 112쪽.

便朝衆人頭上一揮胳膊, 說：“我就不相信群衆會眞心同意你們幹這種勞民傷財的事情！啊, 你們大家說說, 這是不是**趕着羊群過火焰山**？”……老根爺攔着張琦說：“我的話還沒有跟你說盡。要說**趕着羊群過火焰山**的事, 在咱這兒有！聽說你和王主任三番五次逼着我們龍泉放秋放地, 我看這才眞眞正正是存心**趕着羊群過火焰山** —— **往死裏逼**俺們貧下中農哩！”[20]

(이야기를) 듣자마자 장기는 가슴이 활활 타오르며 전귀발이 현에서 열린 회의에서 일찍이 그에게 “이것은 **양을 쫓아 화염산[불타는 산]을 지나가게 하듯, 죽음으로 내모는 것**이야.”라고 했던 말이 갑자기 생각났다. 군중들의 머리 위로 팔을 흔들며 “나는 당신네들이 국민을 혹사시키고 재산을 축내는 이런 일을 하는데 군중들이 진심으로 동의했다고 믿지 않소! 자, 여러분들 말해보십시오. 이는 **양떼를 쫓아 화염산을 지나가는 것**이 아니겠습니까?” 늙은 영감이 장기를 가로막으며 말했다. “내 말이 아직 끝나지 않았소. **양떼를 쫓아 화염산을 지나가는** 일에 대해 말할 것 같으면 우리 이곳에도 있소! 듣건대 당신과 왕 주임이 거듭 우리를 핍박해서 용천에서 가을 파종 땅을 포기하도록 했다는데, 내가 보기에 이것이야말로 진정 **양떼를 쫓아 화염산을 지나가게 하듯** 우리 빈농과 하층 중농[21]을 **죽음으로 내모는 것**이오.”

예문 ①에서 ‘小和尙念經, 有口無心’은 두 번 나오는데, 두 번째로 나올 때 뒷부분을 생략했고, 예문 ②의 ‘趕着綿羊[羊群]過火焰山 —— 往死裏逼’는 네 번 나오는데, 두 번째와 세 번째로 나올 때는 앞뒤 문장에서 이미 완전하게 다 나왔기 때문에 모두 뒷부분을 생략하였다.

---

20) 王東滿, ≪漳河春≫, 山西人民出版社, 1976年版, 481-482쪽.

21) 역자주: ‘貧下中農’은 빈농과 하층의 중농(中農)이다. 중농은 상중농(上中農)과 하중농(下中農) 사이의 농민을 말한다.

이렇게 하면 오해를 불러일으키지 않을 뿐 아니라, 오히려 간단명료해 보인다.

또 다른 상황은 자주 쓰는 헐후어이다. 이것은 (앞에서 말한 조건 중에서) 가장 중요한 조건이다. 자주 쓰는 헐후어는 사람들이 모두 익숙하기 때문에 앞부분을 제시하면 자연스럽게 뒷부분이 연상된다. 예를 들면 다음과 같다.

① 你原是個老貧農, 合森又是咱部隊上幹部, 你來攻擊社會主義政策, 這不是“**大水淹了龍王廟**”嗎？[22)]

당신은 원래 오래된 빈농이고, 합삼 또한 우리 부대의 간부인데, 당신이 사회주의 정책을 공격하다니 이는 **홍수가 용왕사당을 잠기게 하듯 자기편을 알아보지 못하는 것**이 아니겠소?

② 沈虹把拆到一半的毛線塞到枕頭下面, 負氣地“啪”的一下拉熄了燈。她聽到蔣英還在上面咕嚕着：“眞是**狗咬呂洞賓**……”[23)]

심홍은 반으로 끊어진 털실을 베개 밑으로 쑤셔 넣고, 버럭 화를 내며 ‘탁’하고 등을 꺼버렸다. 그녀는 장영이 아직까지 위에서 투덜거리며 “정말 **개가 여동빈을 물듯 좋은 사람의 마음을 알지 못하네.**”라고 말하는 것을 들었다.

③ 山上的八路軍可是正得手兒, 直打得鬼子們“哇哇”亂喊, “噢噢兒”直叫, 倒的倒了, 爬的爬了, 連死的帶活的, “噗噗嘍嘍”地亂往下滚, 可眞是成了**王八吃西瓜**……。[24)]

---

22) 李準, ≪夜走駱駝嶺≫, 作家出版社, 1959年版, 98쪽.
23) 樹棻, ≪姑蘇春≫, 上海文藝出版社, 1978年版.
24) 劉流, ≪烈火金鋼≫, 中國靑年出版社, 1959年版, 534쪽.

산 위의 팔로군[25]은 순조롭게 목적을 달성하여'와와'하고 마구 소리를 지르며 일본놈들을 줄곧 공격하였는데, 넘어지는 놈은 넘어지고 기는 놈은 기어서 죽은 자 산 자 모두 '우르르' 이리저리 아래로 굴러 내려가는 것이 정말 **거북이가 수박을 먹듯 구르는 놈은 구르고 기는 놈은 기는 것**같이 되었다.

'大水淹了龍王廟 — (一家人不認識一家人)', '狗咬呂洞賓 — (不識好人心)', '王八吃西瓜 — (滾的滾, 爬的爬)'는 모두 자주 쓰는 헐후어로, 함축을 나타내기 위해 뒷부분을 생략해도 마찬가지로 이해할 수 있다.

지적해야 할 것은 이런 상황이 헐후어만 특별히 가지고 있는 점이 결코 아니라는 것이다. 성어와 속담, 특히 그 중에서 자주 쓰이는 것은 일정한 조건 하에서 역시 일부분을 생략할 수 있다. 예를 들면 다음과 같다.

① 一個社員在集體分配的自留地上, 在自己所有的房基地上, 在政策允許的範圍內, 充分利用土地增産糧食, 獲得畝産六百多斤的高産, 這有什麽可以責備的呢? 把這叫做"合法"地走資本主義道路, 這不明明是**欲加之罪**嗎? [26]

일개 조합원(인민공사구성원 또는 합작사조합원)이 집단분배를 하는 개인보유의 땅과 자기가 가지고 있는 집부지에서 정책이 허락하는 범위내로 토지를 충분히 이용해 양식의 생산을 늘리고 1묘당 600여 근의

25) 역자주: '八路軍'은 중국의 항일전쟁(抗日戰爭) 때 화북(華北)지역에서 활약한 중국공산당(中國共産黨) 군으로, 1947년 인민해방군(人民解放軍)으로 개칭되었다.
26) ≪人民日報≫, 1978年 5月 22日.

높은 생산량을 획득한 것이 뭐 질책 받을 만한 게 있습니까? 이를 '합법적'으로 자본주의의 길로 나아간다고 하는 것이니 이는 분명 **죄를 뒤집어 씌우려는 것**이 아닙니까?

② 馬鳳蘭小聲說："剛才我大伯還讓我勸勸你, 不管怎麽樣, 要**留得靑山在**, 你這不是糊塗啦！"27)

마봉란이 작은 목소리로 말했다. "방금 전 큰아버지께서 나로 하여금 다시 너에게 충고하라고 하셨어, 어찌되었든 간에 **근본이 착실하게 갖추어지면 되는 것**이니, 이것은 어리석은 게 아니야!"

③ 高桂英覺得心中陣陣酸痛, 但竭力保持鎭定, 匆匆地說："你不用掛心我, 遇到危險時我自然會隨機應變。好在一功他們平日都很聽從我的話。只要大家齊心, 總可化險爲夷。千言萬語我對你只囑咐一句話：千萬要保重自己！**留得靑山在**……"28)

고계영은 마음이 시리고 아픔을 느꼈지만 전력으로 안정을 유지하며 황급히 말했다. "당신께선 저를 걱정하실 필요가 없습니다. 위험을 만났을 때 저는 절로 임기응변을 할 수 있습니다. 다행히 일공 그들이 평소에 모두 제 말을 잘 듣습니다. 모두들 힘을 합치기만 하면 위험을 평안하게 할 수 있습니다. 천번만번 제가 부탁드릴 말은 제발 몸 건강하십시오! **푸르고 무성한 산이 남아있는 한**……"

예문 ①의 '欲加之罪'는 '欲加之罪, 何患無辭(죄를 씌우려고만 한다면 어찌 구실이 없음을 걱정하겠는가)'라는 성어의 '뒷부분을 자른 것'으로 간주할 수 있고, 예문 ②, ③의 '留得靑山在'는 '留得靑山在,

27) 浩然, ≪艶陽天≫(第1卷), 人民文學出版社, 1974年版, 547쪽.
28) 姚雪垠, ≪李自成≫(第1卷, 上冊), 中國靑年出版社, 1977年版, 249쪽.

不怕沒柴燒(푸르고 무성한 산이 있는 한, 땔나무 걱정은 없다. [근본이 착실하게 갖추어지면 걱정할 필요가 없다.])'라는 속담의 '뒷부분을 자른 것'으로 간주할 수 있다. 기타 '不入虎穴, 焉得虎子(호랑이 굴에 들어가지 않으면 어찌 호랑이를 얻을 수 있겠는가)', '只許州官放火, 不許百姓點燈(관리는 방화를 해도 되지만, 백성은 등불을 켜는 것조차도 허락하지 않다)', '世上無難事, 只怕有心人(세상에 어려운 일은 없는데, 단지 그런 마음을 가진 사람이 있을까 두렵다 [마음만 먹으면 못할 일이 없다])', '各人自掃門前雪, 莫管他人瓦上霜(각자 자기 집 문 앞의 눈만 쓸고, 다른 사람 기와의 눈은 상관하지 않는다)' 등과 같은 성어, 속담은 유사한 조건 하에서 역시 모두 '뒷부분을 쉬고 말하지 않을' 수 있다. 그러나 어느 누구도 이 때문에 그것들을 헐후어라고 간주하지 않는다. 그러므로 어떤 관점에서 이야기하던 간에 헐후어라는 이 명칭은 모두 그것이 나타내고자하는 어휘성질의 기본특징을 정확하게 반영하지 못한다.

헐후어란 이 명칭은 또 다른 하나의 결점이 있는데, 바로 옛 사람들이 말한 헐후어와 서로 혼동하기 쉽다는 것이다. 헐후어란 명칭은 일찌감치 고대의 전적(典籍)에 분산되어 나타나지만, 가리키는 바가 결코 일치하지 않는다.

첫째는 일종의 시체(詩體)를 가리킨다. 이러한 시체는 당대(唐代)에 한때 매우 유행하였었는데, 가장 유명한 작가는 정경(鄭綮)으로 '정오헐후체(鄭五歇後體)'29)라는 칭호를 가졌다. 정경(鄭綮)은 후에 재상이 되었는데, 자신의 시가 고상한 자리(大雅之堂)에 내놓을 만하지 못하다

29) ≪新唐書≫(卷182), ≪舊唐書≫(卷179)에 보임.

고 여겨 고의적으로 그것이 전해지지 못하게 하였다. 그래서 진정한 '정오헐후체'는 우리가 볼 수 없다. 그러나 정경과 동시대의 시인 이도(李濤)는 약간의 헐후체시를 남겨놓았다. 그의 동생이 결혼할 때, 계수(季嫂)의 나이가 그보다도 많아서 그는 축하 시 한 수에다 '慚無竇建, 愧作梁山'이란 두 구를 적었다. '竇建' 뒤에 '德'자를 생략하여 '竇建'으로써 '德'이란 글자를 대신하였고, '梁山' 뒤에 '伯'자를 생략하여 '梁山'으로써 '伯'이란 글자를 대신하였다. '慚無竇建, 愧作梁山'는 바로 '慚無德, 愧作伯(덕이 없음을 부끄러워하고, 맏이가 됨을 부끄러워하다)'의 의미이다.[30] 이도는 이 시의 제목을 <계수에게 헐후어로 답하다(答弟婦歇後語)>라고 하였는데, 이것이 바로 우리가 본 최초로 '헐후어'란 용어를 사용하여 이러한 시체를 지칭한 언어형식이다.

사실 이러한 언어형식은 두보(杜甫)와 한유(韓愈)의 시에서 이미 여러 차례 출현하였다. 남송(南宋)의 홍매(洪邁)는 ≪용재시화(容齋詩話)≫에서 또한 그것을 '헐후어'라고 불렀다.

> 杜、韓二公作詩, 或用歇後語, 如：淒其望呂葛[31], 山鳥山花吾友於[32], 友於皆挺拔[33], 再接再礪乃[34], 僮僕誠自鄶[35], 爲汝惜居諸[36], 誰謂貽厥無基址[37]之類是已。[38]

30) ≪全唐詩≫(卷871) 참조.
31) 杜甫, <晚登瀼上堂>："淒其望呂葛, 不復夢周孔！"
32) 杜甫, <岳麓山道林二寺行>："一重一掩吾肺腑, 山(一作'仙')鳥山花吾(一作'共')友於。"
33) 杜甫, <封贈太常張卿垍二十韻>："友於皆挺拔, 公望各端倪。"
34) 韓愈, <鬪鷄聯句>："一噴一醒然, 再接再礪乃。"
35) 韓愈, <秋雨聯句>："吾人猶在陳, 僮僕誠自鄶。"
36) 韓愈, <符讀書城南>："豈不旦夕念, 爲爾惜居諸。"
37) 韓愈, <寄盧仝>："苗裔當蒙十世有, 誰(一作'豈')謂貽厥無基址(一作'阯')。"
38) 洪邁, ≪容齋詩話≫(卷2), 商務印書館, 1936年版, 20쪽.

두보와 한유 두 사람은 시를 짓는데 헐후어를 사용하기도 했다. 예컨대, '淒其望呂葛(쓸쓸하게 周의 呂尙과 蜀漢의 諸葛亮을 바라보다)', '山鳥山花吾友於(산의 새와 꽃들은 모두 내 형제이다)', '友於皆挺拔(형제들이 모두 우뚝서있다)', '再接再礪乃(계속 노력 분투하여 끝까지 견지하다)', '僮僕誠自鄶(어린 몸종은 확실히 회 땅에서 오다)', '爲汝惜居諸(널 위해 차마 그곳에 거주하지 못하다)', '誰謂貽厥無基址(누가 자손 후대에 자립할 기초가 없다고 말하는가)' 등과 같은 시구이다.

둘째는 일종의 '조어법(造語法)'을 가리킨다. 금·원대(金元代)의 진역(陳繹)은 일찍이 ≪문설(文說)≫에서 '글을 짓는 법'을 '양기(養氣)', '포제(抱題)', '명체(明體)', '분간(分間)', '입의(立意)', '용사(用事)', '조어(造語)', '하자(下字)'의 여덟 종류로 귀납하였는데, '조어법' 아래에 특별히 '헐후어' 조목(條目)을 열거하였다.

歇後語：≪論語≫云："禮云禮云, 玉帛云乎哉?""曾謂泰山不如林放乎？"此皆不說破正意歇後所當語, 而使人自思之。

헐후어: ≪논어≫에서 "예(禮)라고 하는 것이 옥이나 비단만을 말하겠는가?", "어찌하여 태산의 신이 임방이 예를 아는 것만 같지 않겠느냐?"라고 하였는데, 이것은 모두 진정한 뜻을 깨뜨려 말하지 않고 해야 할 말을 쉬고 생략하여 사람으로 하여금 스스로 그것을 생각하게 하는 것이다.

이는 사실상 우리가 현재 말하는 반문(反問) 형식에 해당하는 것으로, 일부러 문제를 제기하고 직접적으로 답을 하지 않아 독자 스스로 답안을 생각하도록 만든다.

셋째는 일종의 언어유희(言語遊戲)이다. 청대(淸代) 적호(翟灝)의 ≪통속편(通俗編)≫(권38) <식여(識餘)> '헐후' 조목에 이러한 한 단락의 기록이 있다.

≪啓顔錄≫唐封抱一任櫟陽尉, 有客過之, 旣短, 又患眼及鼻塞, 乃用≪千字文≫語嘲之云："面作天地玄, 鼻有雁門紫, 旣無左達承, 何勞罔談彼。"

≪계안록≫의 기록에 의하면, 당대 (시인) 봉포가 역양의 관리가 되었다. 손님이 그곳을 지나가는데, 키가 작고, 눈병을 앓으며 코가 막혀 ≪천자문≫을 사용하여 그를 조소하며 말하였다. "얼굴은 '天地玄(누렇고)'이요, 코는 '雁門紫(막혔구나)'로구나, 또한 '左達承(밝음)'이 없으니, 어찌 '罔談彼(키가 작음)'를 위로하겠는가!"

≪천자문≫에는 '天地玄**黃**', '雁門紫**塞**', '左達承**明**', '罔談彼**短**'이 있다. 여기서는 일부러 마지막 한 글자를 생략하고 앞의 세 글자를 사용해 대신함으로써 손님의 '얼굴이 누렇고 코가 막혔으며 눈이 밝게 보이지 않으니 어찌 키가 작음을 위로하겠는가!'라고 조소(嘲笑)하였다.

청대 저인획(褚人獲)의 ≪견호이집(堅瓠二集)≫(권1)에도 한 단락의 기록이 있다.

吳中黃生相掀脣, 人呼爲"小黃竅嘴"。 讀書某寺中, 一日, 寺僧進面, 因熱傷手忒地, 黃作歇後語謔之曰："光頭滑, 光頭浪, 光頭練, 光頭勒。"謂"面湯抻忒"也。 僧亦應聲戲曰："七人八, 七靑八, 七孔八, 七張八。"蓋隱"小黃竅嘴"四字。 黃亦絶倒。

오중(에 사는) 황생의 생김새가 입술이 들려 젖혀있어 사람들이 '황씨 구멍난 입'이라 불렀다. 어느 한 절에서 공부를 하던 중에 하루는 스님이 가까이 다가왔는데, 화상으로 인해 손이 땅바닥같이 거칠게 변한 것을 보고 황생은 헐후어를 지어 그것을 익살스럽게 말했다. "대머리가 미끌미끌하고, 대머리가 출렁출렁하며, 대머리가 고르고, 대머리가 정돈되어 있네." 이는 '面湯抻忒(표면이 화상을 입어 늘어져 변한 것)'을 말한 것이다. 스님 또한 대응하여 해학적으로 말했다. "크기가 고르지 않고, 색이 푸르락누르락하며, 여기저기 구멍투성이이고, 여러 사람이 왁자지껄 떠들썩하게 이야기하네." 이는 대체로 '小黃簸嘴' 네 자를 (각각 한 자씩) 숨긴 것이다. 황생 역시 (듣고서) 포복절도하였다.

이는 네 자로 이루어진 말의 마지막 한 자를 쉬고 말하지 않고서 앞의 세 자로 대신한 것이다. 이런 형식과 유사한 헐후어는 지금도 가끔 사용된다. 예컨대, '高擡貴(관대히 봐주다)'로써 '手'를 대신하고, '下馬威(관리가 부임 초에 부하들에게 세우는 위엄)'로써 '風'을 대신하며, '豬頭三(시골뜨기, 멍청이)'을 사용하여 '牲{生}'[39]을 대신하는 것 등이다.

이러한 세 종류의 헐후어는 우리가 현재 말하는 '泥菩薩過江 ── 自身難保(진흙으로 만든 보살이 강을 건너다; 자기 자신도 보전하기 어렵다)'와 같은 유형의 헐후어와는 성질상 근본적으로 다르다. 현재 우리가 말하는 이런 유형의 헐후어는 비록 일찌감치 존재했었지만, 옛날에는 결코 통일된 명칭이 없었다. 어떤 사람은 그것을 '초어(俏語)'라 부르고, 어떤 사람은 그것을 '방어(方語)'라 부르며, 어떤 사람

39) 역자주: '豬頭三(돼지머리 세 개)'은 '牲(제수용품)'이나, '牲'과 해음(諧音)인 '生'과 어울리면 '사람(시골뜨기, 멍청이)'을 나타낸다.

은 그것을 '시어(市語)'에 포함시켰으나, 더욱 많은 사람들은 그것을 통칭하여 '요언(謠諺)'이라 하였다. 청대(淸代)의 두문란(杜文瀾)이 엮은 ≪고요언(古謠諺)≫에서는 이러한 유형의 많은 헐후어를 수록하였다. 이후 민속문학(民俗文學) 수집 작업의 발전에 따라, '泥菩薩過江 ── 自身難保'와 같은 이런 어휘가 비로소 점차 사람들에 의해서 중시되었다. 1924년 ≪가요주간(歌謠週刊)≫(제44호)에 발표된 백계명(白啓明)의 ≪가요 채집하며 겸해서 수집해야하는 것: 헐후어(採輯歌謠所宜兼收的 ── 歇後語)≫라는 글은 시작부분에서 명확하게 이런 어휘를 '헐후어'라고 하였다. 같은 해에 발표한 부진륜(傅振倫)의 ≪수수께끼헐후어연구의 한 부분(謎語歇後語硏究之一斑)≫에서도 이런 어휘를 '헐후어'라고 불렀다.

헐후어라는 이 명칭은 그것이 나타내는 어휘의 본질적인 특징을 반영할 수 없고, 또한 옛 사람들이 말한 헐후어와 서로 쉽게 혼동되기 때문에, 일찍이 20세기 1930년대에 어떤 사람은 '泥菩薩過江 ── 自身難保'와 같은 이런 어휘는 "일반적으로 말하는 '헐후어'와는 다른 것"[40]이고 "헐후어라고 부르기 어렵다"[41]고 여겼다. 1954년 모순(茅盾) 선생은 <'헐후어'에 관하여(關於'歇後語')>라는 글에서 역시 우리가 현재 말하는 이런 유형의 헐후어는 "마땅히 다른 명칭이 있어야한다"[42]고 주장하였다.

다음으로 '비해어(譬解語)'라는 명칭에 대해 토론해보자.

일찍이 1935년 어떤 사람은 헐후어를 '비해어'라고 부르길 주장하

40) ≪太白≫(半月刊), 第2卷 第6期, 1935年.
41) ≪太白≫(半月刊), 第2卷 第10期, 1935年.
42) ≪人民文學≫, 1954年 6月號.

였다.[43] 1952년 ≪대공보(大公報)≫에 발표된 ≪'비해어'를 말함(談'譬解語')≫이란 글에서도 헐후어를 비해어라고 부르는 것이 "비교적 적절하다"[44]고 여겼다. 진망도(陳望道) 선생은 ≪수사학발범(修辭學發凡)≫에서 '숨긴 말(藏詞)'을 설명할 때도 역시 비해어란 이 명칭을 사용하였다. 또한 많은 논저들이 비록 명확하게 헐후어를 비해어라고 부르지는 않지만, 헐후어가 '譬(비유)'와 '解(해석)' 두 부분으로 구성되어 있다고 간주하였다. 앞부분이 '비유'이고 뒷부분이 '해석'이다[45]. 이러한 주장과 견해는 취할만한 점이 없지는 않지만, 전반적으로 말하자면 또한 검토가 필요하다.

확실히 상당 부분의 헐후어가 문장 속에 들어간 후, 즉 동태단위(動態單位)로서 사용 단계에 놓였을 때 앞부분이 비유대상으로 작용한다는 것을 긍정해야만 한다. 이런 상황에서 앞뒤 두 부분 사이에는 비유와 해석의 관계가 존재한다. 예를 들면 다음과 같다.

① 寧金山一看馬全有那兩隻眼角朝下的眼, 以爲馬全有衝他發火。他心裏像**十五隻吊桶打水, 七上八下**的。[46]

영금산은 두 눈초리가 아래로 향한 마전의 눈을 보자마자 마전이 그에게 화를 내는 것이라 생각하였다. 그의 마음속은 마치 **열다섯 개의 두레박으로 물을 긷는 것처럼 일곱 개는 올라가고 여덟 개는 내려갔다. [안절부절못하였다.]**

② 蔡隊長, 請放心, 在這種時刻, 我是沒有興致喝酒的。你幹的

43) ≪太白≫(半月刊), 第2卷 第10期, 1935年.
44) ≪大公報≫, 1952年 3月 26日.
45) 陳望道, ≪修辭學發凡≫, 新文藝出版社, 1955年版, 163쪽.
46) 杜鵬程, ≪保衛延安≫, 人民文學出版社, 1956年版, 41쪽.

事, 好比**和尚頭上的蝨子, 明擺着!**[47]

채 대장님, 안심하십시오, 이런 시각에 저는 술 마실 기분이 나지 않습니다. 당신이 한 일은 마치 **중의 머리에 붙은 이와 같이 분명히 드러나 있습니다!**

③ 我看這是"**黃鼠狼給鷄拜年**", **沒安好心**, 也許把錢花了, 人還是回不來![48]

내가 보기에 이것은 **'족제비가 닭에게 세배를 하는 것'**으로, **좋은 마음을 품지 않고 있으니**, 아마 돈을 써 버리면 사람은 여전히 돌아오지 못할 거야!

예문 ① 의 '他心裏'는 주요부분(本體)이고, '像'은 비유어(比喩詞)이며, '十五隻吊桶打水'는 비유대상(喩體)이고, '七上八下'는 비유대상에 대한 해석이다. 예문 ②는 예문 ①과 같은데, 다만 비유어를 '好比'로 바꾸었다. 예문 ③은 비유어를 '是'로 바꾸었다.

그러나 부분은 결코 전체가 아니다. 모든 헐후어가 문장 속에 쓰여 앞뒤 두 부분에 모두 비유와 해석의 관계가 존재하는 것은 아니다. 아래 몇 가지 유형의 헐후어는 앞뒤 두 부분에 모두 비유와 해석의 관계가 존재하지 않는다.

(1) 앞부분이 숫자 계산을 표시하거나 글자를 나누는 법(析字法)을 사용하는 것이다. 예를 들면 다음과 같다.

47) 邱恒聰, ≪狂飆≫, 江西人民出版社, 1977年版, 408쪽.
48) 張孟良, ≪兒女風塵記≫, 中國青年出版社, 1959年版, 230쪽.

① 這個月的差事還算少, 季交恕名下, 只塡上四個正字, 每個正字五畫, 合共做了"五四得二十"回。其中葉得勝竟替他做了"**二一添作五" —— 一半**。[49]

이번 달의 출장은 그래도 적은 편이어서. 계교서 이름 아래 단지 네 개의 '正'자를 기입하였다. 매 '正'자는 5획으로 모두 합쳐 '5 곱하기 4는 20'회를 하였다. 그 중 섭득승이 그를 대신하여 **'1 나누기 2는 0.5, 절반'**을 하였다.

② 恐怕有人要問 : "四人幇"倒臺三年, 張寡婦還如此"**二三四五六七八九 —— 缺一{衣}少十{食}**", 簡直難以置信 ! [50]

아마도 누군가가 물을 것이다 : '사인방'이 실각한지 3년이 되었는데, 과부 장씨는 아직도 이처럼 **'이삼사오육칠팔구 ; 일{옷}과 십{음식}이 부족하니'** 정말로 믿기 어렵군!

③ 我忙問道 : "趙滿囤現在怎麽樣 ? ""趙滿囤 ? **七字兩點, 斗{抖}出彎來**了, 如今是社裏的水利委員, 幹得滿不錯。"[51]

나는 급히 물었다: "조만돈은 요즘 어때?" "조만돈? **'七'자에 점 두 개를 더하면, '斗'자를 구부려놓은 것처럼 되어 {출세해서 뻐기고 우쭐거려}**, 지금은 조합의 수리공정위원인데 아주 일을 잘해.'

예문 ①의 '二一添作五'는 주산(珠算)의 나눗셈에서 쓰는 구결(口訣)로, '1÷2=0.5'를 나타내는데, 이것이 존재하는 것은 그 가운데서 '一半(절반)'을 이끌어내기 위한 것으로 비유작용은 추호도 없다. 예문

49) 李六如, ≪六十年的變遷≫, 作家出版社, 1961年版, 154쪽.
50) ≪小說月報≫, 1981年 第2期, 74쪽.
51) 馬烽, ≪我的第一個上級≫, 人民文學出版社, 1977年版, 129쪽.

②의 '二三四五六七八九'는 단순히 숫자를 나열한 것으로 이는 그 가운데서 '缺一少十'를 이끌어내기 위한 것이다. 마찬가지로 비유작용을 하지 않는다. 예문 ③의 '七字兩點'은 또 '七字頭上加兩點(七자 꼭지 위에 점 두 개를 더하다)'이라 하는데, 이것은 '斗'자보다 굽어진 부분이 하나 많아져 뒷부분의 '斗出彎來'를 이끌어내었다. 이것 역시 어떠한 비유작용도 하지 않는다.

(2) 뒷부분이 두 가지 의미를 가지는 쌍관(雙關)의 수법을 활용하는 것이다. 예를 들면 다음과 같다.

① 韓老六趕緊抓住田萬順的膽小心情, 把假笑收住, 冷冷地說："你要有本事, 就甭聽我的話, 去跟工作隊串鼻子, 咱們**騎在毛驢上看唱本, 走着瞧**吧!"[52)]

한노육(韓老六)은 서둘러 전만순의 소심한 마음을 움켜잡아 거짓웃음을 거두고 쌀쌀맞게 말하였다. "네가 능력이 있다면 내 말을 들을 필요가 없이 작업팀과 한 패거리가 되면 돼. 우리 한 번, **당나귀를 타고 노래가사 대본을 보자 ; 두고 보자! [걸어가면서 보다]**"

② 田發貴……說："怎弄？就我夜來(夜來：指昨天)給你說的那話, 咱不能**剃頭擔子一頭熱**。光咱單耍獨跳, 所以到現在啥局面也沒有撲騰開。……"[53)]

전발귀가……말했다. "어떻게 됐어?" 내가 어제 너에게 한 말에 대해 우리는 **떠돌이 이발사의 한쪽 멜대만 뜨거울 수[한쪽만을 편애할 수]**

---

52) 周立波, ≪暴風驟雨≫, 人民文學出版社, 1958年版, 19쪽.
53) 王東滿, ≪漳河春≫, 山西人民出版社, 1976年版, 248쪽.

없어. 우리만 단독으로 수작을 부리고 설쳤기 때문에 지금까지 어떤 국면에서도 활기차게 일을 하지 않았어.

③ 馬鐵頭拿起枝美國槍, 上上下下端量着。……咧着嘴說：“這行子啊, **老太太趕集, 有線{限}**！”[54)]

마철두는 미제 권총을 들고 위아래를 자세히 살펴보았다. ……입을 벌리고 웃으며 말했다. “이 몹쓸 것아, **노파가 장에 가면 (물레질한) 실이 있어! {한도[한계]가 있어!}**”

예문 ①의 ‘走着瞧’는 의미상의 쌍관(雙關)의 수법을 활용하여, 표면적으로는 ‘걸어가면서 보다’는 의미지만 사실상 ‘일의 결말이 어떠한지는 이후에 분명히 드러난다’는 것을 가리킨다. 앞부분의 ‘騎在毛驢上看唱本’은 비유라고 생각할 수 있겠는가? 그럴 수 없다. 왜냐하면 ‘비유되는 대상[주요부분]’을 말할 수 없고, 또 ‘像’, ‘好像’과 같은 비유어를 덧붙일 수 없기 때문이다. 예문 ②의 ‘一頭熱’는 원래 농촌과 작은 도시마을에서 짐을 메고 고객들을 위해 이리저리 떠돌아다니며 일하는 이발사의 짐 한쪽에는 물을 끓이는 화로가 있는데 이것이 뜨거운 것을 가리킨다. 실제로는 일을 하는 쌍방 중 오직 한쪽에게만 친절함을 가리킨다. 앞부분의 ‘剃頭擔子’도 마찬가지로 비유의 대상[주요부분]을 말할 수 없고, 비유어를 덧붙일 수 없기 때문에 역시 비유작용을 하지 않는다. 예문 ③의 ‘有線{限}’은 해음과 쌍관의 수법을 활용하였는데, 앞부분의 ‘老太太趕集’는 더욱 비유 같지 않다.

---

54) 楊朔, ≪中國人民的脚步聲≫, 新文藝出版社, 1954年版, 181쪽.

(3) 앞뒤 두 부분 사이에 수수께끼문제와 수수께끼답안의 관계와 유사한 것이 존재한다. 예를 들면 다음과 같다.

① 開飯了, 瓦盆裏是黃澄澄的米飯。教導員笑着說："這是**大米的弟弟 —— 小米**。"[55]

식사 준비가 다 되었다. 질그릇 속은 노르스름한 밥이었다. 지도원이 웃으며 말했다. "이것은 **쌀(大米)의 동생 ; 조(小米)** 입니다."

② 二小子馬上說："你學過'不勞動, 不得食'麽？你一條魚也沒打過, 好意思蹲在這兒, **嘴上抹石灰 —— 白吃**？"[56]

이소자가 즉시 말했다. "'일하지 않는 자는 먹지도 말라'고 배웠지? 너는 물고기 한 마리도 잡지 못했는데 부끄러운 것도 모르고 뻔뻔하게 여기에 쭈그리고 앉아 **입언저리에 석회를 바르다 ; 공짜로 거저먹으려고 해?**"

③ 他爭强好勝, 爲了比別人"强"和"勝", 在工作和學習中, 就常常是急於求成, 總免不了"**百年松樹, 五月芭蕉 —— 粗枝大葉**"的。[57]

그는 강한 것을 쟁취하고 승리를 좋아하여, 다른 사람보다 '강하고', '승리하기' 위해 일과 학습에서 늘 성공에만 급급해하니, 결국에는 '**백년 된 소나무, 다섯 달된 파초 ; (굵은 가지에 큰 잎이 자라다) 일을 처리하는 것이 구체적이거나 꼼꼼하지 못하고 거침**'을 면할 수 없다.

---

55) 謝學潮, ≪紅色電波≫, 人民文學出版社, 1976年版, 116쪽.
56) 袁靜, ≪小黑馬的故事≫, 人民文學出版社, 1959年版, 65쪽.
57) 張作爲, ≪原林深處≫(上卷), 山西人民出版社, 1979年版, 436쪽.

예문 ①에서 '大米的弟弟'는 수수께끼문제와 같고, '小米'는 수수께끼답안과 같다. '大米的弟弟'는 단지 '小米'와만 관계를 가지고, 기타 어휘와는 관계가 발생하지 않아 어떠한 비유작용을 한다고 말할 수 없다. 예문 ②, ③의 '嘴上抹石灰'와 '百年松樹, 五月芭蕉' 역시 마찬가지로 각각 뒷부분 '白吃', '粗枝大葉'와 관계가 발생하는 것을 제외하고는 기타 어휘와는 어떤 관계도 발생하지 않기 때문에 역시 비유작용을 이야기할 수 없다.

이 밖에 일부 헐후어는 앞뒤 두 부분이 합쳐져서 비유를 나타낸다. 예를 들면 다음과 같다.

① 我又不是"**隋煬皇帝遊江南，自坐龍舟人拉縴**"，活生生的人，去坐在鄉下，社會主義能建成嗎？[58)]

나는 '**수양제가 강남을 유람하며 자신은 배에 앉고 다른 사람에게 끌게 하는**' 것과 같은 그런 사람이 아니야. 생생하게 살아있는 사람이 시골에 가서 앉아 있으면 사회주의가 건설될 수 있습니까?

② 也有不少人替我捏一把汗，說我是"**肚皮上栽樺樹，種下隱木疙瘩了**(記下仇了)"。[59)]

역시 적지 않은 사람들이 나를 위해 손에 땀을 쥐고 조마조마해 하며 내가 '**뱃가죽에 자작나무를 심어 재난을 심었다 (원한을 기억해두었다)**'고 말하였다.

예문 ①에서 '隋煬皇帝遊江南'과 '自坐龍舟人拉縴'이 합쳐져 비유

---

58) ≪1958年短篇小說選≫, 作家出版社, 1959年版, 447쪽.
59) ≪人民日報≫, 1978年 6月 19日.

를 나타낸다. 그러나 중점은 '自坐龍舟人拉纖'으로, 그것의 '해석', 즉 '다른 사람은 일하고 자기는 즐기다'라는 것이 숨겨져 있다. 예문 ②에서는 '肚皮上栽樺樹'와 '種下隱木疙瘩了'가 합쳐져 비유를 나타내는데, 역시 중점은 뒷부분에 있으며 그것의 '해석'이 뒤의 소괄호 속에 덧붙여져 있다. 만약 여기에도 비유와 해석의 관계가 있다고 말한다면 그것은 결코 헐후어 앞뒤 두 부분 사이에서 발생하는 것이 아니다.

설령 문장 속에 들어가더라도 헐후어의 앞뒤 두 부분 사이에 결코 모두 비유와 해석의 관계가 존재하지 않는다는 것을 이상의 각종 상황이 분명하게 밝혀준다. 그렇다면, 헐후어가 문장 속에 들어가지 않고, 정태단위(靜態單位)로서 예비단계에 처해 있을 때나 어휘형식으로 존재할 때의 경우는 또 어떠한가?

모두가 알다시피 비유는 일반적으로 주요부분(本體), 비유어(比喻詞), 비유대상(喻體)으로 구성된다. 본체와 비유어는 일정한 조건 하에서 생략할 수 있지만, 생략한다는 것은 본래 존재하지 않는 것과는 결코 같지 않다. 본체조차도 존재하지 않는데, 어떻게 무슨 비유를 이야기할 수 있겠는가? 예를 들면 다음과 같다.

很短的時間內, 將有幾萬萬農民從中國中部、南部和北部各省起來, **其勢如暴風驟雨, 迅猛異常**, 無論什麼大的力量都將壓抑不住。60)

아주 짧은 시간 내에 몇 만 명의 농민들이 중국 중부, 남부와 북부

60) 毛澤東, <湖南農民運動考察報告>.

각 성에서부터 들고일어나 **그 세력이 폭풍과 소나기처럼 심상치 않다면**, 그 어떤 큰 힘으로도 억제하지 못할 것이다.

이 문장에서 '其勢'는 본체, '如'는 비유어이며, '暴風驟雨'는 비유대상이고, '迅猛異常'은 비유대상에 대한 해석으로 '暴風驟雨'와 '迅猛異常' 사이에는 비유와 해석의 관계가 존재한다. 만약 본체, 비유어 등이 모두 존재하지 않고 '暴風驟雨, 迅猛異常'만이 남아있다면, '暴風驟雨'가 비유대상이라고 단정할 수 있는가? '暴風驟雨'와 '迅猛異常'이 비유와 해석의 관계라고 말할 수 있는가? 분명히 그럴 수 없다. 같은 이치로 '她這次來, 十有八九是黃鼠狼給鷄拜年, 沒安好心。'이란 이 문장에서 '她這次來'는 본체, '是'는 비유어, '黃鼠狼給鷄拜年'은 비유대상이고, '沒安好心'은 비유대상에 대한 해석이며, '黃鼠狼給鷄拜年'과 '沒安好心' 사이에 비유와 해석의 관계가 존재한다. 만약 본체와 비유어가 모두 없고, 단지 '黃鼠狼給鷄拜年, 沒安好心'만 남는다면 '黃鼠狼給鷄拜年'은 비유작용을 할 수가 없어서, 그것과 '沒安好心' 사이에도 비유와 해석의 관계가 존재한다고 말할 수 없다. 이는 헐후어가 어휘형식으로 존재할 때, 앞뒤 두 부분 사이에서는 어떤 비유와 해석의 관계를 말할 수 없다는 것을 설명해준다. 모든 헐후어가 이와 같으며, 하나도 예외가 없다.

비유와 해석의 관계가 헐후어 내부관계의 기본특징을 반영해낼 수 없기 때문에 '비해어(譬解語)'라는 이 명칭도 성립할 수 없다.

그렇다면, 헐후어의 앞뒤 두 부분의 사이는 도대체 어떤 관계인가? 그것에 어떤 명칭을 붙여주어야 적합한 것일까? 우리는 잇따라 6천여 개의 헐후어, 그 중에서 문학작품과 신문잡지 등 간행물에서 흩어져 나타나는 용례를 관찰하고 분석하여, 헐후어 앞뒤 두 부분의 관계에 있어서 이러한 결론을 얻어내었다. 모든 헐후어는 의미의 중점이 모두 뒷부분에 있는데, 즉 뒷부분은 전체 헐후어의 기본의미를 나타낸다. 앞부분은 어떤 부가적인 의미를 나타내는 것 외에, 주로 '제시하여 이끌어내는 말(引子)'의 작용을 하여 그 속에서 뒷부분을 이끌어낸다. 왜 '高射炮打蚊子 — 大材小用(고사포로 모기를 공격하다 ; 큰 재목을 작은 일에 쓰다)'을 '電線杆當筷子 — 大材小用(전봇대를 젓가락으로 삼다 ; 큰 재목을 작은 일에 쓰다)', '頂門槓當鎭使 — 大材小用(문빗장을 바늘로 삼아 사용하다 ; 큰 재목을 작은 일에 쓰다)', '被面補襪子 — 大材小用(이불로 양말을 꿰매다 ; 큰 재목을 작은 일에 쓰다)'이라고도 말할 수 있는가? 그것은 바로 '電線杆當筷子', '頂門槓當鎭使', '被面補襪子'가 '高射炮打蚊子'와 마찬가지로 모두 '大材小用'을 이끌어낼 수 있기 때문이다. 왜 '張飛穿針 — 粗中有細(장비가 바늘에 실을 꿰다 ; 거칠면서도 세심한 데가 있다)'란 말이 있는데 또 '張飛穿針 — 大眼瞪小眼(장비가 바늘에 실을 꿰다 ; 큰 눈으로 작은 바늘구멍을 뚫어지게 쳐다보다)', '張飛穿針 — 有勁無處使(장비가 바늘에 실을 꿰다 ; 힘이 있어도 쓸 곳이 없다)'란 말이 있는가? 바로 '張飛穿針'에서부터 '粗中有細'를 이끌어낼 수 있고, 또 '大眼瞪小眼'과 '有勁無處使'도 이끌어낼 수 있기 때문이다. 헐후어의 뒷부분은 앞부분에서부터 파생되어 나온 것이기에 자연히 앞부분에 대한 주석과 설명의 작용을 포함한다. 예컨대, '大材小用'은 '高射炮打蚊子', '電線杆當筷子', '頂門槓當鎭使', '被面補襪子'에 대한 주석과 설명이며, '粗中有細', '大眼瞪小眼', '有勁無處使' 등은'張飛穿針'에 대한 주석과 설명이다. 그러므로 헐후어 앞뒤 두 부분의 관계는 '제시하여 이끌어내는 말(引子)'과 '주석하여 설명하는 말(註釋)'의 관계, 약칭 '인주(引註)관계'라고 개괄할 수 있다. '인주관계'야말로 헐후어 내부관계의 기본특징이며, 비유와 해석의 관계를 포함한 기타관계는 모두 이 기본관계에서 파생되어 나온 것이거나, 그것이 어떤 언어 환경 속에서 구체적으로 표현된 것이다.

'인주관계'가 헐후어 내부관계의 기본특징인 이상 당연히 어떤 언어형식이 헐후어인지 아닌지를 감별하는 가장 중요한 근거가 된다. 중국어에서 헐후어와 쉽게 혼동이 생기는 것은 성어(成語)와 언어(諺語)인데, 사실 그것들과 헐후어 사이의 경계는 매우 분명하다. 성어에 대해 말하자면 대다수가 네 글자 형식이고, 언어(諺語)에 대해 말하자면 많은 것들이 한 마디 말로, 형식상에서 헐후어와 명백한 차이가 있음은 말할 필요가 없다. 그러나 일부 성어와 언어(諺語), 예컨대 '兼聽則明, 偏聽則暗(여러 방면의 의견을 들으면 사리가 밝아지고, 한 방면의 의견을 들으면 사리가 어두워진다)', '欲加之罪, 何患無辭(죄를 씌우려고만 한다면 어찌 구실이 없음을 걱정하겠는가)', '寧可身冷, 不可心寒(몸은 차가울지언정 마음은 차게 해서는 안 된다)', '留得青山在, 不怕沒柴燒(푸르고 무성한 산이 있는 한, 땔나무 걱정은 없다[근본이 착실하게 갖추어지면 걱정할 필요가 없다])' 등은 두 부분으로 이루어져있고, 어떤 조건 하에서 뒷부분을 역시 쉬고 말하지 않을 수 있다. 왜 이것들을 헐후어로 간주하지 않는가? 바로 그것들의 앞뒤 두 부분간의 관계가 병렬관계(兼聽則明, 偏聽則暗)이거나 가설관계(欲加之罪, 何患無辭), 또는 선택관계(寧可身冷, 不可心寒)이거나 조건관계(留得青山在, 不怕沒柴燒)로 모두 '인주관계'가 아니기 때문이다. 물론 성어, 언어(諺語), 헐후어 사이에 아무런 공통점도 없는 것은 아니다. 일정한 조건 하에서 성어와 언어(諺語)가 전화(轉化)하여 헐후어가 될 수 있다. 예를 들면, 성어 '逆水行舟(물을 거슬러 배를 몰다)' 뒤에 '不進則退(앞으로 나아가지 않으면 물러나다)'를 덧붙이고, '畵蛇添足(뱀을 그리는데 발을 그리다)' 뒤에 '多此一擧(쓸데없는 짓을 하다)'를 덧붙이며, 언어(諺語) '三個秀才講書, 三個屠戶講豬(세 명의 서생이 경전을 강의하고, 세 명의 백정이 돼지에 대해 이야기한다)' 뒤에 '各有各的一套(제각기 다른 재능을 가지고 있다)'를 덧붙인 것은 모두 전화(轉化)하여 헐후어가 된 것인데, 덧붙인 후 앞뒤에 각각 '인주관계'가 생겼기 때문이다. 그러나 결코 모든 성어와 언어가 전화하여 헐후어가 될 수 있는 것은 아니다. 예컨대, '因地制宜(각 지방의 실정에 맞게 적절한 대책을 세우다)', '同甘同苦(동고동락하다)', '巧媳婦難做無米之炊(재주 있는 며느리도 쌀 없이는 밥을 짓기 어렵다)', '不怕不識貨, 只怕貨比貨(물건을 알아보지 못함을 걱정하지 않고, 물건이 물건답지 않음을 걱정한다)' 등과 같은 대다수의 성어와 언어는 전화하여 헐후어가 될 수 없는데, 그 속에서 주석이나 설명을 이끌어낼 수 없기 때문이다.

바로 '인주관계'가 헐후어 내부관계의 기본특징이기 때문에, 우리는 헐후어를 '인주어(引註語)'로 개칭할 것을 주장한다. 그러나 이름을 바꾸는 것 역시 쉬운 일은 아닌 즉, 여기에는 확실히 습관의 문제가 있기 때문에 이 문제를 고려하여 우리는 잠시 헐후어란 이 명칭을 계속 사용하기로 한다.

헐후어는 위에서 서술한 기본특징 이외에도 주의할만한 점이 두 가지 더 있다. 하나는 상대적으로 고정적인 구조를 가지고 있다는 것이다. 이 점에서 그것은 성어, 언어와 마찬가지로 숙어(熟語)에 속한다. 또한 바로 이러한 점에서 그것이 일반적인 비유와 구별된다. 예를 들면 다음과 같다.

① ……我老梅就再不會是**玻璃罩裏的蒼蠅 —— 前途光明無出路**了。61)

……나 매가는 다시는 **유리덮개 안의 파리처럼 앞길은 환해도 나갈 길이 없을** 수 없어.

② 我好比隔着玻璃向外飛的蟲鳥兒, 眼看到外面明朗的天, 頭碰的生疼也出不去。62)

나는 마치 유리를 사이에 두고 밖을 향해 나는 벌레같이 눈앞에는 밝은 하늘이 보이지만 머리가 부딪쳐 정말 아파도 나갈 수 없어.

예문 ①의 '玻璃罩裏的蒼蠅 — 前途光明無出路'와 예문 ②의 '隔着玻璃向外飛的蟲鳥兒, 眼看到外面明朗的天, 頭碰的生疼也出不去'가 표현하는 의미는 같은데, 왜 전자를 헐후어로 간주하고 후자를 일반적인 비유로 간주하는가? 바로 전자의 구조는 상대적으로 고정되어 숙어가 되고, 후자의 구조는 고정적이지 않고 임시로 조합된 것이기 때문이다.

다른 하나는 구어적(口語的) 특색을 유지하고 있다는 것인데, 이것이 헐후어를 성어와 구별하게 해준다. 성어는 구어에서 나온 것도 있지만, 전체적으로 말해 서면적(書面的) 성질이 비교적 강하다. 헐후

---

61) 維恩, 峻峰, ≪廣大的戰線≫, 人民文學出版社, 1977年版, 159쪽.
62) 李英儒, ≪野火春風鬪古城≫, 作家出版社, 1959年版, 36쪽.

어 역시 역사 전적(典籍)에서 나온 것도 있고 심지어 성어의 기초위에서 생겨난 것도 있지만, 전체적으로 말해 구어적 성질이 비교적 강하다. 비교해보자.

① 說梁先生對於農民問題的見解比共産黨還高明, 有誰相信呢? **班門弄斧**。63)

농민문제에 대한 양 선생의 견해가 공산당보다 더 뛰어나다고 말한다면 누가 믿겠어? **노반의 문 앞에서 도끼질하는 것 [공자 앞에서 문자 쓰는 것]**이야.

② 幸而因"詩孩"而聯想到詩, 但不幸而我於詩又偏是外行, 倘講些什麽"義法"之流, 豈非"**魯班門前掉大斧**"。64)

다행히도 '시해'로 인해 시가 연상되었지만, 불행히도 내가 시에 대해 문외한이니 만약 무슨 '의법' 같은 것들을 이야기한다면 어찌 '**노반의 문 앞에서 큰 도끼를 떨어뜨리는 것 [공자 앞에서 문자 쓰는 것]**'이 아니겠는가.

예문 ①의 '班門弄斧'와 예문 ②의 '魯班門前掉大斧'의 뜻은 똑같고, 모두 유래가 오래되어 일찍이 송·원대(宋元代)의 전적에서 보인다. 사람들은 습관적으로 '班門弄斧'를 성어로 간주하고, '魯班門前掉大斧'를 뒷부분이 생략된 헐후어로 간주하는데, 원인은 바로 후자가 구어적인 색채를 유지하고 있기 때문이다. 유사한 것으로 또 '孔夫子門前念四書(공자의 집 앞에서 사서를 읽다)', '關公門前耍大刀(관우의

63) ≪毛澤東選集≫(第5卷), 人民出版社, 1967年版, 111쪽.
64) ≪魯迅全集≫(第7卷), ≪集外集拾遺≫, <詩歌之敵>, 620쪽.

집 앞에서 큰칼을 휘두르다)'가 있는데, 뒤쪽에 모두 '獻醜(하찮은 재주를 보이다)'란 두 글자를 덧붙여 주석으로 삼을 수 있다.

헐후어의 성질에 대한 위의 분석을 종합해보면, 우리는 헐후어에 대해 이러한 정의를 내릴 수 있다. 헐후어는 '중국어 중에서 인주(引註) 관계를 포함한 두 부분으로 구성되고, 구조가 상대적으로 고정적이며, 구어적인 특색을 가진 숙어'이다.

# 제2장

# 헐후어(歇後語)의 유래와 근원

헐후어의 유래와 근원은 상호 연관된 두 개의 문제와 관계되는데, 즉 '헐후어라는 이 언어형식은 어떻게 생겨난 것인가?'와 '누가 창조한 것인가?'이다.

헐후어라는 이 언어형식은 어떻게 생겨난 것인가? 이전의 견해는 매우 달랐는데, 비교적 대표적이라 할 수 있는 것은 아래의 두 가지 견해이다.

하나는 헐후어가 '스스로 주석하는 격식의 속담(自註格諺語)'로부터 발전해왔다는 것이다. 1935년 반월간지 ≪태백(太白)≫에 발표한 제목이 <헐후어>인 문장에서는 다음과 같이 말하였다. "헐후어는 사실상 언어(諺語) 가운데 특수하게 발전한 형식이다. 우리가 알고 있듯 언어에는 여러 가지의 격식이 있다. 그 가운데 가장 보편적인 것은 '비유'이다. ……헐후어는 즉 비유법의 특수한 발전이다." 이 글의 필자는 '비유형식'의 언어(諺語) 가운데 '豆腐刀, 兩面光(두부를 자르는 칼은 양면 모두 반들반들하다 [양측 모두에게 영합하다] [쌍방의 비위를 모두 맞추다])'처럼 은유(隱喩)하는 것의 뒤를 이어서 비유의 뜻을 밝히는 '자주격언어(自註格諺語)'가 있는데, 만약 '豆腐刀, 兩面光'이란 '자주격언어' 중간의 '잠시 멈추어 읽는 어기'를 연장하여 '豆腐刀 — 兩面光'으로 말한다면 곧 헐후어로 변하게된다고 생각했다. 그래서 그는 "헐후어는 '자주격언어'의 특수한 발전이며", "먼저

'자주격언어'가 있은 후에 '헐후어'가 생겨났다"고 말하였다.

이러한 견해는 그만의 정확한 부분이 있어 헐후어의 전문적인 명칭이 있기 전에는 줄곧 언어(諺語)의 일종으로 여겨져 왔다. 이러한 의미에서 보면 그것은 "언어 중의 한 특수한 발전형식"으로 간주할 수 있다. 그러나 헐후어를 "'자주격언어'의 특수한 발전"으로 말하는 것은 타당하지 못하다. 왜냐하면 이른바 '자주격언어'라고 하는 것은 곧 앞뒤 두 부분이 '인주(引註)관계'를 발생시키는 언어(諺語)이며, 바로 우리가 말하는 헐후어이기 때문이다. 주장은 다르지만 실제 가리키는 것은 동일한 언어현상으로서 어떤 것이 먼저 생겨났고 나중에 생겨났는지, 어느 것이 어느 것으로부터 발전하고 변화해왔는지 어떻게 말할 수 있겠는가?

앞뒤 두 부분 사이에 '잠시 멈추어 읽는 어기'의 길이를 가지고 '자주격언어'와 '헐후어'를 구별하는 표지로 삼는 것은 분명 믿을 수 없는 것이다. 사실, 헐후어 앞뒤 두 부분 사이에 잠시 쉬는 것은 길어질 수도 있고 짧을 수도 있다. 중간에 문장부호를 사용하는 것과 사용하지 않는 것, 어떤 문장부호를 사용하는지에 대해서는 결코 엄격한 규정이 없다. 예를 들면 다음과 같다.

① 這個隊長有什麽當頭？虧不少吃, 罪不少受, 罵不少挨, 家裏外邊不成樣子, **豬八戒照鏡子裏外不是人**。[65]

저 놈의 대장이 제일[우두머리]로 될 만한 게 있나요? 손해도 많이 보고, 혼도 많이 나고, 욕도 많이 얻어먹고, 집안과 바깥에선 아주 형편없

---

65) 浩然, ≪艶陽天≫(第1卷), 人民文學出版社, 1974年版, 152쪽.

는데, **저팔계가 거울을 보아도 안팎이 모두 사람 같지 않고 아주 형편없잖아요.**

② 我來了敢是享了你家什麼淸福了？伺候上老不死的病人，小不懂事的閨女，外頭又挨上農業社的批評，我這倒成了**豬八戒照鏡子，裏外不是人**啦！66)

제가 감히 당신 집에서 무슨 한가롭고 편안한 생활을 누리겠다고 왔겠어요? 늙어도 죽지 않는 병자와 철부지 같은 계집아이를 모시고, 밖에서는 또 농업사의 비판을 받아야 되니, 오히려 제가 **저팔계가 거울을 보아도 안팎이 모두 사람이 아닌 것같이 꼴이 말이 아니게** 되겠어요.

③ 這些天, 照老主任自己的話說, 因爲高金鳳頂了張縣長, "鬧"下這場亂子, 他夾在中間, 也快成了**豬八戒照鏡子 —— 裏外不是人**。67)

요 며칠 주임 자신의 말에 따르면, 고금봉이 장 현장에게 반박하여 대들므로 인해 이번 소란을 불러일으켰는데, 그가 중간에 끼여 **저팔계가 거울을 보아도 안팎이 모두 사람이 아닌 것같이 난처하게** 되어버렸다.

같은 '豬八戒照鏡子 —— 裏外不是人'인데 예문 ①에서는 앞뒤 두 부분 사이에 문장부호를 넣지 않았고, 예문 ②에서는 쉼표를 덧붙였으며, 예문 ③에서는 줄표를 덧붙였다. 우리가 이에 근거하여 곧 그것들은 서로 성질이 다른 언어형식이라고 말할 수 있는가? 앞의 두 개는 '자주격언어'이며 뒤의 것은 '헐후어'라고 말할 수 있지만, 뒤의 것은 앞의 두 개에서 발전하여 나온 것인가? 분명 그렇지 않다. 우리는

---

66) 胡正, ≪汾水長流≫, 山西人民出版社, 1956年版, 235쪽.
67) 王東滿, ≪漳河春≫, 山西人民出版社, 1976年版, 85쪽.

다만 그것들이 같은 언어형식이지만 서로 다른 언어 환경 가운데 앞뒤 두 부분의 잠시 쉬어 읽는 어기가 짧을 수도 있고 길어질 수도 있을 뿐이라고 말할 수 있다. '豆腐刀, 兩面光'도 이와 같은 경우로, 중간에 쉼표나 줄표를 덧붙이거나 문장부호를 넣지 않는 것과 상관없이 모두 앞뒤 두 부분 사이의 '인주(引註)관계'를 바꾸지 못한다. 그래서 모두 헐후어이다. 헐후어를 '자주격언어'에서 발전해온 것이라고 말하는 것은 헐후어가 헐후어에서 발전해온 것이라고 말하는 것과 같아서 문제의 본질에 대해서 대답하지 못한다.

또 다른 견해는 헐후어가 '본래 또는 정규의' 헐후어에서 발전하고 변화해온 것이라고 여겼다. 모순(茅盾) 선생은 ≪'헐후어'에 관하여(關於'歇後語')≫에서 헐후어의 발전을 세 단계로 나누었다. 가장 먼저 나타난 것은 '본래 또는 정규의 헐후어'인데, 예컨대 '友於兄弟'에서 뒤의 '兄弟' 두 자를 생략해버리고 앞의 '友於' 두 자를 사용하여 '兄弟'를 대신하는 것이다. 다시 예를 들면, '牛頭馬面'에서 '面'자를 생략하고 '牛頭馬'만을 말하면서 '面'자를 대신하는데 사용하는 것이다. 그 후에 나타난 것은 '에둘러서 말하는 비교적 복잡한 헐후어'인데, 예컨대 '外甥打燈籠 — 照舅{舊}(외종질이 등롱을 켜들다 ; 외삼촌을 비추다 {예전그대로 따라하다})', '鄉下人不識桂圓[龍眼] — 外黃{行}(시골 사람이 용안을 알지 못하다 ; 겉이 노랗다 {문외한이다})' 등이다. 마지막으로 '가장 복잡한 헐후어'가 나왔는데, 예컨대 '泥菩薩過江 — 自身難保'와 같은 것이다. 분명 모순 선생이 말한 '본래 또는 정규의 헐후어'는 바로 앞에서 언급했던 뒤를 쉬고 생략한 시체(詩體)와 단순한 언어유희방식의 헐후어이다. 그가 말한 '비교적 복잡하고 가장 복잡한 헐후어'는 각각 우리가 말하는 해음(諧音)성질과 비해음(非諧音)성질의 헐후어에 해당한다.

진망도(陳望道) 선생은 ≪수사학발범(修辭學發凡)≫의 '숨긴 말(藏詞)' 부분에서, 모순 선생이 말한 '본래 또는 정규의 헐후어'를 '원래의 헐후어'라고 하였으며, 모순 선생인 말한 '비교적 복잡하고 가장 복잡한 헐후어'를 '신흥(新興) 헐후어'라고 했다. 그는 이러한 '신흥 헐후어'를 사실상 '원래의 헐후어'의 발전현상으로 간주하였다. 진망도 선생은 비록 해음성질과 비해음성질의 헐후어가 생겨난 선후문제를 언급하고 있지는 않지만, 헐후어가 '원래의', '본래 또는 정규의 헐후어'에서 발전하고 변화해온 것이라는 이 점에서는 모순 선생의 견해와 서로 일치한다. 이후 헐후어에 관한 수많은 논저에서 헐후어의 유래와 근원을 토론할 때 모두 이러한 견해를 채택하였다.

이러한 견해는 '헐후어'란 이 명칭의 영향을 받았을 것인데, 기왕 그것들의 명칭이 서로 같게 되었으니 자연히 내재하는 계승관계가 있다. 이것은 복잡한 언어현상을 간단화한 것이다.

'원래의 헐후어', '본래 또는 정규의 헐후어'라는 것은 성어를 기초로 하여 구성한 것이다. ≪후한서·사필전(後漢書·史弼傳)≫의 '陛下隆於友於', 도연명(陶淵明) 시의 '再喜見友於'와 두보(杜甫) 시의 '山鳥山花皆友於'에 있는 '友於'를 예로 들면, 그것들은 다음과 같은 특징이 있다. 첫째, 원래는 반드시 당시의 지식인들이 모두 다 알고 있는 고서 몇 권 중의 성어이어야 한다. 예를 들면, '友於'라는 것은 ≪서경·군진(書經·君陳)≫의 '友於兄弟'에서 나온 것이다. 둘째, 원래 성어 뒤의 한두 개 글자를 반드시 쉬고 말하지 않아야 하는데, 예를 들면 '友於兄弟'의 뒤 두 글자 '兄弟'를 쉬고 말하지 않는다. 셋째, 앞에 써낸 부분으로써 쉬고 말하지 않는 부분을 대체하는데, 예를 들어

'友於'로써 '兄弟'를 대신하면 '陛下隆於友於'는 바로 '陛下隆於兄弟(之情)'(폐하는 형제간의 정이 두텁다)의 의미이다. 마찬가지로 '再喜見友於', '山鳥山花吾友於'는 각각 '再喜見兄弟(다시 형제를 기쁘게 만나다)', '山鳥山花吾兄弟(산의 새와 꽃들은 내 형제이다)'의 뜻이다. 이러한 특징은 우리가 현재 말하는 헐후어와는 상통하는 곳이 조금도 없다. 앞에서 말했듯이, 우리가 현재 말하는 헐후어는 앞뒤의 두 구성 부분에 존재하는 '인주관계'를 기본특징으로 삼는 것으로, 뒷부분을 결코 쉬고 말하지 않을 뿐 아니라 쉬고 말하지 않게 할 수도 없다. 성질상 근본적으로 다른 이러한 두 개의 언어형식이 어떤 계승관계를 갖고 있는지 상상하기 어렵다. 예를 들어 '面'을 '牛頭馬'로 말하고, '馬'를 '青梅竹'라고 말하며, '風'을 '下馬威'로 말하는 등의 '원래의 헐후어'에서 변화하여 발전해온 단순한 언어유희방식의 헐후어에 있어서는 우리가 현재 말하는 헐후어와 아무런 관계가 없으며, 우리가 현재 말하는 헐후어는 이러한 헐후어에서 발전하고 변천해온 것임을 증명할 만한 근거가 없다.

그러면, 우리가 현재 말하는 헐후어는 도대체 어떻게 생겨난 것인가? 청대(淸代) 적호(翟灝)의 ≪통속편(通俗編)≫(권38), <식여·풍인(識餘·風人)>의 논술[68]을 참고해보면, 비해음(非諧音)성질의 헐후어이건 해음(諧音)성질의 헐후어이건 간에 적호는 그것이 모두 '풍인시체(風人詩體)'의 유풍(遺風)이라고 간주한 것을 분명히 보여준다. 적호 이후에 유사한 견해를 견지한 사람 역시 적지 않았는데, 예를 들면 1937년 북경의 ≪세계일보(世界日報)≫에 발표한 <헐후어잡담(歇後語

68) 역자주: 이 책에 실린 두 단락의 논술 내용은 헐후어의 유래를 설명하는 중요한 내용이 아니어서 그 결론만 소개하고 상세한 원문은 실지 않는다.

雜談)>이란 제목의 문장은 헐후어와 '풍인시체'를 연계시키면서 '풍인'은 '헐후어의 아호(雅號)'라고 간주하였다.

'풍인체(風人體)'에 관해서는 남송(南宋) 시론가(詩論家)들의 많은 해설이 있다. 엄우(嚴羽)는 ≪창랑시화(滄浪詩話)≫에서 이렇게 말하였다. "論雜體則有風人, 上句述其語, 下句釋其義。(잡체를 논하자면 풍인이 있는데, 앞 문장은 그 말을 서술하고, 뒤 문장은 그 뜻을 해석한다.)" 갈립방(葛立方)은 ≪갈상지시화(葛常之詩話)≫(권4)에서 이러한 시체의 특징을 개괄하여 "以下句釋上句(뒤 문장이 앞 문장을 해석한다)"라고 하였다. 이러한 해설은 적호가 말한 "上句借用他語, 下句申釋本意(앞 문장은 다른 말을 차용해오고, 뒤 문장은 본뜻을 넓혀 해석한다)"와 일치하는 것이며, 서로 보충이 되는 것이다.

이러한 "뒤 문장이 앞 문장을 해석하고", "앞 문장은 그 말을 서술하고, 뒤 문장은 그 뜻을 해석하며", "앞 문장은 다른 말을 차용해오고, 뒤 문장은 본뜻을 넓혀 해석하는" 풍인체(風人體)는 우리가 현재 말하는 앞에서 '제시하여 이끌어내고(引)' 뒤에서 '주석하여 설명하는(註)' 헐후어와 형식상으로 볼 때 완전히 일맥상통한다. 풍인체의 앞 문장은 헐후어의 '제시하여 이끌어내는 말(引子)'에 해당하고, 풍인체의 뒤 문장은 헐후어의 '주석하여 설명하는 말(註釋)'에 해당한다. 이런 점에서 볼 때 풍인체는 헐후어의 시가(詩歌)형식으로 볼 수 있다.

그러나 풍인체가 결코 바로 헐후어인 것은 아니다. 왜냐하면 풍인체의 앞 문장과 뒤 문장은 표현상의 필요에 근거하여 임시로 조합한 것으로 상대적으로 고정된 구조를 형성하지 않았기 때문이다. 하지만, 풍인시구(風人詩句)가 유행하게 되면서 곧 헐후어가 되었을 가능성이 있는데, 예를 들어 '東邊日出西邊雨, 道是無晴{情}還有晴{情}(동쪽에선 해가 뜨고 서쪽에선 비가 오니, 흐렸다고 말하지만 개어 있네{정이 없다고 말하지만 정이 있네})’69)은 이미 습관적으로 사용하는 헐후어가 되었다.

홍매(洪邁)의 ≪용재삼필(容齋三筆)≫(권16)에서 풍인시의 예술적 특색을 평론할 때 다음과 같이 말하였다. “自齊梁以來, 詩人作樂府子夜、四時歌之類, 每以前句比興引喩, 而後句實言以證之。(제량시기 이래로 시인들이 <자야>, <사시가>와 같은 유형의 악부시를 지을 때는 매번 앞 문장에서 ‘비’와 ‘흥’으로 비유를 이끌어내고, 뒤 문장에서 사실적인 말로써 그것을 증명한다.)” 헐후어가 어휘의 형식으로서 존재할 때 앞뒤 두 부분에는 비유와 해석의 관계가 결코 존재하지 않지만, 문장 안에서 활용될 때는 적지 않은 헐후어의 앞부분이 ‘比(비유)’에 상응하는데, 이것은 앞에서 이미 토론한 바 있다. 또한 많은 헐후어가 문장 안에서 사용될 때 앞부분이 비록 ‘비’는 아니지만 ‘흥’에 해당한다(이것은 뒤에서 구체적으로 더 설명할 것이다). 이로써 헐후어와 풍인체는 같고 ‘比興引喩(비와 흥으로 비유를 이끌어내다)’로부터 발전하고 변화해온 것임을 추론할 수 있다.

물론 ‘비흥인유(比興引喩)’ 그 자체가 헐후어는 결코 아니다. 그것이 헐후어가 되기까지는 변천과정이 있다. 첫째, 명확한 주석이 있어야 ‘비흥인유(比興引喩)’와 ‘인주(引註)관계’를 구성한다. 둘째, 앞에서 제시하여 이끌어내고 뒤에서 해석하는 이러한 언어형식은 널리 퍼져 전해오면서 구조상 상대적으로 고정화되어 일종의 ‘숙어[고정어구]’가 되었다. 이로 인하여 생겨난 헐후어는 처음에는 자연스럽게 대중들

69) 당대(唐代) 유우석(劉禹錫)이 지은 <죽지사(竹枝詞)>의 시구로, ‘晴’은 ‘情’과 해음이다.

의 입말(口語) 가운데서 유행하였고, 이후에서야 비로소 점차 서면어(書面語)로 흡수되어졌다. 현재 우리가 볼 수 있는 고대 전적의 헐후어에 대한 최초의 기재는 ≪전국책 · 초책(戰國策·楚策)≫중의 한 단락에서이다.

莊辛至, 襄王曰 : “寡人不能用先生之言, 今事至於此, 爲之奈何？”莊辛對曰 : “臣聞**鄙語**曰 : ‘**見兎而顧犬, 未爲晩也 ; 亡羊而補牢, 未爲遲也**。’臣聞昔湯、武以百里昌, 桀、紂以天下亡。今楚國雖小, 絶長續短, 猶以數千里, 豈特百里哉？”

장신이 도착하자, 양왕은 말했다. “과인이 선생의 말씀을 채택하여 쓰지 않아서 지금 일이 이 지경에 이르렀으니. 이를 위해 어찌하면 좋겠습니까?” 장신이 대답하였다. “신이 들은 저속한 말[속담]에 ‘**토끼를 보고 고개를 돌려 사냥개를 볼 정도면 아직 늦지 않은 것이며, 양을 잃어버리고서 우리를 고치는 것도 결코 늦은 것이 아니다.**’라고 하였습니다. 신이 듣기로 옛날 상(商)의 탕왕과 주(周)의 무왕은 백리의 좁은 땅으로 창성하였고, 하(夏)의 걸왕과 은(殷)의 주왕은 천하를 다 가지고도 멸망하였습니다. 지금 초나라가 비록 작다고는 하나, 남는 것으로 모자란 것을 채운다면 [장단점을 서로 보완한다면] 오히려 수 천리는 될 것이니 어찌 백리의 좁은 땅이라고 하겠습니까?”

‘見兎而顧犬, 未爲晩也’와 ‘亡羊而補牢, 未爲遲也’는 의심할 여지없이 우리가 현재 말하는 헐후어이다. ‘見兎而顧犬’과 ‘亡羊而補牢’는 여전히 ‘비흥인유(比興引喩)’의 색채를 가지고 있는데, 각각 뒷부분의 ‘未爲晩也’, ‘未爲遲也’와 ‘인주관계’를 구성한다. 위의 문장에서 명확히 밝히고 있는 ‘鄙語’는, 그것이 이미 대중들의 입에서 널리 전해져 비교적 고정된 구조를 형성하였음을 말해준다. ≪전국책≫은 전국시대(戰國時代) 종횡가(縱橫家)의 책략과 언론을 집성한 것으로 서한(西漢) 후기에 학자 유향(劉向)에 의해 편찬되었다. 이것은 일찍이 이천 년 이전의 중국어에는 앞에서 제시하여 이끌어내고 뒤에서 해석하는 헐후어의 언어형식이 이미 존재했음을 나타내준다. 그러나 전적 속에 기재된 것은 그 수가 매우 적다. 이것은 이해할 수 있는 것이 헐후어가 당시에 '비어(鄙語)'로 여겨진 이상 당연히 문인, 학자들에 의해 대량으로 인용될 수 없었기 때문이다.

헐후어가 서면어(書面語) 속에 대량으로 나타난 것은 금·원대(金元代) 잡극(雜劇)이 흥기한 이후부터이다. 잡극의 작가들 대부분은 일반 대중들과 가까운 하층 지식인들이다. 그들은 대중들의 생활과 언어에 대해 비교적 익숙하였고, 게다가 잡극 언어 그 자체의 구어화(口語化)까지 보태졌다. 이는 잡극으로 하여금 더 많이 민간으로부터 헐후어를 흡수하도록 하였으며, 어떤 것은 심지어 전편(全篇)과 전단(全段)에 걸쳐 헐후어를 활용하였는데, 두인걸(杜仁杰)의 ≪사해아·유정(耍孩兒·喩情)≫70)이 그러하다. 문학작품에서 헐후어를 이처럼 장황하게 늘어놓으면서 활용한 것은, 당시에 헐후어가 구어 가운데 매우 성행한 것이 아니라면 그것은 불가능한 것이다. 두인걸(杜仁杰)의 자는 중량(仲梁)이고 호는 선보(善甫)이다. 주경(朱經)의 ≪청루집서(青樓集序)≫에서는 그를 "금나라의 유민(金之遺民)"이라고 하였다. 이것은 금·원대에 이미 헐후어가 성행하였음을 설명해준다.

모두 다 알다시피 언어의 변천은 점차적으로 변화하는 방식을 채택

70) 역자주: 이 책에서 인용한 장문의 잡극(雜劇) 원문은 '헐후어의 유래와 근원'을 이해하는데 생략해도 무방하다고 판단하여 여기에 싣지 않는다.

하여 진행된다. 한 언어형식의 발생과 변화는 상당히 긴 시기를 거쳐야 한다. 헐후어가 금·원대에 이미 이처럼 성행하였다는 것은 당·송대(唐宋代)에 이미 대량으로 존재하였음을 분명 의심할 여지가 없다. 이로부터 우리가 확신할 수 있는 것은, 당대(唐代) 이상은(李商隱)이 편찬한 ≪(의산)잡찬(義山雜纂)≫, 송대(宋代) 왕군옥(王君玉)이 편찬한 ≪잡찬속(雜纂續)≫과 소식(蘇軾)의 ≪잡찬이속(雜纂二續)≫은 모두 당시 유행하였던 헐후어의 총집이라는 것이다. 그러나 그들이 채용한 체례(體例)는 현재의 헐후어 총집과는 다르다. 가장 뚜렷한 점은, 그것들이 모두 '주석, 설명(註)'을 중심으로 하여 편성한 것이다. 예를 들면 다음과 같다.

不相稱(서로 어울리지 않다) : 病醫人(병자와 의사), 瘦人相撲(마른 사람이 서로 돌진하다[씨름하다]), 屠家念經(백정이 경을 읽다)。

不快意(마음에 들지 않다) : 鈍刀切物(더딘 칼로 물건을 자르다), 破帆使風(찢어진 돛으로 바람을 부리다), 樹陰遮景致(나무 그늘이 경치를 가리다)。

殺風景(살풍경스럽다, 흥을 깨다) : 花架下養鷄鴨(꽃 선반 아래에 닭과 오리를 기르다), 遊春重載(봄 경치를 유람하는데 무거운 짐을 싣다), 看花淚下(꽃을 보고 눈물을 흘리다)。[71]

自做得(스스로 할 수 있다) : 木匠帶枷(목수가 형틀 칼을 씌우다), 鐵匠披鎖(대장장이가 족쇄를 걸치다)。

又愛又怕(좋아하고도 무서워하다) : 小兒放紙炮(어린아이가 폭죽

71) 唐·李商隱, ≪(義山)雜纂≫.

을 터뜨리다), 狗吃熱肉(개가 뜨거운 고기를 먹다), 小兒看雜劇(어린 아이가 잡극을 보다)。

不識好惡(좋은지 나쁜지 알지 못하다) : 岸上看人溺水(언덕위에서 사람이 물에 빠진 것을 구경하다), 失火處說好看(불난 곳을 보기 좋다고 말하다)。[72]

未足信(완전히 믿지 못하다) : 媒人誇兒女(중매쟁이가 자녀를 칭찬하다), 敵國講和(적국이 평화를 맺고자하다), 賣物人索價說咒(물건 파는 사람이 값을 부르는 데 주문을 말하다)。

改不得(바꿀 수 없다) : 生來劣相(태어나면서 가지는 좋지 않은 생김새), 偷食貓兒(음식을 훔쳐 먹는 고양이)。

說不得(말할 수 없다) : 啞子做夢(벙어리가 꿈을 꾸다), 賊被狗咬(도둑이 개에게 물리다)。[73]

'주석, 설명(註)' 한 개에 '제시(引)'가 여러 개인 이러한 현상은 현재에도 매우 자주 보이는데, 예를 들면 '一場空(텅 비다 [수포로 돌아가다] [부질없는 짓을 하다])'에는 '竹籃打水"(대광주리로 물을 긷다)', '水中撈月(물속에서 달을 건져 올리다)', '夢中娶媳婦(꿈속에서 신부를 얻다)' 등이 있고, '出力不討好(애만 쓰고 좋은 결과를 얻지 못하다)'에는 '演戲頂石臼(연기하는데 맷돌을 머리에 올리다)', '豬八戒端盤子(저팔계가 접시를 받쳐 들다)', '老公公背兒媳婦過河(시아버지가 며느리를 업고 강을 건너다)' 등이 있다. 반드시 지적해야할 것은 ≪잡찬≫속에 수집된 것이 모두 헐후어인 것은 결코 아닌데, 예를

72) 宋·王君玉, ≪雜纂續≫.
73) 宋·蘇軾, ≪雜纂二續≫.

들어 이상은의 ≪(의산)잡찬≫에서 '교자(教子)' 항목 아래에 열거한 '習祖業(조상의 업적을 공부하다)', '立言不回(저서를 저술하여 이론 체계를 세우거나 의견을 발표하면 거두어들이지 않는다)', '知禮義廉恥(예의와 염치를 알다)' 등이 말하는 것은 당시 '教子(자식을 교육시키는)'의 방법과 요구로, 그것들과 '教子' 사이에는 결코 '인주(引註)관계'가 존재하지 않으니 분명 헐후어가 아니다. 이것은 ≪잡찬≫의 내용에 대해서 구체적인 분석을 해봐야겠지만, 이로 말미암아 당시 헐후어의 대량 존재를 부정할 수는 없다는 것을 설명해준다.

위에서 서술한 분석에 기초하여 우리는 헐후어라는 이러한 언어형식이 이미 일찍부터 존재한 것이지, 결코 새로 만들어진 것이 아님을 확인하였다. 만약에 '원래의 헐후어', '본래 또는 정규의 헐후어'로 ≪후한서·사필전(後漢書·史弼傳)≫속의 "陛下隆於友於"와 ≪소명문선(昭明文選)≫에 들어있는 조식(曹植)의 <구통친친표(求通親親表)>중의 "今之否隔, 友於同憂"의 '友於'가 가장 이른 것이라고 한다면, 현재 우리가 말하는 헐후어는 이보다 수백 년 전에 이미 존재하였으며, 이것은 우리가 현재 말하는 헐후어가 '원래의 헐후어', '본래 또는 정규의 헐후어'에서 발전하고 변화해온 것이 아니라는 하나의 증명이다.

해음(諧音)성질 헐후어와 비해음(非諧音)성질 헐후어의 발생 선후문제에 있어서는 비교적 쉽게 해결이 된다. 모순 선생은 먼저 해음성질 헐후어가 나온 뒤에 비해음성질 헐후어가 생겨났다고 간주하였다. 어떤 사람은 이 견해에 동의하지 않고 비해음성질 헐후어가 해음성질 헐후어보다 더 복잡하지 않기 때문에 "반드시 가장 뒤에 생겨난 것은 아니다"[74]라고 간주하였다. 사실 '해음쌍관(諧音雙關: 음이 같거나 비슷한 것과 두 가지 의미를 지니는 것)'은 중국어에서 유래가 깊은 전통적 수사기법의 일종으로, 남북조(南北朝) 시기의 민가(民歌)에서 이미 대량으로 활용되었다. 해음성질 헐후어와 비해음성질 헐후어는 사실상 동시에 생겨난 것으로 선후를 가리기가 매우 어렵다.

우리는 이미 헐후어가 풍인체(風人體)와 같으며 ≪국풍(國風)≫의 '비흥인유(比興引喩)'로부터 발전하고 변화해온 것임을 확인하였다. 그러면, '이러한 언어형식은 누가 창조하였는가?'의 문제에 대해서는 대답하기가 어렵지 않다. 만약 '원래의 헐후어', '본래 또는 정규의 헐후어'가 '고서(古書) 중의 성어(成語)'에서 유래하였고 문인들에 의해서 창작된 것이라면, 우리가 현재 말하는 '앞에서 제시하여 이끌어내고 뒤에서 해석하는' 헐후어는 민간의 구두(口頭) 숙어(熟語)에서 유래하였고 많은 대중들에 의해서 창작된 것이다.

헐후어가 민간에서 유래하였고 많은 대중들에 의해서 창작되었다고 말하는 것은 아래의 몇 가지 사실로 증명할 수 있다.

첫째, 헐후어의 칭호에 대해서 살펴보면, 고대 역사서에서 그것을 '비어(鄙語)'로 부른 것 외에도 '언(諺: 속담, 이언)', '요(謠: 소문, 풍설)' 등을 자주 사용하였다. 이후에 일부 문인필기(文人筆記)에서도 그것을 '언어(諺語)', '속언(俗諺)', '이언(俚諺)' 등으로 불렀다. ≪서유기(西遊記)≫, ≪경화연(鏡花緣)≫ 등의 명·청대(明淸代) 소설에서도 헐후어를 '속어(俗語)'라고 불렀다. 예를 들면 다음과 같다.

① 八戒道："這正是**俗語**云：'**大海翻了豆腐船，湯裏來，水裏**

---

74) <關於歇後語的幾點意見>, ≪中國語文≫, 1955年 第1期.

**去**。'如今難得他扇子，如何保得師父過山？且回去，轉路走他娘罷！"[75]

저팔계가 말했다. "이거야말로 **속담**에서 말하기를, '**바다에 두부 실은 배가 뒤집혀서 (두부)국과 (바다)물이 오가네! [제 곳으로 되돌아가네!]**' 지금 그의 부채를 구하기 어려운데 어떻게 사부님을 보호하여 산을 건넌단 말인가? 일단 돌아가자, 길을 바꿔 사모님께 가자!"

② 行者笑道："該與不該，煩爲引奏引奏，看老孫的人情如何。" 葛仙翁道："**俗語**云：'**蒼蠅包網兒，好大面皮！**'"[76]

길가는 사람이 웃으며 말했다. "해야 할지 하지 말아야 할지, 접견하고 아뢰기가 성가시고 귀찮으니, 손오공의 인정이 어떠한지 보세요." 갈선옹은 말했다. "**속담**에서 말하기를, '**파리가 그물을 쓰고 얼굴이 큰 체하네! [주제넘게 잘난 체하네!]**'"

③ 大盜笑道："他這禮物雖覺微末，**俗語**說的：'**千里送鵝毛，禮輕人意重**。'只好備個領謝帖兒，權且收了。……"[77]

도적이 웃으며 말했다. "그 사람의 이 예물은 비록 보잘것없는 것 같지만 **속담**에서는 이렇게 말하지. '**천리 밖의 먼 곳에서 보내온 거위의 털, 예물은 비록 보잘것없으나 보낸 사람의 정의는 두텁다.**' 감사하다는 쪽지만 잘 준비하면 권리는 일단 받게 돼. ……"

현대소설 가운데에는 위에서 언급하였던 것 이외에도, 헐후어를 '속담(俗話)', '속담, 격언(常言)', '일상적인 이야기, 자주 쓰는 말(家常話)', '시골농가 속어(農家俚語)' 등으로 불렀다. 예를 들면 다음과 같다.

---

75) 明·吳承恩, ≪西遊記≫(第61回), 人民文學出版社, 1959年版, 701쪽.

76) ≪西遊記≫(第87回), 991쪽.

77) 淸·李汝珍, ≪鏡花緣≫(第50回), 作家出版社, 1955年版, 368쪽.

① 吳天寶搔搔後腦瓜子笑道：“你那爹呀, 可是**俗話**說的, **鐵板釘鋼釘, 硬到家**啦。……”[78]

오천보는 뒷머리를 긁으면서 웃으며 말했다. “당신 아버지는 있잖아요, **속담**에서 말하는 거지만, **철판에다 강철못을 박으니 집까지 단단해요. [성격이 비할 데 없이 최고로 강해요.]**……”

② 東莊遊擊組一個個手癢癢的, 催着吃罷飯, 紛紛背槍上山。**常言說**：“**瘋狗過街, 處處叫打！**”人家打起來了, 還穩得住？[79]

동쪽 마을의 유격대 조원 한 사람 한 사람은 손이 근질근질하여, 밥을 그만 먹으라고 재촉하면서 잇달아 총을 메고 산에 올랐다. **속담**에서는 “**미친개가 길을 건너니 곳곳에서 때리라고 외친다.**”라고 말하니, 모두들 공격하는데 또한 가만히 있을 수 있겠어?

③ 她千補萬納的, 正在對搭自己的一件破夾襖, 頭不擡地說：“喲, 俺可以給你找不出來。**家常話, 買眼鏡買下火口**, 那可是**一人一個眼法**。”[80]

그녀는 조각조각 옷을 기워 입었는데, 자신의 겹저고리를 만들면서 고개를 들지 않은 채 말했다. “아이고, 당신한테 찾아드리지 못하겠네요. **자주 쓰는 말** 중에 **안경을 산다는 것이 (가운데 둥근 구멍이 있는) 난로 뚜껑을 산다고 하는데** 그것은 **한 사람에 하나의 안목이잖아요. [사람마다 눈썰미나 견해가 다르잖아요.]**”

④ 這正如這一帶**農家俚語**所說：“**毛驢旦子不戴籠嘴套, 佔了嘴的便宜也吃了嘴的虧**”。倒霉的趙興亞, 因爲酒後吹牛, 引起這段倒霉的差事來, 心中鬱鬱不樂。[81]

---

78) 楊朔, ≪三千里江山≫, 人民文學出版社, 1957年版, 13쪽.
79) 邵子南, ≪我們是不同的≫, 工人出版社, 1956年版, 75쪽.
80) 劉江, ≪太行風雲≫, 山西人民出版社, 1960年版, 22쪽.

이것은 마치 이 일대 **시골농가 속어**에서 하는 말과 같다. "**당나귀에게 부리망을 씌우지 않으면 입 때문에 이익을 챙기지만 입 때문에 손해를 본다. [말을 잘못해서 일이 꼬이거나 화를 입는다.]**" 재수 없는 조흥아는 술 마시고나서 허풍을 떨었기 때문에 이런 재수 없는 일을 일으키게 되어 마음이 답답하고 우울하였다.

이러한 인용례는 역대로 헐후어에 대한 칭호가 비록 '言', '語', '話'의 구분은 있었지만, 모두 '諺', '鄙', '俗', '俚', '常' 등에서 벗어나지 못하였음을 분명하게 보여준다. 소위 '諺', '鄙', '俗', '俚', '常' 등은 모두 '고상한 말(雅言)'에 상대하여 말하는 것으로, 모두 민간의 구두(口頭) 숙어(熟語)를 가리킨다.

둘째, 옛사람들의 필기(筆記)에서 헐후어는 먼저 대중들의 구어 가운데서 유행한 이후에 점차로 문인들에 의해서 이해되고 받아들여졌다는 것을 알 수 있다. 송대(宋代) 구양수(歐陽修)의 ≪귀전록(歸田錄)≫(권2)에 이러한 한 단락의 말이 있다.

俚言云：“**趙老送燈臺，一去更不來。**”不知是何等語, 雖士大夫亦往往道之。天聖中, 有尙書郎趙世長者, 常以滑稽自負。其老也, 求爲西京留臺御史。有輕薄子送以詩云：“此回眞是送燈臺[82]。”世長深惡之, 亦以不能酬酢爲恨, 其後竟卒於留臺也。

---

81) 柳杞, ≪長城煙塵≫, 解放軍文藝出版社, 1962年版, 146쪽.

82) 역자주: "이번에는 정말로 등불(등잔받침대)을 보낸다."라는 한 철부지 아이가 보낸 시구 내용이 왜 늙은 조세장으로 하여금 분통을 터뜨리게 했는지 분명하게 이해할 수 없다. 역자의 억지스런 추측에 의하면, 여기서는 '登臺(등단하다, 정치무대에 나아가다)'와 음이 같은 '燈臺'를 이용하여 '조세장이 벼슬을 좋아해 늙어서도 정치무대에 나아가는 것'을 비꼰 것으로 보인다.

속어에서 “**조세장이 늙어 등불(등잔받침대)을 보냈는데, 한번 가니 다시는 돌아오지 않는다.**”라고 말한다. 비록 사대부들이 종종 이 말을 하지만, 나는 무슨 말인지 몰랐다. 천성 연간에 상서랑 조세장이란 사람이 있었는데, 늘 우스갯소리를 잘한다고 자부하였다. 그가 늙어 서경의 유대어사가 되고자 하니, 한 경박한 아이가 시를 써 보내 “이번에는 정말로 등불(등잔받침대)을 보낸다.”라고 하자, 조세장이 심히 증오하고서도 그와 시로써 말을 주고받지 못해 분해하다가 그 후 결국 유대에서 죽었다.

명대(明代) 고원경(顧元慶)의 ≪이백재시화(夷白齋詩話)≫에도 이러한 한 단락의 말이 기재되어 있다.

南方諺語有“**長老種芝麻 —— 未見得**”。余不解其意。偶閱唐詩, 始悟斯言, 其來遠矣！詩云：“蓬鬢荊釵世所稀, 布裙猶是嫁時衣。胡麻好種無人種, 合是歸時底不歸？”胡麻卽今芝麻也, 種時必得夫婦兩手同種, 其麻倍收。長老言僧也, 若獨種必無可得之理, 故云。

남방속담에 “**스님이 (혼자) 참깨를 심는다；(수확을) 보지 못하다.**”라는 말이 있다. 나는 그 뜻을 이해하지 못하였는데, 우연히 당시를 보다가 비로소 이 말의 유래가 오래되었음을 깨달았다. 시에서 말하길, “헝클어진 귀밑머리에 가시나무비녀는 세간에서 보기 드물고, 베로 만든 치마는 시집갈 때 입는 옷인 듯하네. 호마는 좋은 품종이나 심을 사람이 없고, 시집을 가야할 때인데 어째서 시집을 가지 않나?” 호마는 즉 지금의 참깨로, 파종할 때 반드시 부부가 두 손으로 함께 심어야 그것을 두 배로 수확할 수 있다. 장로는 스님을 말하는데, 혼자 심게 되면 반드시 그것을 수확할 수 없는 이치이므로 이렇게 말하였다.

이 기록들은 어떤 문인은 어느 방면의 사회상식이 결핍되어있기 때문에 대중들의 구어 가운데서 유행하는 헐후어에 대해서 "不知是何等語(무슨 말인지 알지 못하다)"라고 하거나 "不解其意(그 뜻을 이해하지 못하다)"라고 하는데, 이 방면의 사회상식이 있고 난 후에야 비로소 그것의 함의(含意)를 깨달았다는 것을 분명히 나타내고 있다.

셋째, 헐후어의 내용면에서 볼 때 선택한 제재(取材)가 매우 광범위하다. 모든 방면으로부터 인민 대중들의 사회생활을 반영하였고, 선명한 시대성과 지방성 및 직업성을 지니고 있다.

(1) 시대성(時代性)

헐후어는 서로 다른 시대의 인민 대중들의 사회생활을 반영하고 있다. 예를 들면 다음과 같다.

① 現在, 特別重要的是要脚踏實地、雷厲風行地去工作, 紮紮實實地幹出結果來, 我們不能是"**天橋的把式, 光說不練**"。[83]

지금, 특별히 중요한 것은 착실하고 실속 있게, 엄격하고 신속하게 일을 하여 견실한 결과를 내는 것이다. 우리들은 "**북경 천교 근처 길거리에서의 무예시범처럼 말만하고 단련하지 않아서는 [실력이 말하는 정도에 못 미쳐서는]**" 안 된다.

② 王五是義和團的大師兄, 一次臨攻萬喜棧的時候, 他的馬被毛子搶去了, 他衝進敵人陣裏奪回來毛子一門炮。打完仗, 回到村裏, 對鄉親們說, 這次仗"不勝不敗"。……從那時候起, "**王五打仗——不勝不敗**", 便成了這一帶村子的人常說的一句俏皮話。[84]

---

83) ≪人民日報≫, 1978年 10月 1日 社論(사설).

왕오는 의화단의 대사형으로 한 차례 만희잔을 공격할 때, 그의 말이 모자에게 빼앗기자 적들의 진지로 쳐들어가 모자의 대포 한 문을 빼앗아 왔다. 싸움이 끝난 뒤에 마을로 돌아와서 마을사람들에게 말했다. 이번 싸움은 "이기지 않는 한 패하지 않습니다." ……그때부터 **"왕오가 싸움을 하다 ; 이기지 않는 한 패하지 않는다."**는 이 일대 마을사람들이 자주 말하는 풍자하는 말(헐후어)이 되었다.

③ "你憑什麽罵人？咱們是**鐵路警察，各管一段**，你修你的機器，我看我的機器，那裏碍着你的事？"白師傅站了起來兩手叉着腰說。[85)]

"당신은 뭘 가지고 사람을 욕해요? 우리는 **철도경비경찰로서 각각 한 구역씩 맡아서 관리하므로**, 당신은 당신의 기계를 고치고, 나는 내 기계를 살피는데 어떻게 당신 일을 방해해요?" 백 사부가 일어서서 두 손을 허리에 끼고 말했다.

예문 ①의 '天橋'는 북경시 전문(前門) 남쪽에 있으며, 낡은 사회(1949년 이전)에는 강호(江湖)의 예인(藝人)들이 모이는 곳이다. 기예를 팔아 생계를 유지하는 사람들은 언제나 단련하는 자세를 늘어놓지만 오히려 그곳에서 (무예는 연마하지 않고) 입만 잘 놀리는데, 이렇게 해서 '天橋的把式 — 只[光]說不練(북경 천교 근처 길거리에서의 무예시범 ; 말만하고 단련하지 않다)'이라는 헐후어가 생겨나게 되었다. 예문 ②의 '王五打仗 — 不勝不敗(왕오가 싸움을 하다 ; 이기지 않는 한 패하지 않다)'는 의화단(義和團)의 대사형 왕오의 한 차례 전쟁

84) ≪義和團的志氣永不滅≫, 百花文藝出版社, 1961年版, 83-84쪽.
85) ≪山西短篇小說選≫, 山西人民出版社, 1959年版, 26쪽.

중의 영웅사적에 근거하여 창작해낸 것으로 의화단의 용감한 투쟁을 반영하였다. 예문 ③의 '鐵路警察 ── 各管一段(철도경비경찰 ; 각각 한 구역씩 맡아서 관리하다)'은 과거 철로위에서 기차의 안전한 운행을 보장하기 위하여 철도경비경찰이 구역을 나누어맡아서 관리하는 상황을 반영하였다. 이러한 헐후어는 모두 뚜렷이 시대의 낙인(烙印)을 찍어놓았다.

(2) 지방성(地方性)

헐후어의 지방성은 여러 방면에서 나타난다. 어떤 헐후어는 대중들이 어떤 곳의 특징이나 어떤 곳에서 발생한 이야기에 근거하여 창작해낸 것으로 단지 그 한 지역에 한정되어 전해져온다. 예를 들면 다음과 같다.

① 確實, 天縣在地區十三縣中地盤最大。連這一帶的老百姓都有這麽一條歇後語, 說是"**天縣縣長 ── 管得寬**"。86)

확실히 천현은 지역 13개 현 중에서 범위가 제일 크다. 이 일대의 백성들조차도 이런 헐후어를 갖고 있는데, "**천현의 현장 ; 관리할 범위가 넓다**"라고 말하는 것이다.

② 從前在七里鋪, 除了地主李寶泰弟兄們和趙家, 連一個識字人也沒有。據村上老一輩人們傳說, 記不清常觀音保的哪代老祖輩, 還下過幾趟考場, 可是到頭來也沒有進了學。直到如今, 這一帶的人們還流傳着這麽一句話："**七里鋪家進秀才, 沒想**。"87)

---

86) 諶容, ≪光明與黑暗≫, 人民文學出版社, 1978年版, 13쪽.
87) 劉江, ≪太行風雲≫, 山西人民出版社, 1960年版, 2쪽.

이전에 칠리포에서는 지주 이보태의 형제들과 조씨 집안사람 이외에 글을 아는 사람은 아무도 없었다. 마을의 이전 세대 사람들이 전하는 말에 따르면, 항상 관음보살이 보우하는 어느 세대의조상인지는 똑똑히 기억할 수 없지만, 여러 차례 과거시험장에 들어갔어도 결국 과거에 합격하지 못했다. 지금까지 이 일대의 사람들은 여전히 이러한 말을 전해오고 있다. **"칠리포 사람이 과거에 합격하다 ; 가망이 없다."**

③ 敵人多次淸剿, 追捕敲鐘的人, 但用盡了解數也尋不着他。直到如今, 燕峰峪一帶, 還流傳着一句話 : **"耿宏山敲鐘 —— 又響了"**。88)

적들은 여러 차례 소탕하여 종치는 사람을 잡으려고 하였지만, 온갖 방법을 사용하여도 그를 찾을 수 없었다. 지금까지 연봉욕 일대에는 여전히 이 말이 전해져온다. 즉 **"경굉산이 종을 치다 ; 다시 울린다."**이다.

예문 ①의 '天縣縣長 — 管得寬'은 천현(天縣)이 같은 지역의 기타 현의 면적보다 큰 특징에 근거하여 창작해낸 것으로, 단지 천현과 그 부근 일대에서만 유행한다. 예문 ②의 '七里鋪家進秀才 — 沒想'은 해방 전 칠리포(七里鋪)에는 공부하는 사람이 적었고, 대중들의 문화수준이 낮아 학교에 들어간 사람(즉, 수재에 합격한 사람)이 없었던 이러한 특징에 근거하여 창작해낸 것으로, 자연히 칠리포와 그 주위의 일부지역에서만 유행한다. 예문 ③의 '耿宏山敲鐘 — 又響了'는 연봉욕(燕峰峪)의 군중들이 항일영웅(抗日英雄) 경굉산(耿宏山)이 이곳 산촌에서 일본침략자들과 불요불굴(不撓不屈)의 투쟁을 한 이야기에 근거하여 만들어낸 것으로, 이 이야기를 연봉욕 일대의 사람들이

88) 單學鵬, ≪燕嶺風雲≫, 人民文學出版社, 1977年版, 225쪽.

가장 명확히 알고 있음으로 인해 이 헐후어도 단지 이 일대에서만 유행한다.

어떤 헐후어는 서로 다른 지역 대중들의 생활습관에 근거하여 만들어낸 것으로, 이 때문에 비교적 뚜렷한 지방색을 지니고 있다. 예를 들면 다음과 같다.

① 這位鐵牛哥別看平時噙着冰凌化不出水來, 人家是**啞吧吃餃子 —— 心裏有數**。人家"傻"嗎? 不, 鐵牛哥心裏精明着哩。[89]

강직하여 굽힐 줄 모르는 이 형은 평소 얼음을 입에 머금고 있어도 물이 나오지 않지만, 그 사람은 **벙어리가 물만두를 먹듯 (말은 못 해도) 마음속에는 계산이 있어**. 그 사람이 '바보'야? 그렇지 않아, 그 형의 마음속은 교활하잖아.

② 翻譯一聽, **啞子吃餛飩 —— 心裏有了數**。[90]

번역(통역)하는 것을 들어보면 **벙어리가 혼돈[91]을 먹듯 마음속에는 계산이 있어**.

③ 家爹是個高個子, 臉黑得像個蕎麥粑粑, 三天講不上兩句話, 一天到晩只曉得勾起個腦殼做工夫, 當家理事的事情都不大管。可是他**啞吧吃粑粑 —— 心裏有數**。[92]

시아버지는 키가 크고 마치 메밀이나 경단[93]처럼 검은 얼굴로, 사흘 동안 채 두 마디 말도 않고 하루 종일 머리를 구부러뜨려 일만 할 줄

89) 李明性, ≪洪流滾滾≫, 河南人民出版社, 1975年版, 294쪽.

90) ≪遊擊健兒≫, 江蘇人民出版社, 1972年版, 186쪽.

91) 역자주: '餛飩'은 얇은 밀가루반죽껍질(만두피)에 고기소를 넣고 싸서 찌거나 끓여서 먹는 물만두 보다 작은 만두로 혼돈, 혼돈자리고 한다.

92) 馬憶湘, ≪朝陽花≫, 中國青年出版社, 1962年版, 35쪽.

93) 역자주: '粑粑'는 보릿가루나 좁쌀가루 또는 찹쌀가루를 반죽하여 구워서 만든 경단이다.

알지 집안일을 맡아 처리하는 일은 크게 관여하지 않는다. 그러나 그는 **벙어리가 경단을 먹듯 마음속에는 계산이 있다**.

④ 我是**啞子吃湯圓 —— 心裏有數**。徐大叔這個人, 表面上一笑三點頭, 實際上野心勃勃。94)

나는 **벙어리가 탕원95)을 먹듯 마음속에는 계산이 있다**. 서씨 아저씨 이 사람은 겉으로 빙긋이 웃으며 여러 번 고개를 끄덕여주지만 사실 야심만만하다.

같은 '啞吧[子]吃×× — 心裏有數'에서 '××'을 어떤 것은 '餃子'로 하고, 어떤 것은 '餛飩'으로 하며, 또 어떤 것은 '粑粑'로 하고, 어떤 것은 '湯圓'으로 하는데, 이것은 분명 각지 대중들의 음식 먹는 습관이 서로 다른 것과 관련이 있다.

또 어떤 헐후어는 비록 같은 제재를 취하지만 각지 방언이 서로 다름으로 인해 표현상 명확한 차이가 있다. 예를 들면 다음과 같다.

① 張和見春花不服, 嘲笑地說："不服教師叫你挨死打, 人家今天不給你評高分你知道是爲啥？**啄木鳥死在樹窟窿裏**, 還不是**吃了嘴的虧**。96)

장화는 춘화가 복종하지 않는 것을 보고서 조소하듯 말했다. "복종하지 않으면 선생님은 네가 매 맞아 죽는 것을 용인하실 거야, 남이[내가]

94) 張行, ≪武陵山下≫, 湖南人民出版社, 1977年版, 315쪽.
95) 역자주: '湯圓'은 찹쌀가루 등을 반죽하여 잘게 썰어 납작하게 펴고, 그 속에 아가위, 참깨, 호도 따위를 설탕에 버무려 만든 소를 넣어 새알심 모양으로 빚어서 만든 식품 또는 이것을 넣고 끓인 음식이다.
96) 河南省文聯編, ≪春花≫, 河南人民出版社, 1956年版, 29쪽.

오늘 너에게 높은 점수를 주지 않았는데 왜 그런지 넌 아니? **딱따구리가 나무구멍 안에서 죽듯 입 때문에 손해를 본 것이** 아니겠어.

② "怎麽, 你可咋唬啊！眞是**鋍得木子死在樹窟窿裏, 吃了嘴的虧！**"辛鳳鳴幸災樂禍的在一旁小聲的敲打賈正的鼓邊。[97)]

"어째, 네가 협박을 하네! 그야말로 **딱따구리가 나무구멍 안에서 죽듯 입 때문에 손해를 보는 격**이군!" 신봉명은 남의 재앙을 보고 기뻐하듯 한 쪽에서 작은 소리로 가정의 북 옆을 두드렸다.

'啄木鳥(딱따구리)'는 각지에 수많은 지방 고유의 명칭이 있는데, '鋍得木子'는 하북성(冀中) 일대의 표현법이다. 그리하여 이 헐후어로 하여금 지방특색을 지니게 한다.

(3) 직업성(職業性)

어떤 헐후어는 사람들의 서로 다른 직업생활을 반영하였다. 예를 들면 다음과 같다.

① 他解了東面纏住了西面, 解了西面掛住了東面, 急得他全身汗水直冒, 眞像是**水牛掉進了爛泥塘 —— 有勁兒使不上了**。[98)]

그는 동쪽을 제거하니 서쪽에서 달라붙고, 서쪽을 제거하니 동쪽에서 달라붙어서 급한 마음에 온 몸에서 땀이 줄곧 나왔는데, 정말 마치 **물소가 진흙탕에 빠지듯 힘이 있어도 쓸 수 없는 것** 같았다.

---

97) 馮志, ≪敵後武工隊≫, 解放軍文藝出版社, 1958年版, 321쪽.
98) 沈順根, ≪水下尖兵≫, 北京人民出版社, 1974年版, 349-350쪽.

② 人多站不下，人少了又不濟事，遇到這麼個"憋死牛"的地方，是龍得盤着，是虎得臥着，眞是**開着拖拉機撵兎子 —— 有勁使不上**。[99]

사람이 많아서 지탱할 수 없고 사람이 적어서도 쓸모가 없다. 이런 "숨이 막히는" 곳을 만나면 용은 둘둘 몸을 감아야 하고 호랑이는 웅크려 드러누워야 하니, 그야말로 **트랙터를 몰아 토끼를 쫓아내듯 힘이 있어도 쓸 수 없어**.

③ 喲，若是前面的尖刀揷不進去，咱們跟在後面擴大、被覆，砌拱的，可就**推土機進隧道 —— 有勁使不上啦！**[100]

야, 만약 앞쪽의 선봉대가 끼어들 수 없으면, 우리는 뒤따라가며 넓히고 덮어씌우고 쌓아서 에워싸면 **불도저가 굴에 들어가듯 힘이 있어도 쓸 수 없을 거야!**

'有勁使不上'을 이끌어내기 위하여 어떤 것은 '水牛掉進了爛泥塘'을 사용하였고, 어떤 것은 '開着拖拉機撵兎子'를 사용하였으며, 또 어떤 것은 '推土機進隧道'를 사용하였는데, 이는 곧 헐후어의 창조가 사람들이 종사하는 직업과 관련이 있다는 것을 설명한다.

요컨대, 헐후어라는 이러한 언어형식은 유래가 이미 오래된 것으로 가장 먼저 '비유(比)'와 '연상(興)'으로부터 발전하고 변화해왔으며, 변천하는 과정 중에 점차로 '제시(引)'와 '주석, 설명(註)'의 관계'를 지닌 상대적으로 고정된 구조를 형성함으로써 그것을 독립된 언어형식이 되게 하였다. 지금 중국어 속에 들어있는 풍부한 헐후어는 서로

99) ≪靑石崖≫, 山西人民出版社, 1975年版, 83-84쪽.
100) ≪鑽天峰≫, 人民文學出版社, 1975年版, 123쪽.

다른 역사시기, 서로 다른 지역, 서로 다른 업종에 종사하는 인민 대중들에 의해 공동으로 창조된 언어재산이다.

# 제3장

## 헐후어(歇後語)의 구조(結構)

헐후어는 숙어의 일종으로, 구조상에서 상대적으로 고정적인 면을 지니고 있다. '竹籃打水 —— 一場空(대광주리로 물을 긷다 ; 텅 비다)', '老鼠過街 —— 人人喊打(쥐가 길을 건너다 ; 사람마다 때려잡으라고 고함치다)', '徐庶進曹營 ——一言不發(서서가 조조의 군영에 들어가다 ; 한 마디도 말하지 않다)' 등과 같이 구조가 모두 비교적 정형적(定型的)이다.

헐후어는 구조상에서 융통성(靈活性)을 지닌 면도 있는데, 그것은 성어, 고유명칭 등 고정구조와 비교하여 정형화(定型化)된 정도가 크게 다르다.

다음은 헐후어 구조상의 융통성에 대해서 집중적으로 토론한 후, 다시 한 걸음 더 나아가 헐후어 앞뒤 두 부분의 구성상황과 그것들 사이의 상호관계를 분석해보자. 서술상의 편의를 위해 헐후어의 앞부분을 약칭하여 '제시부분(引)'이라 하고, 뒷부분을 약칭하여 '설명부분(註)'이라고 한다.

# 1. 헐후어 구조의 융통성

구조상의 융통성은 헐후어의 중요한 특징으로, 주로 아래 몇 가지 방면에서 나타난다.

(1) 선택한 제재가 서로 같은 '제시부분(引)'이라도 표현상 반드시 같지는 않다. 예를 들면 다음과 같다.

① 弄不好, 我就成了**老鼠鑽風箱, 兩頭受氣**, 眞不如當個社員心靜。[101)]

잘못하면 나는 **쥐가 풀무 안을 뚫고 들어간 것처럼 양쪽에서 바람을 맞게[비난 받게]** 되었으니, 정말 사원(인민공사구성원 또는 합작사조합원)이 되어 마음 편한 것이 낫겠군.

② 早知如此, 我乾脆撤手不管好了。現在倒成了**老鼠入風箱, 兩頭受氣**了！[102)]

일찍 이럴 줄 알았다면 나는 차라리 손을 떼고 상관하지 않는 게 나았을 텐데. 지금은 오히려 **쥐가 풀무 안을 뚫고 들어간 것처럼 양쪽에서 바람을 맞게[욕을 먹게]** 되었네!

③ 想搞工作, 你嫂子拉後腿；搞不好工作, 鄉上批評, ……咳, 眞是**老鼠鑽風盒, 兩頭受氣**。[103)]

활동을 하려고 하니 네 형수가 뒷다리를 잡아당기며 방해하지, 활동하

101) 聶海, ≪靠山堡≫, 山西人民出版社, 1978年版, 273쪽.
102) 唐亢雙, 謝金雄, ≪鬧海記≫(上卷), 廣東人民出版社, 1977年版, 253쪽.
103) 黃權輿, ≪大路向陽≫, 甘肅人民出版社, 1978年版, 239쪽.

지 않으면 위로부터 비판을 받으니, ……아, 정말 **쥐가 풀무 안을 뚫고 들어간 것처럼 양쪽에서 바람을 맞는군[비난을 받는군]**.

④ 我揀住一身黃大衣, 又叫張有義扯爛了, 衆人還批評了我, 眞是**老鼠鑽到風箱裏, 兩頭受氣**！[104)]

내가 누런 외투 한 벌을 골라서 다시 장유의에게 갈기갈기 찢어버리게 했는데, 뭇사람들이 또 나를 비난하니 정말로 **쥐가 풀무 안을 뚫고 들어간 것처럼 양쪽에서 바람을 맞는구나![욕을 먹는구나!]**

⑤ 我知道, 我這一年是**耗子鑽進風箱裏, 兩頭受氣**。[105)]

나는 이번 해에 **쥐가 풀무 안을 뚫고 들어간 것처럼 양쪽에서 바람을 맞을[욕을 먹을]** 거란 것을 안다.

이상의 다섯 가지 예에서 보면, '제시부분(引)'의 선택한 제재는 서로 같지만 구체적인 표현은 결코 완전히 같지 않다. 이와 유사한 상황이 헐후어 속에 자주 보이는데, 예를 들어 '騎驢看唱本 ── 走着瞧(당나귀를 타고 노래가사 대본을 보다 ; 두고 보자)'에서 '騎驢看唱本'은 '騎驢念唱本', '騎着毛驢看唱本', '騎在毛驢身上看唱本', '騎驢的看唱本' 등으로도 말할 수 있다.

(2) 동일한 의미의 '설명부분(註)' 역시 다른 표현이 있을 수 있다. 예를 들면 다음과 같다.

104) 馬烽, 西戎, ≪呂梁英雄傳≫, 人民文學出版社, 1977年版, 161쪽.
105) 姚雪垠, ≪李自成≫(第1卷, 下冊), 中國青年出版社, 1977年版, 425쪽.

① 我說他：“你在哪兒喝的貓尿哇, 別人給你灌點酸米湯, 你就**狗咬呂洞賓不認識眞人**了！”[106]

내가 그에게 말했다. “당신 어디서 술을 퍼마셨어요, 남은 당신에게 시큼한 쌀국을 부어넣어 주는데, 당신은 **개가 여동빈을 물듯 좋은 사람을 몰라보는군요!**”

② 徐文庭也跟着哈哈大笑起來,“好, 信得着, 你們就信他好了。這就叫‘**狗咬呂洞賓, 不認眞僞人**’。”[107]

서문정도 따라서 하하거리며 크게 웃기 시작했다. “좋아, 믿을 수 있겠군, 당신들은 그를 믿어도 좋습니다. 이것을 ‘**개가 여동빈을 무는 것처럼 좋은 사람과 나쁜 사람을 알아보지 못한다**’고 하지요.”

③ 喬保用一種不可捉摸的神態, 話中有話地說：“瞧你這個人, 衝我發火幹啥, 眞是**狗咬呂洞賓, 不識好賴人**。”[108]

교보는 종잡을 수 없는 태도로 말속에 뼈가 들어있게 이야기하였다. “너란 사람을 보아하니, 나에게 화를 내서 뭐 하자는 거야, 정말 **개가 여동빈을 물듯 좋고 나쁨을 모르네.**”

④ 我說：“你眞是**狗咬呂洞賓 —— 不認識好人**。我是可憐你有病。”[109]

내가 말했다. “너는 정말 **개가 여동빈을 물듯 좋은 사람을 못 알아보는구나**. 나는 네가 병이 난 것을 가련하게 여기는 거야.”

⑤ 貓頭鷹見他沒有開口, 便失望地說：“咳, 你眞是**狗咬呂洞賓, 不識好人心**呵！好吧！你不去, 我去！”[110]

---

106) 浩然, ≪艶陽天≫(第1卷), 人民文學出版社, 1974年版, 640쪽.
107) ≪桐柏英雄≫, 天津人民出版社, 1972年版, 395쪽.
108) 聶海, ≪靠山堡≫, 山西人民出版社, 1978年版, 169쪽.
109) 峻青, ≪黎明的河邊≫, 人民文學出版社, 1978年版, 15쪽.

부엉이[111]는 그를 보고서는 입을 열지 않다가 곧 실망한 듯이 말했다. "허, 넌 정말 **개가 여동빈을 무는 것처럼 남의 호의를 몰라주는구나!** 좋아, 네가 가지 않으면 내가 가지!"

여동빈(呂洞賓)은 신화고사(神話故事) 속의 인물로, 도교(道教)에서 팔선(八仙) 중 한 명으로 섬겨진다. 민간전설(民間傳說)에 의하면 여동빈이 한번은 마정원(馬廷鶯)이라는 부상(富商)을 감화시키러갔다가 집을 지키던 개에게 물려 화가 나서 개를 때려죽여버렸는데, 주인은 그를 나무라지 않았을 뿐만 아니라 오히려 개고기를 삶아 그에게 대접하여 마침내 득도하여 신선이 되었다고 한다. 이 이야기에 의하면 '설명부분(註)'은 마땅히 '不認識眞人'이 되어야하는 것처럼 보이지만, '不認眞僞人', '不識好賴人', '不認識好人' 등으로도 말할 수 있다. 이런 상황은 헐후어 속에서 지극히 자주 보인다. 예컨대, '啞巴吃黃連 — 有苦難言(벙어리가 황련을 먹다 ; 맛이 너무 써서 고통스러워도 말을 할 수가 없다)'에서 '有苦難言'은 또한 '有苦說不出', '有苦叫不出來', '心裏有說不出的苦', '心裏有苦, 嘴上沒法說', '苦在心裏, 嘴上說不出來' 등으로도 말할 수 있는데, 이는 '설명부분(註)'이 표현의 필요에 의해 융통성 있게 변통될 수 있다는 것을 설명해준다. 어떤 헐후어의 '설명부분(註)'은 심지어 원래의 모습을 알아볼 수 없을 정도로 변할 수 있는데, 예를 들면 다음과 같다.

---

110) 武劍靑, 《雲飛嶂》, 廣東人民出版社, 1978年版, 148쪽.

111) 역자주: '貓頭鷹'은 여기서 부엉새가 아니고, '밤늦도록 자지 않는 사람'을 비유한 별명으로 보인다.

① 從春夏秋冬的飮水、放牧、抓膘、配種, 一直問到今天晚上親眼看到的一切, 都一個不漏地“**打破沙鍋 —— 璺{問}到底**”, 仔仔細細地記了下來。112)

봄·여름·가을·겨울의 식수, 방목, 가축을 먹여 살찌우는 것, 교배시키는 것부터 오늘 저녁 직접 본 모든 것까지를 계속하여 물었는데, 하나도 빠짐없이 모두 ‘**질그릇을 깨뜨려 바닥에 금이 갈 정도로 끝까지 따지고 캐물으며**’ 자세하게 기록하였다.

② 那時節, 志剛參軍不久, 很好奇, 便趁這個節口, **打破沙鍋 —— 紋{問}到底**。113)

그 시절 지강은 종군한지 얼마 되지 않았고, 호기심이 매우 많아서 이 시기를 틈타 **질그릇을 깨뜨려 바닥에 금이 갈 정도로 끝까지 따지고 캐물었다.**

③ 平日裏她不愛吵鬧, 顯得很靜默。 但遇到有些事, 她卻一反常態, 總是愛**打破沙鍋問到底**。114)

평상시에 그녀는 소란 피우는 것을 좋아하지 않아 매우 조용한 듯 보인다. 그러나 어떤 일에 부닥치면 그녀는 평상시의 태도를 바꿔 늘 **질그릇을 깨뜨려 바닥에 금이 갈 정도로 끝까지 따지고 캐묻기**를 좋아한다.

④ 往常出的白花稍多些, (她)就在張大姐身前身後問長問短：是操作上的缺點, 還是機器上的毛病？**打破沙鍋追到底**, 總要找出原因。115)

---

112) ≪追風駿馬≫, 內蒙古人民出版社, 1975年版, 67쪽.
113) 胡運, ≪大淸河上的風雲≫, 作家出版社, 1959年版, 108쪽.
114) 馬烽, ≪女英雄劉胡蘭≫, 山西人民出版社, 1975年版, 9쪽.
115) ≪山西短篇小說選≫, 山西人民出版社, 1959年版, 143쪽.

평상시 나오던 부스러기 솜이 좀 많아지자 (그녀는) 큰언니(張大姐)의 앞뒤에서 조작상의 잘못인지 기계의 고장인지 이것저것 꼬치꼬치 캐물었다. **질그릇을 깨뜨려 바닥에 금이 갈 정도로 끝까지 따져** 끝끝내 원인을 찾아내야 한다.

예문 ①의 '打破沙鍋一一璺{問}到底'가 이 헐후어의 본래 모습이다. ≪방언(方言)≫(제6장)에는 "器破而未離爲之璺(그릇이 깨어졌으나 아직 분리되지 않은 것을 '璺'이라고 한다)"고 하였다. 전역(錢繹)은 "오늘날의 속담 중에 아직 '打破沙盆璺到底'란 말이 있는데, ('璺'은) '問'과 같이 읽는다."고 주석을 붙였다. '璺'은 도자기, 유리 등의 그릇 위에 나타난 금을 가리키는 것으로 '問'과 발음이 같다. '璺'자가 비교적 생소해 주로 '紋'자를 사용하여 대신하는데, 예문 ②와 같다. 예문 ③은 '紋'자도 쓰지 않고 직접적으로 '問'자를 썼다. 예문 ④는 한 걸음 더 나아가 '問'자를 '追'자로 바꿔 한층 더 원활해졌다.

(3) '제시부분(引)'과 '설명부분(註)'의 위치는 일반적으로 '제시부분(引)'은 앞에 있고 '설명부분(註)'이 뒤에 있다. 그러나 가끔 순서가 뒤바뀔 수 있어 '설명부분(註)'이 앞에 있고 '제시부분(引)'은 뒤에 있는 것으로 변한다. 비교해보자.

① 那穿綢穿緞的她不去看, 她看上了個灰禿禿的磨官。眞是**武大郎玩鴨子, 啥人玩啥鳥**。[116)]

116) 蕭紅, ≪呼蘭河傳≫, 新文藝出版社, 1954年版, 232쪽.

저 비단옷 입은 사람을 그녀는 쳐다보지도 않고, 머리가 벗겨진 제분소 직공에게 반했다. **어떤 사람이 어떤 새와 노는가,** 정말로 **무대랑이 오리와 노는 것**이다.

② 若有人問他的繩甩子是馬鬃的還是馬尾的？他就說：**“啥人玩啥鳥，武大郎玩鴨子。** 馬鬃是貴重東西，那是穿綢穿緞的人拿着。”117)

만약 어떤 사람이 그의 파리채가 말갈기로 만든 것인지 말꼬리로 만든 것인지 물으면, 그는 곧 **“어떤 사람이 어떤 새와 노는가, 무대랑이 오리와 논다.** 말갈기는 귀한 것이라 그것은 비단옷을 입는 사람이 가지고 있다.” 라고 말한다.

예문 ①은 ‘제시부분(引)’이 앞에 있고 ‘설명부분(註)’은 뒤에 있는 정식의 예이고, 예문 ②는 ‘설명부분(註)’이 앞에 있고 ‘제시부분(引)’은 뒤에 있는 변형된 예이다. 아래의 몇 가지 예문 역시 변형된 예이다.

① “他們倒是**一套配一套，歪鍋配扁竈**。”陳大春對張桂貞和符癩子都很看不起。118)

“그들은 **비뚤어진 솥이 납작한 부뚜막과 어울리는 것처럼 하나하나가 잘 어울려.**” 진대춘은 장계정과 문둥이 부씨에 대해 매우 업신여긴다.

② 這天也碰上丑毛，心上可就有幾分恍惚：“人常說，**知冬不知夏，臘月裏買鐮把**。可眞有這號怪事。”119)

---

117) 같은 책, 182쪽.

118) 周立波, ≪山鄕巨變≫, 作家出版社, 1958年版, 263쪽.

119) 劉江, ≪太行風雲≫, 山西人民出版社, 1960年版, 300쪽.

이 날도 축모를 만나자 마음이 좀 흐리멍덩해졌다. "사람들이 늘 **음력 섣달에 낫자루를 사니 겨울은 알고 여름은 모른다**고들 하는데, 정말 이런 이상한 일이 있구나."

③ (他)氣勢洶洶地說："袁師傅, 你太膽小了。我今晚就要化給他看看。怕什麽, **以爛爲爛, 潑着壇壇碰罐罐**。"[120]

(그가) 기세등등하게 말하였다. "원 사부, 당신은 담이 너무 작군요. 나는 오늘밤 변화하여 그에게 보여줘야 합니다. 뭐가 두렵습니까, **항아리를 내던져 깡통과 부딪치게 될 대로 되라고 내버려두지요.**"

'제시부분(引)'과 '설명부분(註)'의 위치를 뒤바꾸는 이러한 방법은 표현상의 필요에서 생겨나 '설명부분(註)'을 두드러지게 하기 위한 것이 분명하지만, 그것들은 여전히 헐후어이다. 만약 위치를 바꾸게 되면 의미 역시 바뀌게 되어 두 부분에는 더 이상 '인주(引註)관계'가 존재하지 않는데, 그것은 별도로 논해야한다. 비교해보자.

① 還有一些人, 心裏尋思着, 韓老六是該鬪爭的, 但何必自己張嘴動手呢? "**出頭的椽子先爛**", "慢慢看勢頭"。[121]

또한 몇몇 사람들은 마음속으로 곰곰이 생각하였다. 한노육(韓老六)이 투쟁해야하지만 구태여 자신이 시작하라고 말해야할 필요가 있겠는가? **'뾰족한 서까래가 먼저 썩는다 [모난 돌이 정 맞는다]'**고 하니 '천천히 정세를 살펴보자.'

② 黨員都下了決心, 要在發展生産上起先鋒作用, 把我們作業

120) 艾蕪, ≪百鍊成鋼≫, 作家出版社, 1958年版, 33쪽.
121) 周立波, ≪暴風驟雨≫, 人民文學出版社, 1958年版, 119쪽.

組辦成全公社第一等的。今年我們黨員要出這個風頭，哪怕**先爛**呢，也非當這個**出頭椽子**不可。[122]

당원 모두가 생산 발전상에서 선봉 작용을 하여 우리 작업조를 전 인민공사의 일등으로 만들겠다고 결심하였다. 올해 우리 당원들은 재능이나 기량 따위를 과시해야하고, 설령 **먼저 썩더라도 뾰족한 서까래가** 되지 않으면 안 된다.

예문 ①의 '出頭的椽子先爛'은 정식의 예이고, 예문 ②에서는 '先爛'을 앞에서 말해버림으로써 그것이 '出頭椽子'와 더는 '인주(引註) 관계'가 존재하지 않아 더 이상 헐후어로 간주할 수 없다.

(4) '제시부분(引)'과 '설명부분(註)'을 분리하여 중간에 기타 언어 성분을 끼워 넣을 수 있다. 이것은 헐후어가 구조상에서 지닌 융통성의 중요한 표현이다. 비해음(非諧音) 성질의 헐후어건 해음(諧音) 성질의 헐후어건 관계없이 거의 모두 분리할 수 있다. 예를 들면 다음과 같다.

① 神志稍微淸醒，他狠歹歹地說："好你個黃毛丫頭，**王八吃秤砣**，你眞**鐵了心**啦！"[123]

정신이 약간 들자 그는 독살스럽게 말하였다. "좋아, 이 계집애야, **거북이가 저울추를 삼킨 것처럼** 너 정말 **굳게 결심했구나!**"

② 聽到屋裏董胖子喝醉酒的聲音，(他)瓮聲瓮氣地說："走吧，

122) ≪新華文摘≫, 1981年 9月號, 113쪽.
123) 李英儒, ≪野火春風鬪古城≫, 作家出版社, 1959年版, 131쪽.

老張, 在家使奴喚婢, 騎騾子壓馬的, 犯不着伺候他們！哼, **'淺碟子盛水'**, 我算是**一眼看透**啦！"[124]

방안에서 뚱보 동씨의 술 취한 목소리가 들렸다. (그가) 쩌렁쩌렁하게 말하였다. "갑시다, 장씨, 집에서 노비를 부리고 노새와 말을 타는 사람들, 우리가 그들을 시중들 필요가 없어! 흥, **'얕은 접시로 물을 퍼 담듯'** 난 **첫눈에 알아봤다[꿰뚫어봤다]**고 할 수 있지!"

③ 我想了一個下午, 孔金鎖要抓丁, 我們來硬的不行。乾脆, 給他來軟的, 他要抓丁, 我們就**三兩棉花四張弓**, 給他**細細地彈{談}**！[125]

내가 오후 내내 생각해보았는데, 공금쇄가 강제로 장정을 징발해가려 한다면 우리가 강경하게 나가서는 안 돼. 차라리 그에게 부드럽게 나가서 그가 강제로 징발해가려하면, 우리가 바로 **목화솜 두 세량에 활 네 개처럼** 그에게 **세세하게 타자**[126]**{자세하게 이야기하자}**!

④ 海雲也再沒跟大家多嘴, 只是說了一句："**石鷄上南山**, 咱們**各顧各{咯咕咯}**吧！"[127]

해운도 더 이상 모두에게 쓸데없는 말을 하지 않고 단 한 마디만 하였다. "**석계(닭)가 남산에 올라가서 {꼬꼬댁 하고 울듯}** 우리도 **각기 자기를 돌봅시다!"**

예문 ①, ②의 '王八吃秤砣 ── 鐵了心', '淺碟子盛水 ── 一眼看透'

---

124) 袁靜, ≪紅色交通線≫, 河南人民出版社, 1979年版, 176쪽.
125) 邱恒聰, ≪狂飆≫, 江西人民出版社, 1977年版, 330쪽.
126) 역자주: '彈'은 기계를 이용하여 섬유를 부드럽게 하다[타다]는 뜻을 가진 동사이다. 옛날부터 棉花(목화솜)를 다는 데에는 '弓(솜을 타는 활)'이 있어야하는데, '목화솜 두 세량에 활 네 개'는 아주 적은 양의 솜을 많은 활로 '세세하게 타다'는 의미를 나타낸다.
127) 劉江, ≪太行風雲≫, 山西人民出版社, 1960年版, 56쪽.

는 비해음성질의 헐후어로 '제시부분(引)'과 '설명부분(註)'이 분리된 후 중간에 각각 '你眞'과 '我算是'를 끼워 넣었다. 예문 ③, ④의 '三兩棉花四張弓 —— 細細地彈{談}'과 '石鷄上南山 —— 咯咕咯{各顧各}'는 해음성질의 헐후어로 '제시부분(引)'과 '설명부분(註)'이 분리된 후 중간에 각각 '給他'와 '咱們'을 끼워 넣었다.

만약 '설명부분(註)'이 동목구조(動賓結構)이거나 주술구조(主謂結構)라면, 동사와 목적어, 주어와 술어도 각각 떼어낼 수 있고 중간에 기타 언어성분을 끼워 넣을 수도 있다. 예를 들면 다음과 같다.

① 人眼是秤, 衆人齊吼："黃金山！少來這套鬼把戲！""**狗鼻子揷大蔥 —— 裝什麽象{相}**啊！"128)

사람의 눈은 저울이라 많은 사람들이 일제히 고함을 질렀다. "황금산! 속임수[개수작] 그만 부려!" "**개의 코에다 파를 끼우고 무슨 코끼리인 체 꾸며대느냐{시치미를 떼느냐}**!"

② 耿宏山和劉光起一塊幹這些年, 總覺着劉光起是一眼**通天的深井 —— 摸不透**他的**眞底兒**。129)

경굉산은 유광기와 요 몇 년을 함께 일하였으나, 유광기는 **하늘을 통하는 깊은 우물처럼** 그의 **진심[진정한 바닥]을 알 수 없는** 사람이라고 줄곧 느낀다.

③ 阿淸還翹起大拇指頭稱讚道："咱們隊長的肚腸好比**豆腐坊裏的石磨, 道道兒**就是**多**！"130)

---

128) 閻豊樂, ≪縣委書記≫(第1部), 北京人民出版社, 1976年版, 341쪽.
129) 單學鵬, ≪燕嶺風雲≫, 人民文學出版社, 1977年版, 58쪽.
130) ≪海疆兒女≫, 福建人民出版社, 1977年版, 5쪽.

아청(阿清)은 또 엄지손가락을 치켜들고 칭찬하며 말했다. “우리 대장의 마음은 마치 **두부집의 맷돌에 홈이 많듯 생각이 많아!**”

④ 在估不透看來, 眞的要是把玉芳給了梁宗彦, 那才眞是**老鼠盜葫蘆, 大頭兒**正經還**在後邊**哩。[131]

정확히 알지 못하는 상황에서 볼 때, 정말로 만약 옥방을 양종언에게 준다면, 그야말로 정말 **생쥐가 호로병에 구멍을 뚫듯 크고 중요한 일이 뒤에 있다는 것**이다.

예문 ①, ②의 ‘裝象{相}’, ‘摸不透底兒’은 동목구조로 동사와 목적어가 분리되어 중간에 각각 ‘什麽’, ‘他的眞’을 끼워 넣었다. 예문 ③, ④의 ‘道道兒多’, ‘大頭兒在後邊’은 주술구조로 주어와 술어가 분리되어 중간에 각각 ‘就是’, ‘正經還’를 끼워 넣었다.

헐후어는 구조상에 있어서의 융통성이 기타 숙어보다 확실히 많지만, 그것은 완전히 자유롭게 조합된 것도 아니고 임의로 조직구조를 바꿀 수 있는 것도 아니며, 그것은 고정구조와 자유구조 사이에 있는 일종의 특수구조라는 것을 위에서 서술한 상황이 분명히 나타내고 있다.

---

131) 劉江, ≪太行風雲≫, 山西人民出版社, 1960年版, 401쪽.

## 2. '인(引)·주(註)'구성의 다양성

구조상에서 헐후어의 또 다른 특징은 '제시부분(引)'과 '설명부분(註)'구성의 다양성이다. 먼저 '제시부분(引)'의 구성에 대해 설명해보자.

가장 간단한 '제시부분(引)'은 하나의 명사로 구성되는데, 다음절명사(多音節名詞)로 제한되며, 단음절명사(單音節名詞)는 '제시부분(引)'이 될 수 없다. 예를 들면 다음과 같다.

**花燭** — 一條芯{心}

화촉; 하나의 심지{마음}.

**水蘿蔔** — 皮紅肚裏白

늦가을 무; 껍질은 붉고 속은 희다.

**鐵公鷄** — 一毛不拔

쇠로 만든 수탉; 털 하나도 뽑히지 않다. [아주 인색하다.]

**鷄冠花** — 老來紅

맨드라미; 늙어서 붉다.

**苦菜花** — 心裏黃

씀바귀 꽃; 속이 노랗다. [마음이 속되다.]

**燒火棍** — 一頭熱

불에 달군 방망이; 한 쪽이 뜨겁다.

**野麥子** — 不分壟兒

야생보리 ; 밭이랑을 가리지 않다.

하나의 명사로 구성된 '제시부분(引)'은 그 수가 많지 않고, 다수의 '제시부분(引)'은 단어(詞)와 단어가 일정한 방식에 따라서 조합된 '구조(結構)'132)이다. 자주 보이는 것으로는 아래의 몇 가지 유형이 있다.

(1) 주술구조(主謂結構)

'제시부분(引)'으로 사용되는 주술구조는 술어부분이 일반적으로 동목구조(動賓結構)이거나 동목형식의 복합어(複合詞)이다.

술어부분이 동목구조인 것은 다음과 같다.

老虎**戴素珠** — 假充善人

호랑이가 염주를 (목에) 걸다 ; 착한 사람인체 하다.

蛤蟆**撞鴨子** — 找死

두꺼비가 오리를 쫓아가다 ; 죽음을 자초하다.

老鷹**見小鷄** — 一個喜來一個憂

새매가 병아리를 보다 ; 하나는 기뻐하고 하나는 근심하다.

老母豬**鑽柵欄** — 進退兩難

늙은 암퇘지가 울타리를 뚫고 들어가다 ; 진퇴양난.

---

132) 이 책에서 말하는 '구조(結構)'는 대체로 일부 문법서에서 말하는 '구(短語)'에 해당한다.

武大郎**賣燒餅** ── 早出晚歸

무대랑이 호떡[133]을 팔다； 일찍 나가서 늦게 돌아오다.

楊六郎**赦了楊宗保** ── 被兒媳婦嚇的

양육랑이 양종보를 사면하다； 며느리에게 놀라다.

술어부분이 동목형식의 복합어인 것은 다음과 같다.

蠶豆**開花** ── 黑了心

누에콩이 꽃을 피우다； 속이 검다.

東吳**招親** ── 弄假成眞

오나라가 (유비를) 데릴사위로 삼다； 농담[장난]이 진담[사실]이 되다.[134]

裁縫**打架** ── 剪子尺子一起上

재봉사가 싸우다； 가위와 자가 함께 올라오다.

蛤蟆**生氣** ── 幹鼓肚{咕嘟}

두꺼비가 화를 내다； 쓸데없이 화를 내다{부글부글, 벌컥벌컥}.

---

133) 역자주: '燒餅'은 밀가루를 반죽하여 동글납작한 모양으로 만들어 표면에 참깨를 뿌려 화덕에 구운 빵[떡]의 일종으로, 중국 북방에서는 주식 또는 간식으로 먹고 남방에서는 주로 아침식사 때 먹는다.

134) 역자주: ≪삼국연의(三國演義)≫에서 오나라 손권(孫權)이 유비(劉備)에게서 형주(荊州)를 빼앗기 위해 거짓으로 유비를 손권의 여동생과 결혼시키려했으나 계략은 실패하고 결혼만 진짜로 이루어진 고사에서 유래한 헐후어이다.

唱戲的喝彩 — 自吹自擂

배우가 갈채를 보내다； 혼자 나팔을 불고 북을 치다. [자화자찬하다.]

泥菩薩洗臉 — 越洗越難看

진흙으로 만든 보살이 세수하다； 씻을수록 보기 싫다.

### (2) 동목구조(動賓結構)

동목구조가 '제시부분(引)'이 될 때는 동사 앞이나 뒤에 수식성분(修飾成分)이나 연대성분(連帶成分)이 있어야하고, 단순한 동사와 목적어는 일반적으로 '제시부분(引)'이 될 수 없다.

동사 앞에 수식성분이 붙는 것은 다음과 같다.

嘴上抹蜜 — 說得甛

입에 꿀을 바르다； 달콤하게 말하다.

夢裏坐飛幾 — 想頭不低

꿈에 비행기를 타다； 생각[기대]이 높다. [이상만은 대단하다.]

半夜裏摘茄子 — 不管老嫩

한밤중에 가지를 따다； 오래된 것이든 여린 것이든 상관하지 않다.

城門樓上掛豬頭 — 架子大

성루에 돼지머리를 매달다； 틀이 크다.

大風地裏吃炒麵 — 張不開嘴

먼지가 날리는 곳에서 미숫가루를 먹다； 입을 열지 못하다. [말할

수 없다.]

大年初一吃餃子 — 沒外人

정월 초하루에 물만두를 먹다； 남[외부 사람]이 없다.

동사 뒤에 연대성분이 있는 것은 다음과 같다.

打破沙鍋 — 璺{問}到底

질그릇을 깨뜨리다； 바닥까지 갈라져 금이 가다. {끝까지 따지고 캐묻다.}

打爛油瓶 — 全倒光

기름병을 박살내다； 전부 쏟아버리다.

摔倒五味瓶 — 酸甛苦辣都有

여러 가지 맛이 든 병을 넘어뜨리다； 신맛, 단맛, 쓴맛, 매운맛 (짠맛 등 여러 가지 맛)이 모두 들어있다.

跳進黃河 — 洗不淸

황하에 뛰어들다； 깨끗이 씻을 수 없다.

吃了秤砣 — 鐵了心

저울추를 삼키다； 마음을 단단히 하다. [굳게 결심하다.]

### (3) 수식구조(偏正結構)

'제시부분(引)'으로 사용되는 수식(한정)구조에는 두 가지 유형이 있는데, 하나는 명사를 중심어(피수식어)로 하는 것이고, 하나는 동사를 중심어(피수식어)로 하는 것이다.

명사를 중심어로 하는 것은 다음과 같다.

破**風箏** — 抖不起來

부서진 연 ; 기가 꺾이다. [풀이 죽다.]

實心**竹子** — 不通竅

속이 꽉 찬 대나무 ; 구멍이 하나도 통하지 않다.

繡花**枕頭** — 外面好看裏面空

수놓은 베개 ; 겉모습은 보기 좋으나 속이 비어있다.

紙糊的**老虎** — 一戳就穿

종이로 만든 호랑이 ; 찌르면 뚫리다.

龍王爺的**帽子** — 道兒多

용왕의 모자 ; 방법이 많다.

脫了毛的**牙刷** — 有板有眼

털이 빠진 칫솔 ; 평평한 판과 구멍이 있다. [조리가 있다.]

동사를 중심어로 하는 것은 다음과 같다.

墳場裏**唱戲** — 給鬼看

무덤에서 공연하다 ; 귀신에게 보여주다.

床底下**拜年** — 伸不直腰

침대아래에서 세배하다 ; 허리를 곧게 펼 수 없다.

船頭上**散步** — 路子越走越窄

뱃머리에서 산보하다 ; 길이 걸을수록 좁아지다.

頭上**撒蟣子** — 自找麻煩

머리위에 이를 뿌리다 ; 스스로 곤란하게 만들다.

荷花塘裏**着火** — 藕燃{偶然}

연꽃연못에 불이 나다 ; 연뿌리가 타다. {우연이다.}

養濟院裏**請客** — 窮湊合

빈민구제원에서 손님을 청하다 ; 쓸데없이 한곳에 모으다.

(4) 연동구조(連動結構)

'제시부분(引)'으로 사용되는 연동구조는 일반적으로 두 개의 동사가 연이어 사용되는데, 예를 들면 다음과 같다.

**吃**鹹魚**蘸**醬油 — 多此一擧

소금에 절인 생선을 먹으면서 간장을 찍다 ; 쓸데없는 (필요 이상의) 일을 하다.

**穿**釘鞋**走**鋼板 — 噹噹響

징을 박은 신발을 신고 강철판을 걷다 ; '땅땅'하고 울리다.

買豬頭討個膽 — 自找苦吃

돼지머리를 사는데 간[담]을 요구하다； 사서 고생을 하다.

拆屋子放風箏 — 只顧風流不顧家

집을 뜯어내고 연을 날리다； 풍류만을 생각하고 집은 돌보지 않다.

'제시부분(引)'으로 사용되는 적잖은 연동구조의 앞 동사 뒤에는 '着(zhe)'를 붙이는데, 앞의 동사구가 뒤의 동사구의 방식을 나타내는 것 외에도, 두 동작이 동시에 진행됨[135]을 나타낸다. 예를 들면 다음과 같다.

抱着元寶跳井 — 捨命不捨財

원보[136]를 안고 우물에 뛰어들다； 목숨은 버려도 재물은 버리지 않다.

踩着高蹺蹺演戲 — 半截不是人

높은 나무다리를 밟고 공연하다； 절반은 사람이 아니다.

戴着笆斗進廟門 — 充大頭鬼

대쪽으로 엮은 바구니를 쓰고 사당 문으로 들어가다； 우두머리귀신인 체하다.

抱着孩子進當鋪 — 自己當人, 人家不當人

135) 丁聲樹 等著, ≪現代漢語語法講話≫, 商務印書館, 1961年版, 116쪽 참조.

136) 역자주: '元寶'는 옛날 중국화폐의 일종으로, 무게가 다섯 냥, 열 냥짜리 금원보(金元寶)와 쉰 냥짜리 은원보(銀元寶)가 있다.

아이를 안고 전당포로 들어가다 ; 자신은 사람으로 여기나 남은 사람으로 여기지 않다.

연동구조가 '제시부분(引)'이 되는 데에는 명백한 특징이 하나 있는데, 바로 앞부분에 주어(主語)가 나타나지 않는다는 것이다. 다수의 상황에서는 주어를 말하지 않는데, 설사 주어를 말할 수 있다할지라도 일반적으로는 덧붙이지 않는다. 예컨대, '氣死周瑜去吊孝 — 虛情假義(주유를 화나서죽게 하고 조문하러가다 ; 허울뿐인 표면적인 호의)'에서 '氣死周瑜去吊孝'의 주어는 '제갈량(諸葛亮)'이나 일반적으로 말하지 않는다.

(5) 연합구조(聯合結構)

'제시부분(引)'으로 사용되는 연합구조는 어떤 것은 두 개의 명사로 이루어지고, 어떤 것은 두 개의 구(조)로 이루어진다.

두 개의 명사로 이루어지는 것은 다음과 같다.

**曹操諸葛亮** — 脾氣不一樣

조조와 제갈량 ; 성질[성격]이 다르다.

**楊宗保**和**穆桂英** — 天生的一對

양종보와 목계영 ; 하늘이 내려준 한 쌍.

**王奶奶**和玉**奶奶** — 差一點

왕씨 할머니와 옥씨 할머니 ; 점 하나 차이. [별반 차이가 없다.]

**馬先生和馮先生** — 差兩點

마 선생과 풍 선생 ; 점 두 개 차이. [별반 차이가 없다.]

두 개의 구(조)로 이루어지는 것은 다음과 같다.

**百年松樹, 五月芭蕉** — 粗枝大葉

백년 된 소나무, 다섯 달 된 파초 ; 굵은 가지에 큰 잎이 자라다. [일을 처리하는 것이 구체적이거나 꼼꼼하지 못하고 거칠다.]

**光說駱駝, 不說螞蟻** — 揀大的說

오직 낙타만을 이야기하고 개미는 이야기하지 않다 ; 큰 것을 골라 이야기하다.

**躱過野牛又碰上老虎** — 一個比一個凶

들소를 피하니 또 호랑이와 마주치다 ; 점점 더 흉악해지다.

**腦袋上長瘡, 脚底下流膿** — 壞透了

머리에는 부스럼이 나고 발바닥에는 고름이 흐르다 ; 아주 나쁘다.

**和尙誤了做, 老婆誤了娶** — 兩下裏都擔擱

중이 못 되고 마누라도 못 얻다 ; 두 가지를 모두 지체하여 그르치다.

(6) '的'자구조('的'字結構)

'제시부분(引)'으로 사용되는 '的'자구조는 마찬가지로 명사의 기능을 가진다. 예를 들면 다음과 같다.

**販古董的** — 識貨

골동품을 파는 사람； 물건을 알아보다. [물건을 볼 줄 알다.]

**吃河水長大的** — 管得寬

황하의 물을 마시고 자란 사람； 관리할 범위가 넓다. [쓸데없이 관여하다.]

**吃了磨刀水的** — 鏽{秀}氣在內

숫돌물을 마신 사람； 칼의 녹기{총명하고 세심한 기질}가 내재해있다.

**鹽店掌櫃的** — 鹹{閒}人

소금가게의 주인； 짠 사람. {한가한 사람.}

'販古董的'는 바로 골동품을 파는 사람이고, '吃河水長大的'는 황하의 물을 마시고 자란 사람이며, '吃了磨刀水的'는 숫돌물을 마신 사람이고, ' 鹽店掌櫃的'는 소금가게를 관리하는 사람을 가리킨다.

'제시부분(引)'으로 사용되는 '的'자구조 중에서 어떤 것은 '屬……的'의 격식을 사용하는데, 이는 진짜 사람의 띠를 말하는 것이 아니라 사람이 어떤 속성을 가지는 가를 가리키기 때문에, '屬……的' 사이에는 쥐, 개, 원숭이 등 12지지(地支)를 대표하여 사람의 출생한 해를 기록하는데 사용하는 12가지 동물을 사용할 수 있을 뿐 아니라 기타동물을 사용할 수 있고, 심지어 동물이 아니어도 가능하다. 예를 들면 다음과 같다.

**屬鼠的** — 眼睛看寸光

쥐띠인 사람； 안목[시야, 식견]이 좁다.

**屬狗的** — 記吃不記打

개띠인 사람； 먹는 것만 기억하고 때린 것은 기억하지 못하다.

**屬猴的** — 拴不住

원숭이 띠인 사람； 붙들어 매놓을 수 없다.

**屬喜鵲的** — 好登高枝

까치 같은 사람； 높은 가지에 올라가는 것을 좋아하다.

**屬百靈鳥的** — 哨得好聽

종달새 같은 사람； 듣기 좋게 지저귀다[이야기하다].

**屬夜貓子的** — 窮叫喚

올빼미 같은 사람； 쓸데없이 울다.

**屬蠟燭的** — 不點不亮

촛불 같은 사람； 켜지 않으면 밝지 않다.

**屬核桃仁的** — 不敲不出來

호두알맹이 같은 사람； 두드리지 않으면 나오지 않다.

**屬竈王爺的** — 誰家鍋臺都上

조왕신 같은 사람； 누구 집 부뚜막에라도 다 올라가다.

이상에서 말한 여섯 가지 구조(結構) 이외에도 술보구조(謂補結構)[137],

겸어구조(兼語結構), 수량구조(數量結構)도 '제시부분(引)'으로 사용될 수 있다. 각각 예를 들면, '**騎在老虎背上** — 身不由己(호랑이 등에 타다; 자기 마음대로 할 수 없다)', '**强逼秀才吃屎** — 難爲人(수재에게 똥을 먹도록 강요하다; 사람을 곤란하게 하다)', '**二十五兩** — 半封{瘋}(스물다섯 냥; 반 꾸러미 {반 미치다})'이다. 그러나 그 수가 많지 않으므로 자세히 이야기하지 않겠다.

다음은 '설명부분(註)'의 구성에 대해 설명해보자.

가장 간단한 '설명부분(註)'은 하나의 단음절단어(單音節詞)이다. 예를 들면 다음과 같다.

> 穀糠榨油 — **難**
>
> 쌀겨로 기름을 짜다; 어렵다.
>
> 扳手敲輪胎 — **棒**
>
> 공구손잡이[스패너]로 타이어를 두드리다; 대단하다.
>
> 和尙到了家 — **廟{妙}**
>
> 중이 집에 도착하다; 절. {절묘하다.}

단음절단어가 '설명부분(註)'이 되는 것은 뒤에 늘 조사(助詞) 하나를 붙인다. 예를 들면 다음과 같다.

---

137) 술어(謂詞)가 중심이 되어 뒤쪽의 단어 또는 구가 앞쪽의 술어를 보충 설명하는 것으로, 일부 문법서에서 말하는 '보충구조(補充結構)'에 해당한다.

喇嘛的帽子 — **黃了**

라마승의 모자； 노랗다.

蝎子的尾巴 — **毒啊**

전갈의 꼬리； 독이다.

瞎子磨刀 — **快啦**

장님이 칼을 갈다； 빠르다.

聾子放炮仗 — **散了**

귀머거리가 폭죽을 터뜨리다； 흩어지다. [해산하다.][138)]

冷鍋貼餅子 — **溜了**

찬 솥에 떡을 붙여 굽다； 노곤해서 흘러내리다. [풀이 죽어 뺑소니치다.]

위에서 말한 단음절단어로 이루어진 이러한 '설명부분(註)'은 그 수가 비교적 적다. 대다수 헐후어의 '설명부분(註)'은 일종의 '구(조)'로, '설명부분(註)'으로 사용될 수 있는 구(조)는 많다. 자주 보이는 구(조)에는 주술구조(主謂結構), 동목구조(動賓結構), 수식구조(偏正結構), 술보구조(謂補結構), 연동구조(連動結構), 겸어구조(兼語結構), 수량구조(數量結構), '的'자구조('的'字結構), 긴축구조(緊縮結構), 연합구조(聯合結構) 등이 있다. 아래에서 각각 예를 들어 설명해보자.

---

138) 역자주: '散了' 뒤에 '煙兒'이 생략되었는데, 귀머거리는 폭죽을 터뜨렸을 때 그 소리는 듣지 못하고 폭죽과 연기가 흩어지는 모습만 보게 된다는 데서 유래한 헐후어이다.

(1) 주술구조(主謂結構)

'설명부분(註)'으로 사용되는 주술구조는 '제시부분(引)'으로 사용되는 주술구조와 마찬가지로 술어부분이 동목구조일 수 있다. 예를 들면 다음과 같다.

孫悟空守桃園 — 自**食其果**

손오공이 복숭아밭을 지키다 ; 자기가 그 과일을 먹다. [자기가 저지른 죄악의 결과를 자신이 받다.]

耗子拖秤砣 — 自**塞門路**

쥐가 저울추를 잡아당기다 ; 스스로 방법[실마리]을 막다.

螳螂身上擦白粉 — 自**充大仙鶴**

사마귀가 몸에 흰 분을 바르다 ; 스스로 백학(白鶴)인 체하다.

對着鏡子作揖 — 自己**恭維自己**

거울을 들여다보고 읍하다 ; 스스로 치켜세우다.

그러나 동목구조에 국한되는 것이 아니라, 단어나 수식구조, 연동구조 등도 그것의 술어부분 역할을 할 수 있다. 예를 들면 다음과 같다.

打着燈籠趕嫁妝 — 兩頭**忙**

초롱불을 켜고 혼수품을 따라가다 ; 양쪽이 모두 바쁘다.

蟑螂落油鍋 — 全身**都酥了**

바퀴벌레가 기름 솥에 빠지다； 전신이 다 바삭바삭하게 되다. [온몸이 나른해지다.]

叫化子[花子]要黃連 — **自討苦吃**

거지가 황련을 요구하다； 스스로 사서 고생하다.

(2) **동목구조**(動賓結構)

'설명부분(註)'으로 사용되는 동목구조는 단순한 동목구조일 수도 있고, 상황을 덧붙이거나 보충을 덧붙인 동목구조일 수도 있다. 예를 들면 다음과 같다.

一根筷子吃藕 — **挑眼**

젓가락 한 짝으로 연근을 먹다； 결점[흠]을 들추다. [트집을 잡다.]

豬鼻子裏插大蔥 — **裝象{相}**

돼지의 코에다 파를 끼우다； 코끼리인 체하다. {그럴 듯하게 꾸미거나 시치미를 떼다.}

做夢娶媳婦 — **光想好事**

꿈에서 아내를 맞이하다； 늘 좋은 일만 생각하다.

郎中開棺材店 — **死活都要錢**

한의사가 관(棺)가게를 열다[장의사를 겸하다]； 죽든 살든 돈을 받다. [어쨌든 돈을 내게 하다.]

老虎吃蚊子 — **塞不住牙縫**

호랑이가 모기를 먹다； 잇새에 끼이지 않다.

大風地裏吃炒麵 ── **張不開嘴**

먼지가 날리는 곳에서 미숫가루를 먹다； 입을 열지 못하다. [말할 수 없다.]

‘挑眼’, ‘裝象{相}’은 단순한 동목구조이고, ‘光想好事’, ‘死活都要錢’은 상황을 덧붙인 동목구조이며, ‘塞不住牙縫’, ‘張不開嘴’는 보충을 덧붙인 동목구조이다.

### (3) 수식구조(偏正結構)

‘설명부분(註)’으로 사용되는 수식구조에서 중심어가 명사일 수 있고, 또 동사나 형용사일 수도 있다. 예를 들면 다음과 같다.

柳條穿王八 ── 一類**貨**

버드나무 가지에 자라를 꿰다； 한 꼬챙이에 꿰인 물건. [모두 나쁜 놈이다.]

大姑娘看新房 ── 有日子的**人**

다 큰 처녀가 신방을 보다； 날짜가 정해진 사람.

沙鍋搗蒜 ── 一錘子的**買賣**

질그릇에 마늘을 빻다； 한 번밖에 쓸 수 없다. [최후의 수단이다.]

長蟲吃蛤蟆 ── 慢慢地**來**

뱀이 두꺼비를 먹다； 천천히 오다.

鴉雀剪去尾子 — 同八哥**混陣**

까마귀와 참새가 꼬리를 잘라내다 ; 구관조와 섞여 구별이 없다.

貓兒哭老鼠 — 假**慈悲**

고양이가 쥐 앞에서 울다 ; 거짓으로 자비[동정]를 베풀다.

'一類貨', '有日子的人', '一錘子的買賣'에서 중심어인 '貨', '人', '賣買'는 명사이고, '慢慢地來', '同八哥混陣'에서 중심어인 '來', '混陣'은 동사이며, '假慈悲'에서 중심어인 '慈悲'는 형용사이다.

(4) 술보구조(謂補結構)

'설명부분(註)'으로 사용되는 술보구조는 술어가 동사일 수도 있고, 형용사일 수도 있다. 예를 들면 다음과 같다.

白布進染缸 — **洗**不淸

흰 천이 염색항아리 속에 들어가다 ; 깨끗이 씻어지지 않다.

夢裏吃糖瓜 — **想**得甛

꿈속에서 엿[139]을 먹다 ; 즐겁게[기분 좋게] 생각하다.

劉老老[姥姥]進大觀園 — **看**得出神

유 노파가 대관원에 들어가다 ; 얼이 빠져서 보다. [번잡하고 화려함에 놀라 눈이 어지럽다.]

139) 역자주: '糖瓜'는 참외모양으로 만든 '關東糖'이라고 하는 동북지방의 엿이다. 민간에서는 부엌을 만든 부뚜막신(竈王神)에게 제사지내는(祭竈) 날 먹는다고 한다.

一根頭髮破八瓣 — 細極了

머리카락 한 가닥을 여덟 조각으로 쪼개다； 매우 가늘다. [매우 자세하다.]

正月十五貼門神 — 遲了半個月

정월 보름에 문신[140]을 붙이다； 보름이 늦어지다.

馬勺子吊起來當鑼打 — 窮得叮裏噹啷響

큰 주걱을 걸어놓고 징으로 삼다； 딸랑딸랑 울릴 정도로 가난하다.

'洗不淸', '想得甛', '看得出神'에서 술어인 '洗', '想', '看'은 동사이고, '細極了', '遲了半個月', '窮得叮裏噹啷響'에서 술어인 '細', '遲', '窮'은 형용사이다.

(5) 연동구조(連動結構)

'설명부분(註)'으로 사용되는 연동구조는 일반적으로 역시 두 개의 동사가 연이어 사용된다. 예를 들면 다음과 같다.

蒼蠅落在鷄蛋上 — 見縫下蛆

파리가 계란에 앉다； 틈만 보이면 구더기를 낳다.

林冲棒打洪敎頭 — 專看破綻下手

임충이 홍교두를 몽둥이로 때리다； 오로지 결점[허점]만을 보고 행

140) 역자주: '門神'은 음력 정월 초에 집집마다 좌우 문짝에 붙이는 신상(神像)으로, 귀신을 몰아내고 액막이를 하여 집안을 보위하는 데 사용한다.

동하다.

騎驢觀山景 ── **走**着**瞧**新鮮的

당나귀를 타고 산의 풍경을 보다； 걸어가며 새로운 것을 보다.

養濟院裏行刺 ── **拿**着窮人**開**刀

빈민구제원에서 암살하다； 가난한 사람을 참수하다[죽이다].

### (6) 겸어구조(兼語結構)

'설명부분(註)'으로 사용되는 겸어구조는 하나의 동목구조와 하나의 주술구조가 함께 겹쳐져서 동목구조의 목적어가 주술구조의 주어를 겸하는데, 예를 들면 다음과 같다.

見了强盜喊爸爸 ── 認**賊**作父

강도를 보고 아버지라 부르다； 도둑을 아버지라 여기다.

諸葛亮大擺空城計 ── 化**險**爲夷

제갈량이 성을 비우는 계략[141]을 크게 늘어놓다； 위험한 상태를 평온하게 하다.

臉盆裏的泥鰍 ── 看**你**滑到哪裏去

세숫대야 속의 미꾸라지； (네가) 어디로 미끄러지는지를 보다.

141) 역자주: '空城計'는 ≪삼국연의(三國演義)≫ 중에 제갈량(諸葛亮)이 서성(西城)에서 노약(老弱) 잔병(殘兵)을 거느리고 사마의(司馬懿)를 물리쳤다는 고사로, 위급한 상황에서 상대방을 속이는 계책이나 허장성세(虛張聲勢)를 의미한다.

死胡同裏截驢 — 看你往哪裏跑

막다른 골목에서 당나귀를 가로막다 ; (네가) 어느 쪽으로 도망가는 지를 보다.

(7) 수량구조(數量結構)

'설명부분(註)'으로 사용되는 수량구조는 사물의 양을 나타내는 구일 수도 있고, 동작의 양을 나타내는 구일 수도 있다. 예를 들면 다음과 같다.

城隍廟裏的鼓槌 — **一對**

성황당의 북채 ; 한 쌍.

大姑娘坐轎 — **頭一回**

처녀가 가마를 타다 ; 처음 당하는 일이다. [처음이다.]

大年初一吃餃子 — **第一次**

정월 초하루에 물만두를 먹다 ; 첫 번째.

'一對'는 사물의 양을 나타내는 구이고, '頭一回', '第一次'는 동작의 양을 나타내는 구이다.

(8) '的'자구조('的'字結構)

'설명부분(註)'으로 사용되는 '的'자구조는 어떤 것은 '단어+的'의 형식이고, 어떤 것은 '구+的'의 형식이다. 예를 들면 다음과 같다.

唱戲的胡子 — **活的**

배우의 수염； 움직이는 것.

諸葛亮吊孝 — **假的**

제갈량이 조문하다； 거짓으로 꾸미는 것.

奶媽抱孩子 — **別人的**

유모가 아이를 안다； 다른 사람의 것.

鴨子吃螃蟺 — **自找的**

오리가 굼벵이를 먹다； 스스로 자초한 것.

竹棚上的水瓜 — **曬老的**

대나무 천장의 물외； 햇빛에 쬐여 굳은 것.

'活的', '假的'는 형용사에 '的'가 합쳐진 것이고, '別人的'는 대명사에 '的'가 합쳐진 것이다. '自找的'는 주술구조에 '的'가 더해진 것이고, '曬老的'는 술보구조에 '的'가 더해진 것이다.

### (9) 긴축구조(緊縮結構)[142)]

'설명부분(註)'으로 사용되는 긴축구조는 항상 앞뒤에서 호응하는 두 개의 연관어구를 사용하여 어떠한 관계를 나타낸다. 예를 들면 다음과 같다.

---

142) '긴축구조(緊縮結構)'는 긴축문(緊縮句)을 구성하는 일부 고정격식을 가리키는데, 술어 이외의 기타성분이 될 수 있다. <說'結構'>(≪中國語文≫, 1978年 第4期) 및 ≪漢語知識≫(人民敎育出版社, 1962年版) 188쪽 참조.

罐兒裏養王八 — **越**養**越**活

항아리 속에 자라를 기르다; 기를수록 더 살아나다.

甲蟲掉在糞坑裏 — **越**陷**越**深

갑충이 똥통에 빠지다; 점점 깊이 빠져들다.

紙糊的老虎 — **一**戳**就**穿

종이로 만든 호랑이; 찌르면 뚫리다.

屬窗戶紙的 — **一**點**就**破

창호지 같은 사람; 가볍게 건드리면 찢어지다.

梁山兄弟 — **不**打**不**成交

양산의 형제; 싸우지 않으면 사귀지 못하다.

老和尙的木魚 — **不**敲**不**響

늙은 중의 목어; 두드리지 않으면 소리가 나지 않다.

'越…越…'는 계승관계를 나타내고, '一…就…'는 조건관계를 나타내며, '不…不…'는 가설관계를 나타낸다.

### (10) 연합구조(聯合結構)

'설명부분(註)'으로 사용되는 연합구조에는 두 가지 상황이 있는데, 하나는 두 개의 단어로 구성된 것이고, 다른 하나는 두 개의 구로 구성된 것이다. 예를 들면 다음과 같다.

두 개의 단어로 구성된 것은 동사와 형용사에 제한된다. 예를 들면 다음과 같다.

小兒放炮 ── **又愛又怕**

아이가 폭죽을 터뜨리다； 좋아하고도 무서워하다.

八仙聚會 ── **又說又笑**

여덟 신선이 모이다； 이야기하고도 웃다.

兩分錢的醋 ── **又酸又賤**

두 푼의 식초； 시고도 값이 싸다.

茅坑裏的石頭 ── **又臭又硬**

똥통의 돌； 구리고도 딱딱하다.

두 개의 구로 구성된 것은 상황이 비교적 복잡하다. 어떤 것은 두 개의 수식구조로 구성된다. 예를 들면 다음과 같다.

小爐匠的家私 ── **廢銅爛鐵**

땜장이의 가산； 쓸모없는 구리와 못쓰게 된 쇠붙이.

十八畝地一顆穀 ── **單根獨苗**

십팔 묘 땅의 곡식 한 톨； 하나의 뿌리와 싹. [외독자, 무남독녀.]

打燈籠走親戚 ── **明來明去**

초롱불을 켜고 친척에게 가나； 밝게 왔다 밝게 가다. [일을 하는데 있어 공명정대하다.]

何仙姑走娘家 — **雲裏來霧裏去**

하선고가 친정에 가다 ; 구름 속에서 왔다가 안개 속으로 가다. [행동이 빠르다.]

어떤 것은 두 개의 동목구조로 구성된다. 예를 들면 다음과 같다.

吃了芋頭不下肚 — **頂心頂肺**

토란을 먹은 것이 내려가지 않다 ; 울화가 치밀어 오르다.

風箱板做鍋蓋 — **受了冷氣又受熱氣**

풀무 판을 솥뚜껑으로 삼다 ; 냉기[냉대]를 받으면서 또 열기[환대]를 받다.

癩蛤蟆過門檻 — 又**蹾屁股**又**傷臉**

두꺼비가 문지방을 넘다 ; 엉덩이를 털썩 놓으며 체면을 손상시키다.

屬大肚羅漢的 — **睜一隻眼, 閉一隻眼**

배가 큰 나한 같은 사람 ; 한쪽 눈은 뜨고, 한쪽 눈은 감다.

어떤 것은 술보구조로 구성된다. 예를 들면 다음과 같다.

站在高山上看馬鬪 — **踢不着, 咬不着**

높은 산에 서서 말이 싸우는 것을 보다 ; 찰 수도 깨물 수도 없다. [어떤 일에 직접 참여하지 않고 옆에서 관망하다.]

戴木頭鈴鈴的石獅子 — **搖不動也撞不動**

나무로 된 방울을 달고 있는 돌사자 ; 흔들어 움직이게 할 수 없고, 부딪쳐 움직이게 할 수도 없다.

豆腐掉到灰渣堆裏 — **吹不得, 打不得**

두부가 잿더미 속에 빠지다 ; 불어도 불리지 않고, 털어도 털리지 않다.

後頸凹的頭髮 — **摸得着, 看不着**

뒷덜미의 움푹 들어간 머리카락 ; 만질 수는 있지만 볼 수는 없다.

어떤 것은 두 개 또는 세 개의 주술구조로 구성된다. 예를 들면 다음과 같다.

騎着駱駝趕着鷄 — **高的高, 低的低**

낙타를 타고 닭을 쫓아내다 ; 높은 것은 높고, 낮은 것은 낮다.

大路邊(上)打草鞋 — **有的說長, 有的說短**

큰길가에서 짚신을 삼다[엮다] ; 어떤 사람은 길다고[장점을] 이야기하고, 어떤 사람은 짧다고[단점을] 이야기하다.

活魚掉進醋缸裏 — **肉爛骨頭軟**

살아있는 물고기가 식초항아리에 빠지다 ; 살이 흐물흐물해지고 뼈가 연해지다.

房檐下的大蔥 — **葉枯皮爛心不死**

처마아래의 대파 ; 잎은 시들고 껍질은 썩었지만 속은 죽지 않다.

‘설명부분(註)’으로 사용되는 어떤 구는 보기에는 연합구조 같지만 사실상은 일종의 복문형식이다. 예를 들면 다음과 같다.

腿肚子貼竈王爺 — **人走家搬**

장딴지에 조왕신을 붙이다； 사람이 옮겨가면 곧 집이 옮겨가다. [집이 없고 식구가 한사람뿐이어서 사람이 가는 곳이 곧 집이다.]

大路邊的驢 — **誰愛騎誰騎**

대로변의 당나귀； 타고 싶은 사람은 누구나 타다.

倉老鼠問老鴰去借糧 — **守着的沒有，飛着的倒有**

창고의 쥐가 까마귀에게 양식을 꾸러가다； 지키고 있는 쥐에게도 (양식이) 없는데, 날아다니는 까마귀에게는 (양식이) 있나.

‘人走家搬’, ‘誰愛騎誰騎’, ‘守着的沒有, 飛着的倒有’는 일반적인 연합구조와 다르다. 첫째, 앞뒤 두 부분은 위치상 뒤바꿀 수 없다. 둘째, 앞뒤 두 부분 사이에 조건, 전환의 관계가 존재한다. ‘人走家搬’, ‘誰愛騎誰騎’에서 앞뒤 두 부분 사이에 각각 조건 관계가 존재하고, ‘守着的沒有, 飛着的倒有’에서는 앞뒤 두 부분에 전환관계가 존재한다. 이것들은 형식상 수식복문(偏正複句)에 해당한다. 또 일부 헐후어의 ‘설명부분(註)’은 두 개의 수식복문으로 구성되어 다중복문(多重複句)의 형식과 비슷하다. 예를 들면 다음과 같다.

寡婦趕集 — **要人沒人，要錢沒錢**

과부가 장에 (장사하러) 가다； 사람이 필요한데 사람이 없고, 돈이 필요한데 돈이 없다.

大森林裏一片葉 — **有你不多, 無你也不少**

큰 숲속의 한조각 나뭇잎 ; 있어도 그만 없어도 그만.

鐵鉗鉗住了王八頭 — **想縮縮不進, 想滑滑不脫**

쇠 집게로 자라머리를 집다 ; 움츠리려고 해도 움츠릴 수 없고, 빠져 나가려 해도 빠져나갈 수 없다.

大年三十捉個兎子 — **有它要過年, 沒它也要過年**

섣달 그믐날 토끼를 잡다 ; 그것이 있든 없든 설은 쇠어야한다.

'설명부분(註)'으로 사용되는 것은 위에서 서술한 각종 자유구조 이외에 성어(成語)와 같은 고정구조도 가능하다. 예를 들면 다음과 같다.

砌墻的磚頭 — **後來居上**

담을 쌓는 벽돌 ; 뒤에 오는 것이 (앞의 것) 위에 놓이다. [뒷사람이 앞사람을 추월하다.]

老鼠掉進書箱裏 — **咬文嚼字**

쥐가 책장[책 상자]에 떨어져 들어가다 ; 글자를 씹어 먹다. [지나치게 문구에 얽매이다.]

穿着孝衣拜天地 — **悲喜交加**

상복을 입고 결혼하다 ; 희비가 교차하다.

樹葉落到河水裏 ── **隨波逐流**

나뭇잎이 강물 속에 떨어지다 ; 물결치는 대로 떠다니다.

헐후어의 '설명부분(註)'에는 일찍이 사람들에게 주목을 받은 특징이 있는데, 바로 한자의 음이 같거나 비슷한 현상인 '해음(諧音)'현상을 활용한 것이다. 일반적으로는 한 글자가 해음인데, 두 글자 또는 세 글자가 해음인 경우도 있다. 예를 들면 다음과 같다.

旗杆(頂)上綁鷄毛 ── 好大的**撣{膽}**子

깃대 끝에 닭 깃털을 묶다 ; 큰 먼지떨이. {대담하다, 배짱이 대단하다.}

磕瓜子磕出蝦米來 ── 碰到好**仁{人}**了

호박씨[143]를 까서 작은 새우[144]를 꺼내먹다 ; 좋은 알맹이를 얻다. {좋은 사람을 만나다.}

老鼠偸秤砣 ── **盜鐵{倒貼}**

쥐가 저울추를 훔치다 ; 쇠를 훔치다. {돈을 대다, 밑지는 장사, 본전을 밀어 넣다.}

豬八戒的脊粱 ── **悟{無}**能之**背{輩}**

저팔계의 등 ; 오능[145]의 등. {무능한 사람이다.}

---

143) 역자주: '瓜子'는 박과식물의 종자(씨)인 수박씨, 호박씨, 해바라기씨 등에 소금이나 향료를 넣어 볶은 다식용(茶食用) 견과류(堅果類)이다.
144) 역자주: '蝦米'는 찌고 나서 말린 후 머리와 꼬리, 껍질을 제거한 작은 새우이다.
145) 역자주: 저팔계의 본명은 저강엽(豬剛鬣)이고 법명이 '오능(悟能)'이다.

修鍋匠補碗 ── **吱咕吱{自顧自}**

솥을 고치는 땜장이가 그릇을 고치다 ; 찌지직거리다. {각자가 자신만을 돌보다.}

蛤蜊燒鯉乾 ── **鮮對鮮{現兌現}**

동죽조개에 말린 맛조개를 요리하다[146) ; 신선함에는 신선함으로 대응하다. {현금을 현금으로 바꾸다.}

여기에서 차제에 잠시 언급할 것은, 어떤 사람은 헐후어의 '설명부분(註)'이 해음(諧音)을 활용할 수 있다는 특징에 근거하여 헐후어를 두 유형으로 나눈다는 것이다. 한 유형은 '비유(喻意)의 헐후어'라고 부르는데, "그것의 앞부분은 비유이고, 뒷부분은 앞부분에 대한 설명이다." 또 다른 한 유형은 '해음(諧音)의 헐후어'라고 하는데, "그것의 뒷부분은 음이 같거나 비슷한 현상을 빌려서 의미를 나타낸다." 이러한 분류는 논리에 맞지 않다. 모두가 알다시피 논리에 부합하는 분류는 하나의 전제가 있어야 한다. 즉, 분류가 반드시 하나의 통일된 기준, 통일된 각도를 가지고 있어야한다. 헐후어를 '비유의 헐후어'와 '해음의 헐후어' 두 유형으로 나누는 것은 다른 각도에서 구분해낸 것이다. '비유의 헐후어'라고 하는 것은 헐후어의 '제시부분(引)'과 '설명부분(註)'에 '비유 ── 설명'의 관계가 발생하는 것을 말하는 것이고, '해음의 헐후어'는 헐후어의 '설명부분(註)'이 '해음쌍관(諧音雙關: 음이 같거나 비슷한 것과 두 가지 의미를 지니는 것)'의 기법을 사용한 것을 말한다.

---

146) 역자주. '燒'는 요리 방법의 하나로, 찌거나 기름에 튀기거나 살짝 볶은 후에 국물과 양념을 넣고 다시 볶거나 졸이는 것이다. 예를 들면, '紅燒肉'는 돼지고기를 살짝 볶은 다음 간장을 넣어 다시 익힌 요리이다.

그러나 '해음'과 '비유'는 결코 대립하는 것이 아니며, '해음'은 '비유'의 기초위에서 이루어지는 것이지 '비유'를 벗어난 완전한 해음의 헐후어는 없다. 우리는 '설명부분(註)'이 해음현상을 활용하는가의 여부에 근거하여 헐후어를 해음과 비해음의 두 유형으로 구분할 수 있다. 그러나 '해음의 헐후어'를 '비유의 헐후어' 속에서 뽑아내어 다시 '비유의 헐후어'와 함께 논의할 수 없다.

## 3. '인(引) · 주(註)'관계의 복잡성

구조상에서 헐후어의 다른 특징 하나는 '제시부분(引)'과 '설명부분(註)' 간의 관계가 복잡하다는 것이다. 이는 어법과 의미 두 가지 방면에서 설명할 수 있다.

어법상에서 보면, 아래의 몇 가지 상황이 존재한다.

(1) '제시부분(引)'과 '설명부분(註)' 사이에 주술관계가 존재하는데, '제시부분(引)'은 주어부분이고 '설명부분(註)'은 술어부분이다. 이는 '제시부분(引)'이 명사 또는 명사구일 때 가장 두드러지게 나타난다. 예를 들면 다음과 같다.

**臭豆腐** — 聞着不香吃着香

발효시켜 냄새가 나는 두부 ; 냄새를 맡으면 좋지 않지만 먹어보면 맛이 좋다.

**墻上的草** — 隨風倒

담 위의 풀； 바람에 따라서 넘어지다.

**强扭的瓜兒** — 不甛

억지로 비튼 박； 달지 않다.

**拔節的竹筍** — 天天向上

마디가 빨리 자라는 죽순； 날마다 위로 향하다. [향상하다.]

**陰溝裏的泥鰍** — 翻不起大浪

응달계곡 속의 미꾸라지； 큰 파도를 넘지 못하다.

**屬公鷄的** — 光啼不下蛋

수탉 같은 사람； 울기만 하고 알은 낳지 못하다. [말뿐이다.]

**屬呂布的** — 有勇無謀

여포 같은 사람； 용기만 있고 지모가 없다.

그러나 예외도 있는데, 예컨대 '丈二和尙 — 摸不着頭腦(1장 2척의 중； 머리를 만져볼 수 없다)'에서 '丈二和尙'은 명사구이나, 그것은 '摸不着頭腦'의 주어가 아니다.

(2) '제시부분(引)'과 '설명부분(註)' 모두 잠재된 주어를 가지고 있는데, 이 주어는 두루 가리키는 성질을 지니고 있어 일반적으로 나타낼 필요가 없다. 예를 들면 다음과 같다.

半夜裏吃黃瓜 ── 不知頭尾

한밤중에 오이를 먹다； 머리와 꼬리를 알지 못하다.

聽評書掉眼淚 ── 替古人擔憂

평서를 듣고 눈물을 흘리다； 옛사람을 대신하여 걱정하다.147)

端着金碗討飯 ── 裝窮

금으로 만든 밥그릇을 들고 구걸하다； 가난한 체하다.

房頂上睡覺 ── 翻不過身來

지붕위에서 잠을 자다； 몸을 뒤척일 수 없다.

墳頭上耍大刀 ── 嚇鬼

봉분위에서 큰칼을 휘두르다； 귀신을 놀라게 하다.

對着月亮攀談 ── 說空話

달을 마주 대하고 잡담하다； 실속 없는 말을 하다. [빈말하다.]

袖子裏藏刀 ── 暗地傷人

소매 안에 칼을 숨기다； 남몰래 사람을 다치게 하다.

우리가 이러한 헐후어의 '제시부분(引)'과 '설명부분(註)'에 각각 잠재되어 존재하는 주어가 하나씩 있다고 말하는 것은, 그것들이 어휘 형식으로써 존재할 때를 말하는 것이다. 만약 문장 안에서 사용된다면,

---

147) 역자주: '評書'는 민간 설창문예(說唱文藝)의 일종으로, 강설(講說)하는 것이 대부분 고대의 이야기이다. 평서를 듣는데 슬픈 부분을 듣게 되면 눈물이 흘러내리며 이야기 속의 인물(옛사람)을 대신하여 초조해하고 걱정한다는 의미이다.

경우에 따라서는 명확한 주어가 있을 수 있다. 예를 들어보면 다음과 같다.

① 哈, 檢查就檢查, 反正你抓不住我什麽大辮子, 你說方向不對頭, 無非是個土方掛帥, ……。來日方長, 咱**騎驢看唱本 —— 走着瞧**吧。148)

하, 검사하면 검사 하라지, 어쨌든 당신은 나의 어떠한 약점도 잡아낼 수 없을 것이야. 당신은 방향이 맞지 않다고 하는데, 토목공사의 책임자가 아니고서야, ……앞으로의 날이 긴데, **당나귀를 타고 가며 노래가사 대본을 보듯** 우리 **두고 보자**.

② 李媽盯了他一眼, 又繼續說:"……今天的事不算完, 我要請求黨, 請求上級徹底追查處理, 叫那些躲在黑窟窿裏搞陰謀的壞家伙現現原形, **騎驢看唱本** —— 咱們就**走着瞧**吧!"149)

이씨 아줌마는 그를 한 번 주시하고는 계속하여 말하였다. "……오늘 일은 끝난 게 아니야, 당과 상부에 철저하게 캐내어 처리하라고 부탁하여 어두운 동굴 속에 숨어 음모를 꾸미는 저 나쁜 놈들로 하여금 정체를 드러내도록 해야겠어, **당나귀를 타고 가며 노래가사 대본을 보듯** 우리 **두고 보자!**"

'騎驢看唱本 —— 走着瞧'란 것이 어휘형식으로 존재할 때, 주어는 나타나지 않는다. 그러나 예문 ①에서는 '제시부분(引)' 앞에 주어 '咱'이 나타나고, 예문 ②에서는 '설명부분(註)' 앞에 주어 '咱們'이

148) 李明性, ≪洪流滾滾≫, 河南人民出版社, 1975年版, 202쪽.
149) 魏巍, ≪東方≫, 人民文學出版社, 1978年版, 768쪽.

나타나는데, 이것들은 모두 이 헐후어 자체의 고유한 것이 아니다. 그러나, 소수의 헐후어는 '제시부분(引)'의 주어가 잠재적으로 존재할 수도 있고, 나타날 수도 있다. 예컨대, '背着兒媳婦上泰山 — 費力不討好(며느리를 업고 태산을 오르다； 힘을 쓰고도 좋은 소리 못 듣는다)'는 '老公公背着兒媳婦上泰山 — 費力不討好'라고도 말할 수 있는데, 이는 '제시부분(引)'의 목적어 '兒媳婦(며느리)'이 이미 주어가 '老公公(시아버지)'임을 분명히 드러내주기 때문에 말하지 않아도 이해하는데 어렵지 않다.

(3) '제시부분(引)' 안의 어떤 성분이 '설명부분(註)'의 어떤 성분 역할을 한다. 예를 들면 다음과 같다.

徐庶進曹營 — 一言不發

서서가 조조의 군영에 들어가다； 한 마디도 말하지 않다.

豬八戒磨墨 — 假充斯文

저팔계가 먹을 갈다； 고상한 척하다.

裁縫做嫁衣 — 替旁人歡喜

재봉사가 혼례복을 만들다； 제삼자를 대신해 기뻐하다.

老鼠過街 — 人人喊打

쥐가 길을 건너다； 사람마다 때려잡으라고 고함치다.

床底下放風箏 — 飛不高

침대 아래서 연을 날리다； 높이 날지 못하다.

‘徐庶進曹營’, ‘豬八戒磨墨’, ‘裁縫做嫁衣’의 주어 ‘徐庶’, ‘豬八戒’, ‘裁縫’은 각각 ‘一言不發’, ‘假充斯文’, ‘替旁人歡喜’의 주어이기도 하다. ‘老鼠過街’의 주어 ‘老鼠’는 또한 ‘人人喊打’의 목적어이며, ‘床底下放風箏’의 목적어 ‘風箏’은 ‘飛不高’의 주어이다.

의미상에서 헐후어의 앞뒤 두 부분은 종합해 말하자면, ‘제시하여 이끌어내는 말(引子)’과 ‘해석하는 말(註釋)’의 관계이다. 그러나 설명의 방식이 모두 같은 것은 아닌데, 주로 아래의 몇 가지 상황이 있다.

(1) ‘제시부분(引)’에서 한 사람, 사물 또는 한 가지 일을 이야기하고, ‘설명부분(註)’에서는 상태를 묘사하거나 소리를 모방한다.

상태를 모방한 것은 다음과 같다.

太平洋的警察 — **管得寬**

태평양의 경찰 ; 관리할 범위가 넓다. [쓸데없이 관여하다.]

磨道裏的驢 — **轉圈子**

맷돌 길의 나귀 ; 빙빙 돌다.

屋檐下的冰凌 — **根子在上頭**

처마아래의 고드름 ; 뿌리가 위에 있다.

絲瓜燒豆腐 — **青{淸}青{淸}白白**

수세미외로 두부를 볶다 ; 푸르면서도 희다. {결백하다.}

孫猴子坐天下 — **毛手毛脚**

손오공(孫悟空)이 천자가 되다 ; 일을 경솔하게 처리하다. [일손이 매우 거칠다.]

소리를 모방한 것은 다음과 같다.

蛤蟆跳井 — **撲通{不懂}**

두꺼비가 우물에 뛰어들다； 풍덩. {알지 못하다.}

石鷄上南山 — **咯咕咯{各顧各}**

석계(닭)가 남산에 올라가다； 꼬꼬댁. {각자 자신만을 돌보다.}

鋼筋打銅鑼 — **噹噹響**

강철젓가락으로 징을 두드리다； 땡땡하고 소리 나다.

鴨腿上綁銅鈴 — **響噹噹, 呱呱叫**

오리 다리에 구리종을 묶다； 땡땡하고 소리 나고 꽥꽥하고 울다.

(2) '제시부분(引)'에서 한 사물이나 사건을 말하고, '설명부분(註)'에서는 어떤 판단을 해내는데, 긍정적인 판단일 수도 있고 부정적인 판단일 수도 있다.

긍정적인 판단은 다음과 같다.

脚上的泡 — **是自己走的**

발위의 물집； 자기가 걸은 것이다.

豆芽子長上一房高 — **也是菜**

콩나물이 집 높이만큼 자라다； 역시 채소이다.

孔夫子搬家 — **淨是書{輸}**

공자가 이사하다； 온통 책뿐이다. {언제나 지기만 하다.}

大年初一吃餃子 — **都是一家人**

정월 초하루에 물만두를 먹다； 모두 한 가족이다.

小和尙給大和尙捉蝨子 — **是一個廟裏的事**

어린 중이 큰스님을 위해 이를 잡다； 한 절 안의 일이다.

부정적인 판단은 다음과 같다.

墳地裏的夜貓子 — **不是好鳥**

묘지의 올빼미； 좋은 새가 아니다.

蒺藜子拌草 — **不是好料**

질려자[150]에 풀을 섞다； 좋은 재료가 아니다.

癩蛤蟆想飛 — **不是上天的料**

두꺼비가 날고 싶어 하다； 하늘을 날 재목이 아니다.

中堂上掛草簾 — **不是畫{話}**

족자[151] 위에 짚으로 만든 발을 걸다； 그림이 아니다. {말이 아니다.}

八仙桌上擺夜壺 — **不是個盛酒的家伙**

팔선(여덟 신선)의 상위에 요강을 놓아두다； 술을 담는 도구가 아니다.

---

150) 역자주: 질려, 남가새라고도 하는 '蒺藜子'는 남가새과의 일년초로 전체에 가시가 나있으며, 열매는 강장제나 해열제로 쓰인다.

151) 역자주: '中堂'은 원래 전당(殿堂)의 중앙, 본채의 한가운데 방을 가리키나 여기서는 거실의 정면 중앙에 거는 폭이 넓고 긴 족자를 말한다.

어떤 '설명부분(註)'에는 비록 판단을 표시하는 동사 '是'가 없지만, 그것과 '제시부분(引)'사이의 의미관계상에서 보면 역시 판단을 표시한다. 예를 들면 다음과 같다.

包脚布當孝帽 — **一步登天**

발을 싸는 수건을 효건(孝巾)[152]으로 삼다 ; 한걸음에 하늘로 올라가다. [벼락출세하다.]

木匠戴枷 — **自作自受**

목수가 형틀 칼을 (목에) 씌우다 ; 자업자득이다.

關公門前耍大刀 — **獻醜**

관우의 집문 앞에서 큰칼을 휘두르다 ; 하찮은 재주를 보이다.

十個小錢丢了一個 — **九文{久聞}**

열 개의 동전에서 한 개를 잃어버리다 ; 구 문[푼]. {오래전에 듣다, 명성이 나다.}

驢子拉磨牛耕田 — **各走各的路**

당나귀는 맷돌을 끌고 소는 밭을 갈다 ; 각자 제 갈 길을 가다. [서로 전혀 상관이 없이 각자 자기의 일을 하다.]

이런 유형의 헐후어는 '설명부분(註)' 앞에 역시 '是'를 덧붙일 수 있다. 예컨대, '包脚布當孝帽 — 一步登天'은 '包脚布當孝帽是一步

152) 역자주: '孝帽'는 효건(孝巾)으로 상제(喪制)가 쓰는 두건인데, 보통 네모진 흰 베를 접어서 만든다.

登天(발을 싸는 수건을 효건으로 삼는 것은 벼락출세하는 것이다)'라고 할 수 있고, '木匠戴枷 — 自作自受'는 '木匠戴枷是自作自受(목수가 형틀 칼을 씌우는 것은 자업자득이다)'라고 말할 수 있다.

(3) '제시부분(引)'에서 하나의 사물이나 사건을 이야기하고, '설명부분(註)'에서는 그것의 성질, 원인, 결과 또는 목적 등을 설명한다.

성질을 설명하는 것은 다음과 같다.

六月裏的梨疙瘩 — **有點酸**

유월의 배 ; 좀 시다. [옹졸하다.]

一條藤上結的瓜 — **苦都苦，甛都甛**

등나무 가지 하나에 열린 오이 ; 쓴 것은 모두 쓰고, 단 것은 모두 달다.

蜂蜜裏拌糖 — **甛上加甛**

꿀 속에 설탕을 섞다 ; 단 것에 단 것을 더하다.

원인을 설명하는 것은 다음과 같다.

賣膏藥的不用動嘴 — **天然[生]就有幌子**

고약을 파는 사람[약방]은 입을 놀릴 필요가 없다 ; 천성적으로 간판이 있기 때문이다.[153)]

153) 역자주: 약방은 이전에 고약을 그린 간판을 붙였기에, '다른 사람이 보자마자 그 신분이

猴子不上竿 — **沒有把鑼鼓敲緊**

원숭이가 장대에 오르지 않다； 징과 북을 쉴 새 없이 두드리지 않았기 때문이다.

一鍬掏出個井來 — **捅在了正經的地方了**

한 번의 삽질로 우물을 파내다； 정확한 곳을 뚫었기 때문이다.

결과를 설명하는 것은 다음과 같다.

黃鼠狼看鷄 — **越看越稀**

족제비가 닭을 (돌)보다； (돌)볼수록 (닭의 수가) 점점 적어지다. [나쁜 사람을 믿고 그가 부정행위를 하는데 편리를 봐주다.]

穿着簑衣救火 — **引火燒身**

도롱이를 입고 불을 끄다； 제가 지른 불에 제 몸이 타다. [제 무덤 제가 파다.]

周瑜謀荊州 — **賠了夫人又折兵**

주유가 형주를 도모하다； 부인도 잃고 병사마저 잃다. [이득을 보려다가 오히려 손해를 보다.][154]

---

나 내력을 알 수 있다'는 뜻의 헐후어이다.

154) 역자주: ≪삼국연의(三國演義)≫에서 주유(周瑜)가 유비(劉備)를 동오(東吳)로 불러들여 손권(孫權)의 여동생과 결혼하는 틈을 타서 그를 감금하고 형주(荊州)를 빼앗으려했으나, 유비는 결혼 후 부인을 데리고 동오를 빠져나가고, 주유의 병사들은 제갈량(諸葛亮)이 매복한 병사들에게 패한 고사에서 유래한 헐후어이다.

목적을 설명하는 것은 다음과 같다.

買痲花不吃 — **爲了看這股勁**

꽈배기를 사서는 먹지 않다； 꼬인 모양을 보기 위해서이다. [달리 특별한 용도가 있다.]

黑瞎子蒙紅頭巾 — **冒充新娘子**

흑곰이 붉은 두건을 덮어쓰다； 신부인 척하기 위해서이다.

老鴰身上插花翎 — **自充小孔雀**

까마귀 몸에 화령[155]을 꽂다； 스스로 공작인 체하기 위해서이다.

(4) '제시부분(引)'에서 하나의 사물이나 사건을 말하고, '설명부분(註)'에서는 어떤 반문(反問)을 제기한다. 예를 들면 다음과 같다.

園子裏的韭菜 — **你算哪一蔸**

채소밭의 부추； 어느 포기라 하겠는가?

半邊鈴鐺 — **咋響{想}的來**

반쪽 방울； 어찌 울리겠는가? {어찌 생각해내겠는가?}

一個人拜把子 — **你算老幾**

한 사람이 의형제를 맺다； 몇 째라 하겠는가?

---

155) 역자주: '花翎'은 일반적으로 귀족이나 고관의 모자 뒤에 드리우던 공작의 깃을 말하지만, 청대(淸代) 관모(官帽)에 관직의 높낮이를 표시하기 위해 꽂는 공작의 깃을 말하기도 한다.

客廳裏掛狗皮 ── **那像什麽畵{話}**

거실에 개가죽을 걸어놓다； 그것이 무슨 그림인가? {무슨 말인가?}

豬八戒丢了鐵耙 ── **你憑什麽保師父**

저팔계가 써레(자루가 달린 갈퀴)를 잃어버리다； 무엇으로 사부를 보호하겠는가?

大花公鷄上舞臺 ── **你跟誰比漂亮**

수탉이 무대에 올라가다； 누구와 아름다움을 견주겠는가?

(5) '제시부분(引)'에서 하나의 사건을 이야기하고, '설명부분(註)'에서는 어떤 감탄을 펴낸다. 예를 들면 다음과 같다.

倒了油瓶不扶 ── **懶到家啦**

기름병을 넘어뜨리고는 세우지 않다； 정말로 게으르구나!

正月十五貼門神 ── **晩了半月啦**

정월 보름에 문신을 붙이다； 보름이 늦는구나!

螞蟻[蛤蟆]打哈欠 ── **好大(的)口氣**

개미[두꺼비]가 하품을 하다； 대단히 큰 입심. [허풍이 세다, 큰소리치다.]

賣油的敲鍋蓋 ── **好大的牌子**

기름 장수가 솥뚜껑을 두드리다； 내건 팻말이 크구나! [허세가 심하구나!]

三張紙畫一個驢頭 — 好大的臉面

종이 세장에 당나귀머리 하나를 그리다 ; 대단히 큰 낯[체면, 명예].

위에서 말한 다섯 가지의 각기 다른 설명방식에 근거하여 우리는 헐후어를 다섯 가지 유형으로 나눌 수 있다. 즉, 묘사(描寫) 성질의 헐후어, 판단(判斷) 성질의 헐후어, 설명(說明) 성질의 헐후어, 반문(反問) 성질의 헐후어 및 감탄(感歎) 성질의 헐후어이다.

# 제4장

# 헐후어(歇後語)의 어의(語義)

헐후어의 앞뒤 두 부분은 하나의 통일된 어의(語義) 단위를 구성한다. 헐후어의 어의[말뜻]를 파악하는 것은 헐후어의 전제(前提)를 정확히 이해하고 활용하는 것이다. 다음은 먼저 헐후어 어의의 구성요소를 분석한 후에 헐후어 어의의 취합(聚合) 관계에 대해 다시 토론해보자.

## 1. 헐후어 어의의 구성요소

앞에서 언급했듯이 헐후어는 '제시(引)'와 '설명(註)'의 관계가 존재하는 앞뒤 두 부분으로 구성된다. 이 두 부분은 뜻을 나타내는 작용에 있어서 결코 동일시하지 않은데, 앞부분은 단지 보조작용을 하면서 어떤 부가적인 의미를 나타내고, 뒷부분은 바로 뜻을 나타내는 중점적인 곳으로 전체 헐후어의 기본적인 의미를 나타낸다. 헐후어의 어의는 즉, 앞부분에서 나타내는 부가의미와 뒷부분에서 나타내는 기본의미가 유기적으로 구성된 것이다.

다음은 먼저 헐후어의 기본의미에 대해 설명해보자. 다음 몇 가지 예를 비교해보자.

① 他既不傷心, 也不去抗爭, 他心裏說：“別**把人看扁了**！等我練出來給你們看！”156)

그는 마음 아파하지도 않고 항쟁하러가지도 않는다. 그는 마음속으로 말했다. “**사람을 깔보지** 마라! 내가 단련해서 너희들에게 보여줄 테다!”

② 春芳曾跟鐵匠師傅學過幾天打鐵, 多少懂一些打鐵的門道。所以聽虎子一說, 便氣昂昂地說：“你別**門縫裏看人, 把人看扁**了, 我還眞不服氣呢！”157)

춘방은 전에 대장장이 사부에게 철 주조하는 것을 며칠 배운 적이 있어서 철 주조하는 요령을 어느 정도 알고 있다. 그래서 그놈이 말하는 것을 들어도 곧 기세등등하게 말했다. “너는 **문틈으로 사람을 보듯 사람을 깔보지** 마라. 난 그래도 굴복하지 않을 거야!”

③ 鐵大嫂輕輕地笑了, “別**門縫裏看人**！照實說, 是不是看不起我們婦女？”158)

철 형수(鐵大嫂)는 가볍게 웃었다. “**문틈으로 사람을 보지** 마라! 사실대로 말해서, 우리 부녀자를 깔보는 것 아니니?”

예문 ①의 ‘把人看扁了’는 일반적인 표현이며, 예문 ②에서는 ‘把人看扁了’ 앞에 ‘門縫里看人’을 붙여 헐후어가 되었지만 나타내는 기본의미는 여전히 같다. 예문 ③에서는 비록 ‘把人看扁了’를 생략하였지만 나타내는 기본의미는 여전히 변함이 없다. 이것은 어떠한 상황에 있든지 간에 헐후어의 기본의미는 모두 뒷부분에서 나타난다는 것을

156) ≪人民日報≫, 1982年 3月 29日.
157) 聶海, ≪靠山堡≫, 山西人民出版社, 1978年版, 326-327쪽.
158) ≪開端≫, 浙江人民出版社, 1972年版, 101쪽.

충분히 설명한다.

헐후어의 뒷부분이 나타내는 기본의미에는 '본래의미(本義)'와 '다른 의미(別義)'의 구분이 있다. 어떤 헐후어는 '본래의미'만 있을 뿐 '다른 의미'는 없다. 예를 들면 다음과 같다.

① 他對小隊長是一肚子不滿意, 特別是看到剛才突然進來一伙客商, 更覺得住在這裏是"**魯肅上了孔明的船**" —— **錯了**!159)

그는 소대장에게 뱃속 가득한[대단히] 불만을 가졌는데, 특히 막 들어온 행상을 보고서 그가 이곳에 머무르는 것은 '**노숙이 제갈공명의 배에 오르는 것**'처럼 **잘못되었다**고 생각했다!

② "事倒沒事, 可有意見!"繆虎是個急性子, 肚子藏不住話。"依我說呀, 班長現在搗鼓這玩藝, 可是**大熱天穿棉襖** —— **不是時候**!"160)

"오히려 아무 일 없는데도 의견[불만]이 있다니!" 무호는 성질이 급해서 뱃속에 말을 숨기지 못한다. "내가 보건대, 반장이 지금 저놈을 주무르지만 **아주 더운 날에 솜저고리를 입는 것처럼 때가 아니야!**"

③ 劉光祿這才又"唉"一聲, 說:"不用提啦, 王連生那小子, **狗咬耗子多管閒事**, 就是他窮積極, 專門和我過不去。"161)

유광록은 그제야 "어이"하며 말했다. "언급할 필요 없어요. 왕연생 그놈은 **개가 쥐를 물듯 쓸데없는 일에 참견하는** 놈이어서, 철저하게 적극적으로 일부러 나를 괴롭히고 못살게 굴어요."

---

159) 孫景瑞, ≪難忘的戰鬪≫, 上海人民出版社, 1973年版, 112쪽.
160) ≪新花似錦≫, 江蘇人民出版社, 1975年版, 224쪽.
161) 胡正, ≪汾水長流≫, 山西人民出版社, 1956年版, 240쪽.

위에서 서술한 예문 속의 헐후어는 모두 본래의미만 있을 뿐 다른 의미는 없으며, 어휘형식으로서 존재할 때든 아니면 문장 안에서 활용할 때든지 간에 뒷부분의 '錯了', '不是時候', '多管閒事'는 모두 확정된 하나의 의미만 있을 뿐이다.

그러나 아래에 나오는 예문 속의 헐후어는 오히려 그렇지 않다. 본래의미 이외에 다른 의미도 들어있다.

① 黃克山一看點子不對, 再往下羅嗦要挨剋, 就跑回炊事班去, 朝着炊事員們, 張開他那沙啞的嗓子道：“不用指望, **墻上掛門簾——沒門！**”162)

황극산은 방법이 잘못되어 다시 계속해서 욕을 먹어야 한다고 지껄이는걸 보고서는 취사반으로 뛰어가서는 취사원들을 향해 그 쉰 목을 벌려 말했다. “희망을 가지지 마세요. **벽 위에 문발을 걸듯 문[방법]이 없어요!**”

② 姣姣兩手一拍說：“好我的妹妹呀！你跟石林一個被窩才睡了幾天, 你也學會**水仙不開花——裝蒜**了！”163)

교교는 양손을 가볍게 치며 말했다. “나의 착한 동생아! 너는 석림의 그 놈이랑 며칠 같이 자더니 **수선화가 꽃을 피우지 않고서 마늘인 체하는 것 [시치미를 떼는 것, 거드름을 피우는 것]**을 배웠구나.

③ 他說命太苦, 頭一回說親說了個你, 鬧了一回子, 誰知道**柳樹上開花, 沒結果**。164)

162) 曲波, ≪山呼海嘯≫, 中國青年出版社, 1977年版, 314-315쪽.
163) 崔復生, ≪太行志≫, 河南人民出版社, 1977年版, 497쪽.
164) 袁靜, 孔厥, ≪新兒女英雄傳≫, 新文藝出版社, 1954年版, 78쪽.

그는 운명이 너무 고통스럽다며 처음 중매이야기를 할 때 너를 이야기 했어. 이렇게 한바탕 시끄럽고 나니 **버드나무에 꽃이 피듯 열매를 맺지 않을 줄 [성과가 없을 줄]** 누가 알았겠어.

예문 ①의 '墻上掛門簾 — 沒門'에서 뒷부분 '沒門'의 본래의미는 '출입문이 없음'을 가리키지만 문장 안에 쓰여 실제의미는 '방법[비결]이 없음'을 가리키고, 예문 ②에서 '水仙不開花 — 裝蒜'에서 뒷부분 '裝蒜'의 본래의미는 '마늘모양을 한 것'을 가리키지만 문장 안에 쓰여 실제의미는 '거드름을 피우거나 티를 내는 것'을 가리키며, 예문 ③에서 '柳樹上開花 — 沒結果'에서 뒷부분 '沒結果'의 본래의미는 '열매를 맺지 않은 것'을 가리키지만 문장 안에 쓰여 실제의미는 '예기한 목적에 이르지 못했음'을 가리킨다.

헐후어의 '다른 의미(別義)'은 어떻게 생겨난 것인가? 대체로 세 가지 상황이 있다.

첫 번째 상황은 뒷부분의 하나 또는 몇 개의 단어에서 다른 하나의 의미를 파생시켜 다른 의미를 만들어내는 것이다. 원래의미(原義)로부터 새로운 의미(新義)를 파생시켜 다른 의미(別義)를 만들어내는 것을 '파생의(派生義)'라고 한다. 파생은 대체로 '인신(引申)'165)과 '환유(換喩)'166) 두 방식으로 나눌 수 있다. '인신(引申)'은 두 가지 의미를 반영하는 현실현상에서 어떤 유사한 점을 가진 기초위에 세워진다. 예를 들면 다음과 같다.

165) 역자주: '引伸[申]'은 본의(本義)로부터 새로운 뜻이 파생되거나 본의를 확대 또는 전의(轉義)하는 것이다.

166) 역자주: '換喩'는 어떤 사물을, 그것의 속성과 밀접한 관계가 있는 다른 낱말을 빌려서 표현하는 수사기교이다.

① 打錫人這時眞是**疔瘡長在喉頭上，有痛不敢說**。補茶壺吧，怕夜長夢多，拒絶呢，又怕引起懷疑，露了馬脚。167)

주석을 캐는 사람은 그때 정말 **목에 부스럼이 나서 고통이 있어도 감히 말할 수 없게 되었다.** 찻주전자를 가득 채우자니 길게 끌다가 문제가 생길 것 같고, 거절한다면 의심을 받아서 진상이 드러날 것 같았다.

② 小爺們眞行啊，幹活不藏奸躱懶，馬上馬下都能來兩下子。咱大隊長早就當着貧下中農的面誇你是"**二齒鉤子撓癢 —— 是把硬手**"。168)

도련님들 정말 잘하시네요. 일하는데 악의를 품거나 거드름을 피우지도 않고 말이죠. 저희 대대장님께서 일찍이 빈농과 하층 중농들 앞에서 여러분들을 **날이 두 개 달린 쇠스랑으로 가려운 데를 긁는 능수[명수]들이라**고 칭찬하셨어요.

③ 迎面傳來唧唧咕咕的說話聲："咱這份差事算幹夠了，小黃集崗樓是**包脚布圍嘴 —— 臭了一圈啦！**"169)

정면에서 소곤소곤 거리는 말소리가 들려왔다. "우리는 이번 출장에서는 충분히 했다고 할 수 있어. 황군이 망루에 모인 것은 **발수건을 싸서 입에 두르면 악취가 가득하듯 평판이 좋지 않아**.

예문 ①에서 뒷부분의 '痛'은 본래의미가 '육체의 고통'을 가리키는데, 문장 안에 쓰여 인신(引申)하여 '정신상의 고충'을 가리킨다. 예문 ②에서 뒷부분의 '硬手'는 본래의미가 '단단한 손'을 가리키는데, 문

167) ≪井岡烽火≫, 江西人民出版社, 1977年版, 72쪽.
168) 郭先紅, ≪征途≫, 上海人民出版社, 1973年版, 466-467쪽.
169) 晋莊玉, ≪英雄的鄉土≫, 貴州人民出版社, 1976年版, 393쪽.

장 안에 쓰여 인신하여 '어떤 방면에 훌륭한 재주가 있는 사람'을 가리킨다. 예문 ③에서 뒷부분의 '臭'는 본래의미가 '냄새가 고약한 것'을 가리키고, '臭了一圈'은 '입의 주위에 악취가 나는 것'을 가리키는데, 문장 안에 쓰여 '臭'는 인신하여 '좋지 않은 명성'을 가리키고, '臭了一圈'은 '나쁜 평판이 주위의 일대지역에 온통 퍼진 것'을 가리킨다.

환유(換喩)의 기초에는 두 가지의 현실현상 사이에 어떠한 연계가 존재하는데, 이러한 연계는 사람들의 마음속에 자주 나타나기 때문에 고정화되거나, 일정한 앞뒤 문맥 중에 나타나기 때문에 그로 인해 사람들에게 이해되어진다. 그래서 그것들 간에 어떠한 유사점이 결코 존재하지 않는다하여도 그 중의 한 현상을 사용하여 다른 한 현상을 여전히 지칭할 수가 있다. 예를 들면 다음과 같다.

① 裝甲車上的機槍手罵起來道："**水筲沒梁**，都是**飯桶**，怎麽就叫人進來了？"170)

장갑차 위의 기관총 사수는 꾸짖으며 말했다. "모두가 **물통에 손잡이가 없는 밥통 [쓸모없는 사람]**들이야. 어떻게 사람을 들여보낼 수가 있어?"

② 你這個人什麽都好，就是嘴快，**水盆裏扎猛子**，也**沒個深淺**。171)

너란 사람은 다 좋은데 입이 너무 가벼워. **대야 속에서 자맥질을 하듯 깊이가 없어. [분별이 없어.]**

170) 楊朔，≪中國人民的脚步聲≫，新文藝出版社，1954年版，249쪽.
171) 楊朔，≪三千里江山≫，人民文學出版社，1957年版，117쪽.

③ 有新老漢走到灰灰臉跟前，拿起拐杖指住他的眉眼五官說：“**哈叭狗帶串鈴**，你**充**什麽**大牲口**！你說了爲什麽不算數？”172)

새로 온 사내는 의기소침해져 있는 얼굴 앞으로 걸어가서는 지팡이를 들고 그의 용모를 가리키며 말했다. **“삽살개가 방울을 달고선** 네가 무슨 **큰 짐승[패기 있는 사람]인 체하는** 거야! 네가 말한 거 왜 책임을 지지 않는 거야?”

④ 還有個老頭說：“你們跟我們合哪！是**胖老婆騎瘦驢——肥瘦相搭**唄！”173)

그리고 한 늙은이가 말했다. “너희들과 우리들이 합치자! **뚱뚱한 마누라가 여윈 당나귀를 타듯 강점을 취해 약점을 서로 보완하자고!”**

예문 ①에서 뒷부분의 ‘飯桶’은 본래의미가 ‘밥이 가득 담긴 통’을 가리키는데, 문장 안에 쓰여 ‘밥을 먹을 줄만 알고 실제적인 쓸모가 없는 사람’을 비유하며, 예문 ②에서 뒷부분의 ‘深淺’은 본래의미가 ‘수면에서 물밑까지의 거리’를 가리키는데, 문장 안에 쓰여 ‘일하거나 말할 때의 적당한 정도나 범위’를 비유한다. 이 두 예에서 본래의미와 파생어 사이의 연계는 이미 원래 고정되어있어 사람들에게 쉽게 이해되어진다. 예문 ③에서 뒷부분의 ‘大牲口’는 문장 안에 쓰여 ‘아주 패기 있는 체하는 사람’을 비유하고, 예문 ④에서 뒷부분의 ‘肥瘦’는 문장 안에 쓰여 ‘능력이 강하고 능력이 약한 것’을 비유한다. 이 두 예에서 본래의미와 파생어 사이의 연계는 앞뒤 문맥에 근거하여 분간해낸 것이다.

172) 劉江, ≪太行風雲≫, 山西人民出版社, 1960年版, 201쪽.
173) 李準, ≪李雙雙小傳≫, 人民文學出版社, 1977年版, 370쪽.

두 번째 상황은 뒷부분 안에서 하나 또는 몇 글자의 형(形), 음(音), 의(義) 상의 상호 관련을 이용하고 해음(諧音)을 통하여 다른 의미를 만들어내는 것으로, 이러한 상황에서 생겨난 다른 의미를 '가차의(假借義)'라고 한다.

헐후어의 '가차의'는 주로 아래의 몇 가지 방법을 거쳐 형성된 것이다.

(1) 같은 음, 다른 모양, 다른 뜻의 글자(同音異形異義字)를 이용한다. 예를 들면 다음과 같다.

① 而今, 這場不比尋常的考試, 老孫當了主考官, 未過門的女婿要闖頭一關：這可是**鐵鞋上掌 —— 要見砧了**！[174)]

그러나 지금 평상시와 다른 시험에서 손씨가 주임시험관이 되자 아직 문을 넘지 않은[결혼을 하지 않은] 사위가 난관을 극복하려고 한다. 이것이야말로 **쇠로 만든 구두에 징을 박는 것같이 철침**(구두창을 징 박을 때 밑에 놓는 침)**과 마주쳐야하는 [진정한 재능을 테스트하려는]** 것이네!

② 我們幹事, 不能像用**五眼槍打兎子, 光有響頭沒有準頭**。[175)]

우리는 일을 하는데 있어서 **오발총을 사용해 토끼를 잡듯 소리[생각]만 있고 정확성이 없어서는** 안 된다.

③ 方興土看罷當場就退還他, 說道："什麽指揮部, 它認識我, 我還不認識它呢！"給他來個**自行車下坡 —— 不踩**！[176)]

174) 成一等, ≪搖樓記≫, 山西人民出版社, 1978年版, 50쪽.
175) 曼生, ≪玉龍的眼睛≫, 江蘇人民出版社, 1977年版, 1977쪽.
176) ≪閩海激浪≫, 福建人民出版社, 1977年版, 497쪽.

방흥사는 파면된 것을 보고선 당장 바로 그에게 돌려주며 말했다. "지휘부는 무슨 지휘부, 그것은 나를 알아도 나는 그걸 모르는데 말이야!" **자전거가 비탈길을 내려가듯 페달을 밟지 않겠어! [그를 거들떠보지 않겠어!]**

예문 ①에서 '砧'은 '眞(진정한 재능)'을 빌려왔고, 예문 ②의 '響'은 '想(생각)'을 빌려왔으며, 예문 ③의 '踩'는 '睬(거들떠보다)'를 빌려왔다.

(2) 유사한 음, 다른 모양, 다른 뜻의 글자(近音異形異義字)를 이용한다. 예를 들면 다음과 같다.

① 我嘴裏嘟囔了一句, 心裏不由地想：這裏幾百萬磚呢, 幾塊次品有什麽了不起。這明明是**秋後上地 —— 專找茬兒**。177)

나는 입 속으로 투덜투덜 대며 무의식적으로 생각했다. "여기 몇 백만 개나 되는 벽돌인데 질이 떨어지는 몇 개가 뭐 그리 대단하다고 그래. 이것은 분명 **늦가을에 밭에 나가듯 오로지 그루터기[결점]만 찾으려는 거야.**

② 他使勁拍了拍龍阿四的肩頭, 說："老四呀, 你給我**老母鷄抱鷄蛋 —— 一邊孵着去**吧！"178)

그는 힘껏 용아사의 어깨를 치면서 말했다. "넷째야, 나를 위해서 **어미닭이 계란을 품듯 한쪽에서 병아리를 까라! [나서지 말고 숨어있어라!]**

---

177) ≪松青旗紅≫, 山西人民出版社, 1974年版, 117쪽.
178) 曼生, ≪玉龍的眼睛≫, 江蘇人民出版社, 1977年版, 39쪽.

③ 康順風和剛從區上放回來的康家敗, ……跑到民兵家屬跟前, 假裝憐憫地說："這些娃子眞可憐, 看打成什麽樣子啦！咱說一句不好聽的話吧, 正規部隊都打不走日本, 靠你們民兵可抵啥哩？那是**茅石板上打滾, 尋的往屎坑裏跳**哩嘛！"[179]

강순풍은 막 그 지역에서 풀려나 돌아온 강가패와 함께, ……민병들의 가족 앞에 가서는 불쌍한 척하며 말했다. "아이들이 참 안됐군요. 이게 무슨 꼴이에요! 저희들이 좋지 않은 소식을 전해 드리지요. 정규부대가 일본을 쫓아내지 못했답니다. 당신네 민병에 의지해서 당해낼 수 있겠습니까? 그것은 **변기통위에서 뒹굴 듯 변기[죽음] 속으로 뛰어들길 자초하는 거예요!**"

④ 朱店鎭這地方不比一般的僞鄕公所, 他是**牤牛耳 —— 離角近**, 鬼子擡脚就到, 不能死打硬拼。[180]

이곳 주점진(朱店鎭)은 일반적인 위장 면사무소와 비교가 되지 않아요. 그는 **황소의 귀와 같이 뿔[집]에서 가까우니** 왜놈들이 이동하여 바로 도착해도 필사적으로 공격하고 무리하게 대들지 못해요.

예문 ①의 '茬兒(chár)'은 '岔兒(chàr)'을 빌려왔는데, 성모와 운모는 서로 같지만 성조는 서로 다르다. 예문 ②의 '孵(fū)'도 '伏(fú)'를 빌려왔는데, 성모와 운모는 서로 같지만 성조는 다르다. 예문 ③의 '屎(shǐ)'는 '死(sǐ)'를 빌려왔는데, 운모와 성조는 서로 같지만 성모는 서로 다르다. 예문 ④의 '角(jiǎo)'는 '家(jiā)'를 빌려왔는데, 성모는 서로 같지만 운모와 성조는 서로 다르다.

---

179) 馬烽, 西戎, ≪呂梁英雄傳≫, 人民文學出版社, 1977年版, 182쪽.
180) ≪沂蒙紅纓≫, 山東人民出版社, 1977年版, 25쪽.

(3) 같은 음과 같은 모양 및 다른 뜻의 글자(同音同形異義字)를 이용한다. 예를 들면 다음과 같다.

① 說黨團骨幹, 說互助合作基礎, 也不是我**老鼠爬秤鉤 —— 自稱自**, 我團沙灣也不比別地差呀! 181)

공산주의청년단의 핵심과 서로 도와 협력하자는 것을 말하는 것이지, **쥐가 저울갈고리를 기어오르듯 스스로 자신의 무게를 재자는 [자신을 칭찬하자는] 것**은 아닙니다. 우리 사만(沙灣)청년단은 다른 어떤 지역에 뒤떨어지지 않아요!

② 于春保以教訓的口氣對鍾衛華說: "副業抓不上, 春耕備不好, **腦門上長瘤子 —— 淨搞些額外負擔**, 到年底算總帳分紅的時候, 叫大伙兒喝西北風去呀? "182)

우춘보는 교훈적인 어투로 종위화에게 말했다. "부업을 얻지 못하고 봄갈이도 잘 준비하지 못하니 **이마 위에 종기가 나듯 이마에[범위 밖의] 부담**만 쌓이게 하는군. 연말에 총결산해서 이익을 분배할 때 사람들로 하여금 굶주리게 할 참이야?"

예문 ①의 '稱'은 본래 물건의 무게를 재는 '稱(저울질하다)'인데, '稱讚'의 '稱(칭찬하다)'을 빌려왔다. 예문 ②의 '額'는 본래 '額頭'의 '額(이마)'로 사람의 눈썹 위, 머리카락 아래 부위를 가리키는데, '數額'의 '額(수량)'를 빌려왔으며 규정된 수량이나 범위를 가리킨다.

세 번째 상황은 뒷부분 안의 두 단어를 적당하게 배합하여 새로운

181) 吳夢起, ≪楊春山入社≫, 作家出版社, 1956年版, 40쪽.
182) 郭先紅, ≪征途≫, 上海人民出版社, 1973年版, 319쪽.

단어를 만들어냄으로써 그 의미를 전환시킨다. 이러한 상황에서 생겨난 다른 의미를 '전환의(轉換義)'라고 한다. 예를 들면 다음과 같다.

① 你說行, 我就派人, 你說不行, 咱就**脚後跟拴繩子 —— 拉倒**。183)

네가 좋다고 하면 나는 사람을 보낼 것이고, 그렇지 않으면 우린 **(말)뒤축에 끈을 묶어 당겨서 넘어뜨릴 거야. [그만둘 거야.]**

② 大隊長談到鬼子侵略中國, 他說："咱們別看他們現在**竈王爺放屁**, **神氣**不小, 可是他們遲早是要垮臺的！"184)

대대장은 일본이 중국을 침략한 것을 언급하며 말했다. "그들이 지금은 **조왕신이 방귀를 끼듯 신기한 기운이 크지만 [오만한 표정과 기색으로 우쭐대지만]** 조만간 그놈들은 붕괴될 겁니다.

③ 陳二踹子緊緊地跟在李大嘴的屁股後邊, 爲了討海鶩馬, 一步也不放鬆, 苦苦地哀求着, 說着小話。"我這個殘廢踹子, 跟着你轉抹抹, 連脚脖子都走疼了。""**土豆子搬家 —— 滚**你佬佬家的**蛋**吧！"185)

진이단자(陳二踹子)는 이대취(李大嘴)의 엉덩이 뒤를 바짝 따라다니며 해려마(海鶩馬)를 얻기 위해서 한 발짝도 늦추지 않고 애걸복걸하면서 부탁하는 말을 한다. "저 이 불구자 단자(踹子)는 당신을 따라 빙빙 돌면서 발목도 아파요." **"감자가 이사 가듯** 너 이 자식 **알처럼 굴러라! [썩 꺼져라!]"**

183) 張思忠, ≪龍崗戰火≫, 上海文藝出版社, 1979年版, 85쪽.
184) 家聲, ≪到敵後去≫, 安徽人民出版社, 1959年版, 33쪽.
185) 馬加, ≪江山村十日≫, 上海文藝出版社, 1959年版, 222쪽.

예문 ①의 '拉倒'에서 '拉'의 본의는 밧줄을 이용하여 당기는 것을 가리키고 '倒'의 본의는 몸이 넘어지는 것을 가리키는데, 문장 가운데 쓰여 합쳐져 하나의 새로운 단어가 되었고, 전의(轉義)되어 '算了(그만두다)', '作罷(취소하다)'의 의미를 가리킨다. 예문 ②의 '神氣'에서 '神'의 본의는 신, 천지신명을 가리키고 '氣'의 본의는 기체를 가리키는데, 문장 가운데 쓰일 때 합쳐져 하나의 새로운 단어가 되었고, 전의(轉義)되어 '오만한 표정과 기색'의 의미를 가리킨다. 예문 ③의 '滚'의 본의는 구르는 것을 가리키고 '蛋'의 본의는 둥글게 생긴 물건을 가리키는데, 문장 안에서 결합되어진 하나의(분리되어 사용되었지만) 합성어로 쓰여 '다른 사람이 떠나갈 때 호되게 꾸짖는 말'이 되었다.

헐후어 본래의미의 전환은 종종 방언(方言)어휘의 도움을 빌린다. 예를 들면 다음과 같다.

① 說眞的, 原先我以爲自己隊裏的棉花長勢是**額角頭上擱扁擔** —— 算**頭挑**了, 哪裏知道跟海燕大隊一比, 竟差了一截子！186)

사실대로 말하면, 나는 원래 우리 팀의 면화 성장상황[작황]이 **관자놀이에 멜대를 놓듯 머리에 메는 [으뜸인]** 셈으로 생각했는데, 해연 팀과 비교해보니 오히려 한 폭의 차이가 날줄 어찌 알았겠어!

② 他接着正經地說："秀, 別**一跟筷子吃蓮菜** —— **挑眼**了, 咱們是窮隊, 就得靠苦幹。買牲口咱買不起好的, 就買壞的, 買不起大的買小的。這兩匹馬, 我是要下決心把它們喂過來, 你也幇一把忙。"187)

---

186) ≪楓葉殷紅≫, 農村讀物出版社, 1976年版, 93쪽.
187) 李準, ≪李雙雙小傳≫, 人民文學出版社, 1977年版, 295쪽.

이어서 그는 진지하게 말했다. “수야, **젓가락 하나로 연뿌리를 먹듯 구멍을 쑤시지 [결점을 들추지]** 마라. 우리는 가난한 팀이기 때문에 열심히 일해야만 해. 가축을 살 때 좋은 것을 살 수 없다면 나쁜 것을 사야하고, 큰 것을 살 수 없다면 작은 것을 사야해. 나는 두 필의 이 말을 사육해 나가기로 결심했으니 너도 나를 도와라.”

③ 看這上面說的口氣倒蠻大的, 占了張家口, 就**煙火頭掉進衣裳口袋裏——燒起包來**了 ; 其實呢, 是面團兒炸成果子賣, 全是虛貨。[188)]

위에서 말한 말투가 대단한 걸 보아하니, 장가구를 차지하고는 곧 **담뱃불이 호주머니 속으로 떨어져 호주머니를 태우기 시작했어. [우쭐대며 거만해졌어.]** 사실이지, 밀가루덩어리를 튀겨서 만든 과일은 파는 것 모두가 가짜야.

예문 ①의 ‘頭挑’의 본의는 머리를 사용하여 짐을 메는 것을 가리키는데, 문장 안에 쓰일 때 방언어휘로 전환되어 ‘최고의, 첫째의’ 뜻을 가리킨다. 예문 ②의 ‘挑眼’의 본의는 젓가락을 사용하여 연뿌리의 작은 구멍을 쑤시는 것을 가리키는데, 문장 안에 쓰일 때 방언어휘로 전환되어 ‘결점을 들추어내는 것’을 가리킨다. 예문 ③의 ‘燒包’의 본래 뜻은 옷의 호주머니를 다리는 것을 가리키는데, 문장 안에 쓰일 때 방언어휘로 전환되어 ‘스스로 득세하였다고 생각하여 교만한 모습을 드러내는 것’을 가리킨다.

헐후어의 파생의(派生義), 가차의(假借義), 전환의(轉換義)는 모두 문장 안에서 활용된 뒤에야 비로소 드러나기 때문에 헐후어의 기능적

188) 劉子威, ≪在決戰的日子裏≫, 百花文藝出版社, 1978年版, 107쪽.

의미로 간주할 수 있다. 이러한 기능적 의미는 오랜 기간 동안 사용되는 가운데 사회적으로 약속된 것으로, 대다수는 이미 헐후어 속에서 굳어져 그것의 고정의미가 되었으며 본래의미는 도리어 사라져버렸다. 아래의 몇 가지 예를 살펴보자.

① "嘿, 江班長這一手, 眞是**啞巴見面 —— 沒說的**。" 人們嘖嘖地讚揚着, 議論着。[189)]

"이봐, 강 반장의 재주는 말이야, 정말 **벙어리끼리 만나듯 말이 없어. [(일처리 따위가) 말할 나위 없이 훌륭해.]**" 사람들은 거듭해서 찬양하고 이렇다 저렇다 말한다.

② 要說老焦關心集體、出力幹活, 的確是**啞巴見面 —— 沒說的**。[190)]

초씨가 단체에 마음을 쓰고 힘내서 일을 하는 것을 말하자면, 확실히 **벙어리끼리 만나듯 말이 없다. [말할 나위 없이 대단하다.]**

③ 老龍雨還眞有眼力, 彩虹這棵苗苗眞是**啞巴見面 —— 沒說的**。[191)]

노용우(老龍雨)는 정말 안목이 있어, 채홍의 이 묘종은 정말 **벙어리끼리 만나듯 말이 없다. [말할 나위 없이 좋다.]**

④ 張林的學習、工作, 樣樣都是**啞巴見面 —— 沒說的**。[192)]

장림의 공부와 일은 모두 **벙어리끼리 만나듯 말이 없다. [말할 나위**

---

189) ≪新花似錦≫, 江蘇人民出版社, 1975年版, 199쪽.
190) ≪進軍的戰鼓≫, 寧夏人民出版社, 1978年版, 174쪽.
191) 田東照, ≪長虹≫, 山西人民出版社, 1976年版, 15쪽.
192) ≪紅石山中≫, 人民文學出版社, 1972年版, 25쪽.

**없이 좋다.]**

⑤ 那石海的表現, 使洪隊長暗暗感到高興："衛生隊有這樣一個好司機, 的確是 '**啞巴見面 —— 沒說的**'。"193)

석해의 표현은 홍 대장으로 하여금 은근히 기쁘게 하였다. "위생 팀에 이처럼 좋은 기사가 있으니 확실히 **벙어리끼리 만나듯 말이 없어. [말할 나위 없이 좋아.]**"

'沒說的'의 본의는 말이 없는 것을 가리키는데, 문장 안에 쓰여 어떤 상황에서든지 칭찬하는 말투를 나타내며 달리 책망하거나 질책할 부분이 없는 것을 가리킨다. 이것은 뒤의 것이 이미 기능적 의미로서 헐후어 속에 고정이 되어 이 헐후어의 본의는 실제 활용하는 가운데 어떤 작용도 하지 않는다는 것을 설명해준다. 이것으로써 헐후어의 기능적 의미를 파악하는 것은 매우 중요하며, 이것은 헐후어를 정확히 이해하고 활용할 수 있을지 그 여부와 직접적으로 관계된다는 것을 알 수 있다.

이상에서 말한 것은 헐후어의 기본의미이며, 다음은 헐후어의 부가의미에 대해 설명해보자.

헐후어의 부가의미는 앞부분에서 나타나는데, 그것은 뒷부분이 나타내는 기본의미 위에 부가된 어떠한 색채를 표시한다.

### (1) 형상색채(形象色彩)

'二一添作五 —— 一半', '二三四五六七八九 —— 缺一{衣}少十{食}',

193) ≪映山紅≫, 廣東人民出版社, 1973年版, 52쪽.

'一二三五六 — 沒四{事}' 등과 같은 소수의 헐후어 이외에 절대다수의 헐후어는 모두 형상색채를 지니고 있다. 이러한 형상색채는 헐후어가 일종의 형상화한 언어형식이 되는 이유의 근본원인이 있는 곳이다. 예를 들면, '打了耳子的瓦罐 — 不能提'는 '들 수 없다'라는 기본의미를 나타내는 것 외에도, 사람들에게 '양쪽 귀가 떨어져버려서 밧줄을 사용하여도 들 수 없는 깨진 항아리'의 형상을 연상할 수 있게 한다. '戴着草帽親嘴 — 差得遠'은 '쌍방의 거리 차이가 매우 멀다'라는 기본의미를 나타내는 것 외에도, 사람들에게 '두 사람이 밀짚모자를 쓰고서도 굳이 얼굴을 맞대어 입을 맞추려하는 우스운 모습'을 연상할 수 있게 한다. '周瑜打黃蓋 — 一個願打, 一個願挨'는 '양측이 진심으로 바라는 것'이라는 기본의미를 나타내는 것 외에도, 사람들에게 ≪삼국연의(三國演義)≫(제46회)에서 묘사한 '동오(東吳) 대장 황개(黃蓋)가 주동적으로 주유(周瑜)에게 고육책(苦肉策)을 바치고 난 후 조조(曹操)에게 거짓 항복하는 장면'을 연상할 수 있게 한다.

어떤 헐후어들은 기본의미가 완전히 같아서, 그것이 지니고 있는 각기 다른 형상색채에 의해서 구별이 된다. 예를 들면 '水牛掉井裏 — 有力使不出', '拖拉機撵兎子 — 有力使不出', '張飛穿針 — 有力使不出' 등과 같다. 그러므로 헐후어를 활용할 때는 헐후어의 기본의미가 앞뒤 문맥과 호응하여 일치하는지 주의해야 할 뿐 아니라, 헐후어의 형상색채가 조화로운지도 주의해야만 한다. 예를 들면 다음과 같다.

① 高夫人回答說："既然朝廷無道, 盧象升縱然做了宣、大、山西總督, 也如同**水牛掉井裏, 有力使不出**。他的頭上還壓着皇

上跟兵部衙門哩！”[194]

고씨 부인이 대답하며 말했다. “조정이 무도하여 노상승이 설령 선(宣), 대(大), 산서(山西) 총독[195]이 된다하더라도, **물소가 우물 속으로 빠지듯 힘이 있어도 쓸 수 없는 것**과 마찬가지야. 그의 머리는 황제와 병부 관아가 여전히 억누르고 있어!”

② “飛機的構造眞複雜, 那麼多儀表呀, 導管呀, 把眼睛都看花了。英姬姐, 咱們學這個, 那是**拖拉機攆兎子 —— 有力使不出**, 我看還是練咱們的半自動吧。”一個說話像打機槍似的姑娘說。[196]

“비행기의 구조는 정말 복잡해. 이렇게 많은 계기며, 파이프며, 눈이 흐려져 버렸어. 영희 아가씨, 우리가 이것을 공부하는 것은 곧 **트랙터로 토끼를 쫓아 버리듯 힘이 있어도 쓰지 못하는 것**과 같아요. 원래대로 우리들의 반자동이나 연습하지요.” 한마디 말은 마치 기관총을 쏘는 듯한 아가씨말과 같았다.

③ 李鎖龍憑着兩手和肩膀, 指揮水面配合, 好容易把鐵銷對準了洞孔, 開始穿銷。但是潛水員上不着水, 下不着地, 中間無依靠, 全憑浮力, 一使勁就東晃西搖, 弄得李鎖龍像**張飛穿針 —— 有力使不出**。[197]

이쇄룡은 두 손과 어깨에 의지해서 수면에 조화되도록 저으며 가까스로 쇠를 녹여 구멍에 맞추어 뚫고 녹이기 시작했다. 그러나 잠수원은

---

194) 姚雪垠, ≪李自成≫(第1卷, 上冊), 中國青年出版社, 1977年版, 119쪽.
195) 역자주: ‘宣、大、山西總督’은 명대(明代)의 관명(官名)이다. 정식 칭호는 ‘총독선대산서등처군무겸리양향(總督宣大山西等處軍務兼理糧餉)’이며, 약칭해서 ‘선대산서총독(宣大山西總督)’이라고 한다. 명대에 선부(宣府: 河北 宣化)에서 군무를 보다가 후에 회래(懷來: 河北 懷來)와 양화(陽和: 山西 陽高)로 옮겼고, 줄곧 선부(宣府), 대동(大同), 산서(山西)지역을 관할하다가 청내에 와서 폐지되었다.
196) ≪龍騰虎躍≫, 吉林人民出版社, 1974年版.
197) 沈順根, ≪水下尖兵≫, 北京人民出版社, 1974年版, 48쪽.

물 위로 올라오지도, 땅으로 내려가지도 못하고 중간에서 의지할 것 없이 전적으로 부력에 의지하였고, 힘을 쓰자마자 곧 이리저리 흔들렸기 때문에 이쇄룡은 마치 **장비가 바늘에 실을 꿰듯 힘이 있어도 사용할 수 없었다.**

예문 ①에서는 '水牛掉井裏'를 사용해야만 적합하고 '拖拉機攆兎子'는 절대로 사용할 수 없는데, 사용하게 되면 곧 '시대적인 실수(時代錯誤)'를 만들어낸다. 왜냐하면 노상승이 살던 그 당시에는 트랙터가 아직 없었기 때문이다. '張飛穿針'으로 바꾸더라도 얼토당토하지 않게 보인다. 그러나 예문 ②에서 '拖拉機攆兎子'를 사용한 것과 예문 ③에서 '張飛穿針'을 사용한 것은 앞뒤 문맥에서 볼 때 오히려 조화를 이룬다.

(2) 감정색채(感情色彩)

적지 않은 헐후어는 감정색채를 지니고 있는데, 어떤 기본의미는 곧 어떤 종류의 감정색채를 포함하고 있다. 예를 들면 '三月裏扇扇子 — 滿面春風', '染店門裏吹笛子 — 有聲有色', '巧她爹搭巧她媽 — 巧上加巧', '又娶媳婦又嫁閨女 — 雙喜臨門'에서 기본의미를 나타내는 뒷부분인 '滿面春風', '有聲有色', '巧上加巧', '雙喜臨門'에는 모두 '찬양하거나 칭찬하는 따위의 긍정적인 의미(褒義)'를 포함하고 있다. 또 '水獺上山 — 裝熊', '水銀瀉地 — 無孔不入', '元宵鍋裏煮鷄子 — 混蛋', '螃蟹過馬路 — 橫行霸道'에서 뒷부분인 '裝熊', '無孔不入', '混蛋', '橫行霸道'에는 모두 '헐뜯거나 비방하는 따위의 부정적인 의미(貶義)'를 포함하고 있다.

어떤 헐후어는 앞부분도 감정색채를 지니고 있어 전체 헐후어의 감정색채를 더욱 선명하고 뚜렷하게 나타낸다. 예를 들면 다음과 같다.

① 自打解放, 毛主席領導着俺們貧下中農走上合作化的道路, 論日子那眞是**芝麻開花——節節高**。[198)]

해방을 한 이래로 모택동(毛澤東) 주석은 우리 빈농과 하층 중농들이 협력화의 길을 가도록 인도했어. 그날들을 말하자면 **참깨가 꽃이 피듯 마디마디가 높아졌어. [점점 향상되었어.]**

② 洪大榕見石玉亭這様愛霞島, 心裏美滋滋的, 臉上也增添了光彩, 話匣子打開了："如今的日月, 好比**甘蔗水加蜜糖——甛上甛！**"[199)]

홍대용은 석옥정이 그처럼 하도(霞島)를 사랑하는 것을 보자 속으로 기뻐하며 얼굴에도 광채를 더하면서 이야기보따리를 풀었다. "지금의 생활은 마치 **사탕수수 물에 벌꿀을 더하듯 달콤한데 더 달콤한 것 [좋은데 더 좋은 것]**과 같아.

③ 慶山大伯說完, 他就對到會的人說："我看慶山大哥說得對。宋家是**蝎子放屁, 毒氣大**, 他是什麽壞事都能幹得出來的。"[200)]

경산 아저씨가 말을 마치자 그는 회의에 온 사람들에게 말했다. "제가 보기엔 경산 형님의 말이 맞습니다. 송가네 놈은 **전갈이 방귀를 끼듯 독기가 대단해요**. 그는 어떤 나쁜 일이든지 저지를 수 있는 놈입니다."

④ 他用着討厭的眼光瞪了新鳳一眼, 心裏罵道："你眞是**屎克**

---

198) ≪中流砥柱≫, 黑龍江人民出版社, 1972年版, 78쪽.
199) 周肖, ≪霞島≫, 解放軍文藝出版社, 1974年版, 7쪽.
200) 劉子威, ≪在決戰的日子裏≫, 百花文藝出版社, 1978年版.

**螂翻筋斗 ——顯**你**黑屁股**哩！”[201]

그는 혐오스런 눈빛으로 신봉을 노려보면서 마음속으로 욕하며 말했다. “너는 정말 **말똥구리가 공중회전을 하듯** 너의 **검은 엉덩이가 드러나는군!**”

예문 ①, ②에서 ‘節節高’, ‘甛上甛’은 생활이 하루하루 좋아짐을 비유하는 것으로 긍정적인 의미를 이미 지니고 있는데, ‘芝麻開花’, ‘甘蔗水加蜜糖’을 더하여 긍정적인 색채가 더욱 더 선명해졌다. 예문 ③, ④에서 ‘毒氣大’, ‘顯黑屁股’는 모두 사람을 욕하는 말로 부정적인 의미를 지니고 있는데, ‘蝎子放屁’, ‘屎克螂翻筋斗’를 더하여 부정적인 색채도 더욱 더 뚜렷해졌다.

주의할만한 것은 이러한 헐후어를 실제로 활용할 때, 사람들은 종종 뒷부분이 나타내는 기본의미만 주의할 뿐 앞부분이 나타내는 감정색채를 그다지 주의하지 않는다. 예를 들면 다음과 같다.

① 馬二孬當時是村裏的僞村長。這家伙是**王八吃秤砣 ——鐵了心**的鐵杆漢奸，像條哈巴狗似的跟着日寇僞軍的屁股轉，王大叔早就把這群吃人的野獸恨透了。[202]

마이왜는 당시에 마을의 위장[비합법적인] 촌장이었어. 이놈은 **거북이가 저울추를 삼키듯 마음을 단단히 한 [확고부동한]** 완전한 매국노로 삽살개처럼 왜놈 괴뢰군의 엉덩이를 따라다녔지. 왕씨 아저씨는 일찍부터 사람잡아먹는 야수 같은 이놈을 몹시 원망했어.

---

201) 李逸民, ≪雙喜臨門≫, 作家出版社, 1960年版, 84쪽.
202) ≪戰馬嘶鳴≫, 天津人民出版社, 1972年版, 23쪽.

② 張山……對李德江表態說：“這回呀, 我是**王八吃秤砣——鐵了心**啦。不把老虎砬子打通, 就提着腦袋來見你。……”[203)]

장산은……이덕강에게 입장을 밝히며 말했다. “이번엔 말이죠. 나는 **거북이가 저울추를 삼키듯 마음을 굳혔어요. [확고부동해요.]** 호랑이바위(별명)를 관통[납득]시키지 않고 머리를 들고 당신을 보러 왔습니다. ……”

‘王八吃秤砣’가 부정적인 의미를 가지고 있는 것은 예문 ①에서 뚜렷하게 나타나지만, 예문 ②에서 그것의 부정적인 의미는 오히려 중시되지 않는다. 이것은 헐후어의 앞부분이 나타내는 감정색채가 어느 정도는 앞뒤 문맥에 의해 결정된다는 것을 설명해준다.

### (3) 풍격색채(風格色彩)

어떤 헐후어들은 기본의미는 서로 같지만, 앞부분에서 선택한 제재가 다름으로 인해 서로 다른 풍격[204)]색채를 만들어냈다. 이러한 서로 다른 풍격색채는 흔히 사람들의 서로 다른 생활경험의 반영이기도하다. 예를 들면, ‘泥菩薩過河 — 自身難保’에서 앞부분을 ‘泥菩薩過江’, ‘泥菩薩過海’로도 할 수 있는데, 이것은 각 지역의 대중생활의 지리조건이 서로 다른 것과 분명 관련이 있다. 다시 예를 들면, 어떤 헐후어들의 뒷부분은 모두 ‘硬對硬’이면서 앞부분은 ‘碌碡砸碾盤’ 또

203) 郭先紅, ≪征途≫, 上海人民出版社, 1973年版, 536-537쪽.

204) 역자주: ‘풍격(風格)’은 품격(品格), 작풍(作風), 기풍(氣風)과 그 의미가 비슷하며, 주로 서로 다른 시대, 민족, 유파(流派) 또는 개인의 문예창작(文藝創作)에 표현된 주요한 사상과 예술적 특징을 말한다.

는 '鐵錘砸鐵砧'이거나 '鐵錨碰礁石' 또는 '馬鐵掌踩石板'인데, 이것은 사람들의 직업생활이 서로 다른 것과 분명 관련이 있다.

헐후어의 이러한 풍격색채는 인물의 성격을 표현함에 있어서 특수한 작용을 갖고 있다. 다음 몇 가지 예로써 비교해보자.

① 在晨光中, 梅仁根看見自己的戰友兩手伸向空中, 臉上露出笑容, 甚至爽朗地笑出聲來。隨着笑聲, 鄒劍國慢慢睜開了眼睛。梅仁根開玩笑地說："你眞是**做夢抓俘虜, 盡想好事**哇！都笑出聲來啦！" (報)

아침 햇살 가운데 매인근은 자신의 전우가 두 손을 하늘을 향해 뻗으며 얼굴에는 웃음기를 띠면서 심지어 쾌활하게 소리 내어 웃는 것을 보았다. 웃음소리를 따라 추검국은 천천히 눈을 떴다. 매인근은 농담조로 말했다. "넌 정말로 **포로 잡는 꿈을 꾸듯 오로지 좋을 일만 생각하는구나**! 소리 내어 웃기까지 하고 말이야!" (신문)

② 有人聽說把麵包當飯吃, 就搖搖頭說, 這是**做夢娶媳婦 —— 盡想好事**, 能做出那麽便宜的麵包嗎？205)

어떤 사람이 빵을 밥 삼아 먹는다는 것을 듣고선 곧 고개를 저으며 말했다. 이것은 **꿈에 장가를 가듯 오로지 좋은 일만 생각하는** 거네. 이렇게 싼 빵을 만들어낼 수 있겠어?

③ 突然, 喬保渾身一哆嗦, 打了個冷戰, 心裏又想："別**走路拾饅頭, 摔跟頭撿票子**, 盡想好事。眼前的這份買賣還定不下是賠是賺哩！"206)

205) ≪北京日報≫, 1978年 6月 16日.
206) 聶海, ≪靠山堡≫, 山西人民出版社, 1978年版, 370쪽.

갑자기 교보는 온몸을 부르르 떨며 전율을 하고는 속으로 생각했다. **"길을 가다 만두를 줍고 엎어져서는 종이돈을 줍듯** 오로지 좋은 일만 생각하지 마라. 현재의 이 장사가 손해를 볼지 이익을 볼지 아직 확정할 수 없어!"

예문 ①에서 묘사한 것은 중국과 베트남 변경의 자위 반격전 중 전우 두 사람의 대화이다. '做夢抓俘虜'는 두 명의 젊은 전사가 한시도 잊지 않고 적군을 소멸시키겠다는 숭고한 사상적 경지를 진실하게 반영하였다. 만약 예문 ②에서처럼 '做夢娶媳婦'를 사용하거나 예문 ③과 같이 '走路拾饅頭, 摔跟頭撿票子'를 사용한다면 영웅전사의 훌륭한 형상에 심각하게 손상을 줄 것이다.

### (4) 계급색채(階級色彩)

소수의 헐후어는 모종의 계급색채를 띠고 있다. 이러한 색채는 주로 앞부분에서 선택한 제재에 나타난다. 예를 들면 다음과 같다.

① 狐狸精接過來, 翻着眼皮, 兩撮眉毛上下抖動着, 看了一陣, 說："嗬嗬, 我是**小姑娘掌鑰匙, 當家不作主**哇。這條件嘛, 我可以給中野隊長說。"207)

여우같은 년(狐狸精)은 이어서 눈을 부라리고 두 줌의 눈썹을 위아래로 떨면서 잠시 보다가 말했다. "허허, **꼬마숙녀가 열쇠를 쥐고서 집안일을 맡아보아도 주인은 될 수 없어요. [결정권이 없어요.]** 이 조건은 말이죠,

207) 李瑞林, ≪火苗≫, 江蘇人民出版社, 1975年版, 239쪽.

제가 중야(中野) 대장님께 말해 드릴 수는 있어요."

② 李貴邊走邊說："說我倒是可以給你說說，就怕是人家上邊的公事。再說俺滿喜哥他也是摳人家碗底兒的，**丫鬟女帶鑰匙**，就怕**當家不作主**。"208)

이귀는 걸으면서 말했다. "나를 말하시겠다면 제가 오히려 말씀드리죠. 다름이 아니라 위쪽의 공무가 두렵습니다. 게다가 우리 만희 형 또한 사람을 끝까지 추궁하는 사람이거든요. **시녀가 열쇠를 쥐고서 집안일을 맡아보아도 주인이 아닌 것[결정권이 없는 것]**이 두려워요."

'小姑娘掌鑰匙'와 '丫鬟女帶鑰匙'를 비교해보면 후자에서 분명한 계급색채를 띠고 있다는 것을 알 수 있다. 낡은 사회(1949년 중화인민공화국 수립이전) 속의 봉건미신이 선양했던 천당, 지옥, 귀신과 같은 것은 당시 계급사회의 복제판(翻版)209)이었다. 그래서 이것을 제재로 하는 헐후어는 자연스럽게 계급색채를 지니게 되었다. 예를 들면 다음과 같다.

① 劉德山搶着說："蕭隊長在這，咱們今兒是**竈王爺上西天**，**有啥說啥**。"210)

유덕산은 황급하게 앞 다투어 말했다. "소 대장님이 여기 계시니 우리들은 오늘 **부뚜막신이 황천[저승]길로 가니[죽으니] 곧이곧대로[허심탄회하게] 말해봅시다.**"

---

208) 劉江，≪太行風雲≫，山西人民出版社，1960年版，123쪽.
209) 역자주: '복제판(翻版)'은 어설프게 모방 또는 그대로 답습하거나 베낀 관점을 의미한다.
210) 周立波，≪暴風驟雨≫，人民文學出版社，1958年版，44쪽.

② 明明是關在漁民家裏，派了哨兵，可他怎麽一隻手拿着一顆手榴彈，跑到帳篷裏來了呢？今天晚上，眞是**閻羅王審案子 —— 全是鬼事！**211)

분명히 어민의 집에다 가두어두고 초병을 보냈는데 어째서 그가 한 손에 수류탄을 들고 텐트 안으로 뛰어 들어온 거야? 오늘밤은 그야말로 **염라대왕이 사건을 심의하듯 전부 귀신의 일[괴상한 일]이야!**

③ 組長老方頭，更是土**地爺打螞蚱，蝗{慌}神**啦！他看看表，離上班還差十幾分鐘，根據以往經驗，踩電鈴(人的綽號)今天上班遲到是肯定的了。212)

조장 노방두(老方頭)는 더욱 **토지신이 메뚜기[누리]를 때려잡듯 당황하여 어찌할 바를 몰랐었어!** 그가 시계를 보니 출근시간까지는 십 여분이 남았지만, 이전의 경험으로 볼 때 踩電鈴(사람의 별명)이 오늘 출근에 지각하는 것은 분명했다.

④ 估不透一看扁食餡站到臉前，就有幾分**傍着城隍打小鬼，得了神力**的樣子，海開口的大喊大叫，說："你當幹部咋！你有權力不會把我開消了，爲甚奪我的家具！"213)

估不透(사람의 별명)는 扁食餡(사람의 별명)이 면전에 서있는 것을 보고, 바로 약간 **성황신에 달라붙어 귀신을 잡듯 초인적인 힘을 얻은** 모습으로 바다가 입을 벌려 큰소리로 외치듯 말했다. "네가 어째서 간부야! 네가 권력이 있어도 나를 제거하지 못할 텐데, 왜 나의 가구를 뺏으려고 해!"

---

211) 孫景瑞, ≪不息的怒潮≫, 上海人民出版社, 1976年版, 456쪽.
212) ≪1958年短篇小說選≫, 作家出版社, 1959年版, 428쪽.
213) 劉江, ≪太行風雲≫, 山西人民出版社, 1960年版, 414쪽.

이것은 헐후어의 생산이 계급의 영향을 받는다는 것을 설명해준다. 그러나 단지 영향일 뿐 헐후어가 나타내는 기본의미가 이로 인해 계급적 성질을 띠는 것은 결코 아니다. 예문 ①의 '竈王爺上西天, 有啥說啥'에서 기본의미는 여전히 '有啥說啥'이며, 다른 몇 가지 예문 속의 '閻羅王審案子 ── 全是鬼事', '土地爺打螞蚱, 蝗{慌}神', '傍着城隍打小鬼, 得了神力' 등도 기본의미가 모두 뒷부분에 있다.

## 2. 헐후어 어의의 취합관계

헐후어의 어의(語義)는 고립된 것이 아니라 서로 연계하고 서로 제약하면서 여러 취합(聚合)관계를 조성하였다. 어의의 취합관계에 근거하여 헐후어를 '단의(單義) 헐후어'와 '다의(多義) 헐후어' 및 '동의(同義) 헐후어'와 '반의(反義) 헐후어' 등의 유형으로 나눌 수 있다. 아래에서 각각 나누어 설명해보자.

### (1) 단의(單義) 헐후어

어떤 헐후어는 뒷부분이 나타내는 기본의미가 단지 한가지의 해석만 있는데, 이러한 헐후어를 '단의(單義) 헐후어'라고 한다. 예를 들면 다음과 같다.

① 他聲嘶力竭地狂叫了一通, 稍停, 又**貓哭老鼠假慈悲**地說："我知道大家日子不好過。親幇親, 鄰幇鄰嘛！"214)

그는 목도 쉬고 힘도 다 빠져나갈 정도로 미친 듯 한번 부르짖고는 잠시 멈추었다가 다시 **고양이가 쥐 앞에서 울듯 거짓자비를 베푸는** 체하며 말했다. "여러분들 생활이 좋지 않고 힘드신 것을 압니다. 가족끼리 서로 돕고 이웃끼리 서로 도웁시다!"

② 忽然我眼睛一亮, 對面那方桌上, 不明明擺着隻二百支光的電燈泡嗎? 眞是**芝麻落在針眼裏 —— 巧透了**, 省得我上鎭跑一趟了![215]

갑자기 내 눈이 밝아지면서 건너편의 탁자 위에 분명히 200촉광의 전구가 놓여있는 것이 아닌가? 정말 **참깨가 바늘귀에 떨어지듯 공교롭게도** 읍내로 (한번) 나가지 않아도 되었어!

③ 嚴娜所答非所問地說: "我看搞這種試驗, 一沒設備, 二少時間, 三沒經驗, 多半是**豬八戒端盤子 —— 費力不討好!**"[216]

엄나는 동문서답하듯 말했다. "내가 보기엔 이런 실험을 하는 것은 첫째로는 시설이 없고, 둘째로 시간이 적고, 셋째로는 경험이 없으니, 아마 **저팔계가 쟁반을 나르는 것처럼 힘을 쓰고도 좋은 소리를 듣지 못할 거야!**"

예문 ①의 '貓哭老鼠 — 假慈悲', 예문 ②의 '芝麻落在針眼裏 — 巧透了', 예문 ③의 '豬八戒端盤子 — 費力不討好'에서 뒷부분인 '假慈悲', '巧透了', '費力不討好'는 모두 하나의 해석만을 가지고 있기 때문에 모두가 '단의 헐후어'이다.

어떤 헐후어는 본래의미 외에도 다른 의미가 있으며, 이러한 다른

214) 武劍靑, ≪雲飛嶂≫, 廣東人民出版社, 1978年版, 62쪽.
215) ≪試金石≫, 江蘇人民出版社, 1975年版, 72쪽.
216) 河北省遵化縣文化館, ≪雙牽牛≫, 人民文學出版社, 1977年版, 141쪽.

의미는 이미 기능적 의미로서 헐후어에 고정되어져 헐후어의 기본의미가 되었다. 만약 이 다른 의미에 하나의 해석만이 있다면 이러한 헐후어 또한 '단의 헐후어'이다. 예를 들면 다음과 같다.

① 聽到這裏, 他坐不住了, 不高興地說："這明明是**站在雲頭吊嗓子——唱高調**。產量不是嘴皮上下一磕碰就能出來的, 種田也不是圖出風頭。"[217]

여기까지 듣고서 그는 앉아 있질 못하며 기쁘지 않게 말했다. "이것은 분명 **구름 위에 서서 발성 연습을 하듯 매우 높은 곡조를 부르는 거야. [실제에 맞지 않는 번지르르한 말만 늘어놓는 거야.]** 생산량은 입술 아래 위를 서로 부딪치면 나올 수 있는 게 아냐, 농사짓는 것도 위세를 부리려는 것이 아니야."

② 唉, 老頭子還有啥擊可突呢？這像'**月亮裏點燈空掛明**', 我不想擺這個虛名頭。[218]

아이고, 영감이 돌파할 수 있는 어떤 공격이 있겠어? 이건 마치 **달 속에 등불을 켜듯 공연히 매달아 밝히는 것 [실제적인 작용을 하지 못하는 것]**과 같아. 난 헛된 명성을 벌여놓을 생각이 없어.

③ 剃頭師傅端詳了鐵根、牛仔一會, 笑嘻嘻地開了口："哈哈, 兒童團, 眞精神；手拿梭標査路條, **狗咬鴨子——呱呱叫**。"[219]

이발사는 鐵根과 牛仔를 자세히 보고서 키득키득 웃으며 입을 열었다. "하하, 아동단[220]은 정말 활기차고 씩씩하군. 손에다 장창[221]을 들고

217) 曼生, ≪玉龍的眼睛≫, 江蘇人民出版社, 1977年版, 63쪽.
218) ≪1958年短篇小說選≫, 作家出版社, 1959年版, 438쪽.
219) ≪星火≫, 1979年 第6期, 37쪽.
220) 역자주: '兒童團'은 중화인민공화국 성립이전 혁명근거지에서 중국공산당의 지도하에

통행증을 검사하는 것이 **개가 오리를 물듯 꽥꽥 짖네. [훌륭하네.]**

예문 ①에서 '唱高調'의 본래의미는 '높은 음조를 부르는 것'을 가리키는데, 문장 안에서 쓰일 때는 환유(換喩)를 통하여 다른 의미를 만들어내어 '실제에 맞지 않는 번지르르한 말'을 가리킨다. 예문 ②에서 '空掛明'의 본래의미는 '높은 곳에 밝은 등을 걸어두는 것'을 가리키는데, 문장 안에서 쓰일 때는 동음가차(同音假借)를 통하여 다른 의미를 만들어내어 '공연히 헛된 명성을 걸어두어 실제적인 작용을 하지 못하는 것'을 가리킨다. 예문 ③에서 '呱呱叫'의 본래의미는 '呱呱(꽥꽥)하며 짖는 것'을 가리키며 '呱呱'는 의성어인데, 문장 안에서 쓰일 때는 '呱呱'와 '叫'가 결합하여 새로운 단어가 되고 의미상 전환을 일으켜 다른 의미를 만들어내어 '매우 좋음'을 형용한다. 이러한 다른 의미들은 모두 이미 헐후어 자체에 고정이 되어 실제적으로 원래의 본의를 대신하면서 헐후어의 기본의미가 되었다. 이러한 다른 의미들도 모두 하나의 해석만이 있기 때문에 이런 유형의 헐후어도 '단의 헐후어'에 속한다.

### (2) 다의(多義) 헐후어

어떤 헐후어는 뒷부분이 나타내는 기본의미가 하나의 해석에만 그치지 않는데, 이러한 헐후어를 '다의(多義) 헐후어'라고 한다. 예를 들면 다음과 같다.

---

건립된 소년아동조직이다.

221) 역자주: '梭標[鏢]'는 양쪽 날의 칼을 끝에 붙인 긴 자루의 창(長槍)으로, 옛날 농민봉기 때에 흔히 사용하던 무기이다.

① 往後，這些**鷄毛炒韭菜亂七八糟**的事情，馬連福再也不沾邊了，該幹活幹活，該開會開會，該吃飯吃飯，幹完了，吃完了，腿一伸，躺炕上睡大覺，別人愛怎麽樣就怎麽樣。222)

이후에는 이런 **닭털로 부추를 볶듯 합법적이지[정당하지] 않는** 일에 마연복은 다시는 관계하지 않았다. 일해야 하면 일하고, 회의해야 하면 회의하고, 밥 먹어야 하면 밥 먹고, 일을 끝내고 밥을 다 먹고 나면 다리를 쭉 뻗고 온돌 위에 누워 잠을 자고 다른 사람이 하는 대로 그렇게 할 거야.

② 看吧！常興是父子不和，黎伙伯是公媳反目，張義娣是妯娌糾紛，我們哩，工人都不聽使喚了，簡直是**鷄毛炒韭菜，亂七八糟**！223)

상흥은 아버지와 아들이 화목하지 않고, 여화 숙부는 시아버지와 며느리가 서로 반목하며, 장의 손아래 동서는 동서끼리 서로 다투고, 우리는 말이죠, 노동자들이 심부름 시켜도 듣지를 않으니, 그야말로 **닭털로 부추를 볶듯 엉망진창이야!**

예문 ①에서 '亂七八糟'는 '일이 정당하지 않고 합법적이지 않는 것'을 가리키고, 예문 ②에서 '亂七八糟'는 '상태가 매우 혼잡하여 수습하기 힘든 것'을 형용한다. 다시 예를 들면 다음과 같다.

① 焦克禮說："界線得從心裏劃，得**小葱拌豆腐**，劃個一淸二白的才行。可不能學馬立本的樣子。"224)

---

222) 浩然，≪艶陽天≫(第1卷)，人民文學出版社，1974年版，595쪽.
223) 唐亢雙，謝金雄，≪鬧海記≫(上卷)，廣東人民出版社，1977年版，556쪽.
224) 浩然，≪艶陽天≫(第1卷)，人民文學出版社，1974年版，1214쪽.

초극례는 말했다. "경계선은 마음속에서부터 그어야만 해. **실파를 두부에 버무리듯 아주 분명하고 깨끗하게** 그어놓지 않으면 안 돼. 마립본과 같은 모습을 배워서는 안돼."

② 興隆堡的工作爲啥這樣難展開？三星泡爲啥不許用？你當政治隊長的爲啥英雄無用武之地？這是**小蔥拌豆腐，一淸二白**。[225)]

흥륭보(마을 이름)의 일은 무엇 때문에 그리 전개시키기가 어려워요? 삼성포(호수 이름)는 무엇 때문에 사용하지 못하도록 하죠? 당신이 정치대장을 맡고서 무엇 때문에 영웅이 무력을 사용하는 지역이 없지요? 이것은 **실파를 두부에 버무리듯 명백한** 겁니다.

③ 我兩個一塊工作這麽些年，眞是**小蔥拌豆腐 —— 一淸二白**；別說親嘴，就連個手指頭也沒有挨過一下！[226)]

우리 둘이 함께 일해 온 요 몇 년간 정말 **실파를 두부에 버무리듯 결백해요**. 입 맞추는 것은 말할 것도 없고 손가락 하나도 가까이 대지 않았어요！

'一淸二白'('淸'의 원래 글자는 '靑'으로 여기서는 가차한 의미를 사용하였다)는 서로 다른 위아래 문장 가운데서 서로 다른 의미가 있다. 예문 ①에서는 경계를 분명히 구분하는 것을 강조하고, 예문 ②에서는 일의 진상이 매우 명백한 것을 강조하며, 예문 ③에서는 사람과 사람 사이의 관계가 매우 결백한 것을 강조한다.

이러한 다의(多義) 현상을 만들어내는 데는 주로 아래의 세 가지 원인이 있다.

---

225) ≪吉林短篇小說集≫, 吉林人民出版社, 1974年版, 155쪽.
226) 袁靜, 孔厥, ≪新兒女英雄傳≫, 新文藝出版社, 1954年版, 208쪽.

첫째, 뒷부분의 단어에는 하나 이상의 해석이 있다. 예를 들면 다음과 같다.

① 友布知道老陳的話是“**銅鈴打鼓 —— 另有音**”。[227)]

우포는 진씨의 말에 **구리방울로 큰북을 치듯 달리 소리가 있다 [말속에 또 다른 뜻이 들어있다]**는 것을 알고 있다.

② 辦花會是**銅鈴打鼓另有音**, 誰還有心思去玩花會? 所以, 往年那種熱鬧勁沒有了, 今天卻只有“官鹽店”的一個小班子, 在鎭上扭來扭去。[228)]

화회(설날에 거행되는 민간체육문예활동)를 여는 것은 **구리방울로 큰북을 치듯 달리 소리가 있는데 [다른 원인이 있는데]**, 누가 화회에 가서 놀고자 하겠어? 그래서 이전의 그런 왁자지껄함이 없어져버렸고 오늘은 오히려 정부소금가게의 한 그룹만이 마을에서 꼼지락거리며 다닌다.

③ 林山更是**胸口掛着鑰匙 —— 開心**哪。[229)]

임산은 더욱 **가슴에 열쇠를 걸어두듯 마음을 열었어. [마음이 상쾌하고 기뻤어.]**

④ 沒等田小軍說完他的計劃, 魏明像炸開的地雷, 頓時勃然大怒: “什麽? 你眞會**胸口掛着鑰匙 —— 開心**! 睜開眼睛看看, 是啥時候了, 還能頭腦發熱? ”[230)]

전소군이 그의 계획을 다 말하기도 전에 위명은 폭발하는 지뢰처럼

227) ≪號聲嘹亮≫, 人民文學出版社, 1972年版, 68쪽.
228) ≪中州風雷≫, 河南人民出版社, 1977年版, 65쪽.
229) 程建, ≪三探紅魚洞≫, 上海人民出版社, 1975年版, 90쪽.
230) ≪碧綠的秧苗≫, 人民文學出版社, 1976年版, 90쪽.

바로 벌컥 화를 냈다. "뭐라고? 너는 참으로 **가슴에 열쇠를 걸어두듯 마음을 여는구나! [나를 잘 놀리는구나!]** 눈을 크게 뜨고 봐, (지금이) 언제인지를, 그래도 발끈 화를 낼 수 있어?

예문 ①, ②의 뒷부분은 모두 '另有音'이지만 의미는 서로 다르다. 예문 ①에서 사용한 것은 파생의(派生義)로 '말속에 또 다른 의미가 있음'을 가리키고, 예문 ②에서 사용한 것은 가차의(假借義)로 '音'과 음이 같은 '因'을 가차하여 '또 다른 원인이 있음'을 가리킨다. 예문 ③, ④의 뒷부분은 모두 '開心'으로 본래의미는 '마음의 문을 여는 것'을 가리키는데, 사용한 것은 모두 전환의(轉換義)로 '開'와 '心'이 합쳐져 하나의 새로운 단어가 되었고, 이 새로운 단어에는 두 가지의 해석이 있다. 예문 ③에서는 '마음이 상쾌하고 기쁜 것'을 가리키고, 예문 ④에서는 '다른 사람을 놀려서 자신을 기쁘게 하는 것'을 가리킨다.

둘째, 뒷부분이 환유(換喩)방식을 통하여 만들어낸 비유의(比喻義)에는 서로 다른 비유내용이 들어있다. 예를 들면 다음과 같다.

① 老武思謀得太周到了, 眞是**馬蹄刀瓢裏切菜, 滴水不漏**呀! 231)

무씨는 주도면밀하게 도모하는 것이 그야말로 **마제형 칼로 쪽박 안에서 야채를 썰듯 한 방울의 물도 새지 않네! [용의주도하네!]**

② 同你共事, 你是"**馬蹄刀瓢裏切菜, 滴水**也**不漏**", 總不肯放

231) 馬烽, 西戎, ≪呂梁英雄傳≫, 人民文學出版社, 1977年版, 274쪽.

出錢來。232)

너와 함께 일을 해보니 너는 **마제형 칼로 쪽박 안에서 야채를 썰면 한 방울의 물도 새지 않듯 [한 푼도 아끼는 깍쟁이처럼]** 언제나 돈을 내놓으려 하지 않는다.

뒷부분의 '滴水不漏'는 모두 비유의(比喩義)를 사용하였지만 구체적인 내용은 서로 다르다. 예문 ①에서는 '문제를 고려함이 매우 주도면밀하여 조금의 빈틈도 없음'을 비유하고, 예문 ②에서는 '매우 인색하여 조금의 돈도 꺼내기를 아까워하는 것'을 비유한다.

셋째, 뒷부분에서 묘사하는 현상에는 서로 다른 형성원인이 있다. 예를 들면, '茶壺裏煮餃子 ── 倒不出來'에서 뒷부분 '倒不出來'의 본래의미는 '찻주전자의 배가 크고 주둥이가 작아서 물만두를 안에 넣고 삶아서 익힌 후에 끄집어내지 못하는 것'을 가리키는데, 기능적 의미는 '사람의 배속에 말이 있지만 말하지 못하는 것'을 가리킨다. 무엇 때문에 배속에 말이 있으면서 말하지 못하는가? 일반적으로 말해서 두 가지의 원인이 있는데, 말주변이 없기 때문에 표현하지 못하는 것이거나 말하기 어려운 고충이 있기 때문에 입을 열기에 겸연쩍은 것이다. 이로 인해 이 헐후어로 하여금 두 가지 의미를 만들어내게 하였는데, 비교해보자.

① 他覺得自己的嘴太笨了, 滿心準備好的話, 卻像**茶壺裏煮餃子, 倒不出來**了, 但他那眞摯的感情, 卻完全可以覺察。233)

---

232) 淸·吳敬梓, ≪儒林外史≫(第19回), 人民文學出版社, 1959年版, 195쪽.

그는 자신이 말주변이 매우 없다고 생각하였는데, 마음 가득히 좋은 말들을 준비해 놓으면 오히려 **찻주전자 속에 물만두를 삶듯 [말주변이 없어] 끄집어내지 못하지만** 그의 그러한 진지한 감정은 오히려 완전히 느낄 수 있다.

② 她想提出換刀, 可是又不好意思開口, 話擱在喉嚨裏, 就像**茶壺裏煮餃子 —— 倒不出來**, 只好使勁地磨着刀。234)

그녀는 칼을 바꾸도록 제의할 생각이었지만, 입을 열기에 겸연쩍어서 말이 목구멍 속에 걸려 마치 **찻주전자 속에 물만두를 삶듯 [말하기 힘든 고충이 있지만] 끄집어내지 못하고**, 단지 힘껏 칼을 갈 수밖에 없었다.

하나의 헐후어가 몇 개의 서로 다른 의미를 가지고 있다면 정상적인 교제에 영향을 미칠 수 있는가? 그렇지 않다. 다의(多義) 헐후어는 다의어(多義詞)와 비슷한데, 특정한 언어 환경 중에서 하나의 확정된 의미를 나타낼 수 있다. 예를 들면, '木匠的斧子 —— 一邊砍'은 사람의 사고방식의 단편성[일방성]을 가리킬 수도 있고, 서로 다투는 쌍방 가운데 어느 한쪽의 편을 드는 것을 가리킬 수도 있다. "我們觀察問題要同時看到正反兩個方面, 不能木匠的斧子 —— 一邊砍。(우리가 문제를 관찰할 때는 동시에 정반 양면을 보아야지, 목수의 도끼처럼 한쪽으로만 찍어서는[견해가 단편적이어서는] 안 된다.)"에서, 그것의 의미는 전자만 될 수 있고 후자는 될 수 없다. 그러나 "你要叫我說哪個不對, 我可不能木匠的斧子 —— 一邊砍哪。(네가 내게 어느 것이 틀린지 말하라고 하면, 나는 목수의 도끼처럼 한쪽으로만 찍을 수[어느 한

233) 程樹榛, ≪鋼鐵巨人≫, 上海人民出版社, 1975年版, 384쪽.
234) 農村圖書編選小組, ≪戰鬪的堡壘≫, 農村讀物出版社, 1974年版, 138쪽.

쪽을 편들 수] 없다.)"에서, 그것의 의미는 후자만 될 수 있고 전자는 될 수 없다.

### (3) 동의(同義) 헐후어

어떤 헐후어들은 뒷부분이 나타내는 기본의미가 서로 같거나 비슷한데, 이러한 헐후어들을 '동의(同義) 헐후어'라고 한다. 기본의미가 서로 같은 것으로는 예를 들면, '城門裏扛竹竿 — 直入直出', '小胡同裏趕母豬 — 直入直出', '袖筒裏揷棒槌 — 直入直出' 등이 있다. 이러한 기본의미가 완전히 서로 같은 헐후어는 앞에서 이미 설명한 바 있으므로 거듭 중복하지 않겠다. 여기에서는 기본의미가 서로 비슷한 헐후어를 중점적으로 설명하고자한다. 이러한 '동의 헐후어'도 반드시 앞부분은 달라야 한다. 앞부분이 서로 같고 뒷부분이 조금 다른 '啞巴吃黃連 — 有苦難言', '啞巴吃黃連 — 苦在肚裏', '啞巴吃黃連 — 有苦說不出'나 앞부분이 조금 다르고 뒷부분이 서로 같은 '正月十五貼春聯 — 晩了半月了', '正月十五貼對子 — 晩了半月了', '正月十五貼門神 — 晩了半月了'는 모두 단지 한 헐후어의 서로 다른 표현법일 뿐이며, '동의 헐후어'로 간주할 수 없다. 또한 '張飛穿針 — 粗中有細', '張飛穿針 — 有力無處使' 등은 비록 앞부분이 서로 같지만 뒷부분에서 나타내는 기본의미가 서로 다르기 때문에 역시 '동의 헐후어'로 간주할 수 없다. 앞부분이 서로 다르고 뒷부분이 나타내는 기본의미가 서로 비슷한 아래의 헐후어들만 이러한 '동의 헐후어'에 속한다.

① 二牛文化低，粗手笨脚，不是個當醫生的材料，叫他去學習，那眞是**瞎子點燈 —— 白費蠟**。[235)]

이우는 교양이 낮고 동작이 굼떠서 의사가 될 재목이 아닌데 그로 하여금 공부를 하러가게 하니 그야말로 **장님이 불을 켜듯 공연히 초만 낭비하는 거야. [소용없는 짓이야.]**

② 常發貴……苦着臉說：“唉，幹也叫人心裏不痛快呀，瞧這麼大的災，再幹還不是**丈母娘管外甥，白費勁**嗎？”[236)]

상발귀는……얼굴을 찌푸리며 말했다. “아이고, (이 일을) 하더라도 사람들의 마음을 시원하게 할 수 없잖아. 이렇게 큰 재난을 보니 다시 하더라도 **장모가 외종질을 간섭하듯 헛되이 힘만 낭비하는 것** 아니야?

③ “**尙鞋不使錐子，針{眞}好；狗趕鴨子呱呱叫**，比我强一百倍。抗戰勝利了，你可以當個寫字的教授。”賈正開着玩笑的誇贊了一番。[237)]

**“신바닥을 꿰매는데 송곳을 쓰지 않다； 바늘이 좋다. {정말 좋다.} 개가 오리를 쫓아가다； 꽥꽥 짖다. [훌륭하다.]** (네가) 나보다 백배는 강하네. 항전에서 승리했으니 너는 글을 쓰는 교수가 될 수 있어.” 가정은 농담으로 한차례 칭찬을 했다.

예문 ①의 ‘瞎子點燈 — 白費蠟’와 예문 ②의 ‘丈母娘管外甥 — 白費勁’은 앞부분은 서로 다르고 뒷부분에서 나타내는 기본의미는 서로 비슷하다. 예문 ③의 “尙鞋不使錐子 — 針{眞}好’와 ‘狗趕鴨子

---

235) ≪春雷≫, 山東人民出版社, 1974年版, 197쪽.
236) 聶海, ≪靠山堡≫, 山西人民出版社, 1978年版, 311쪽.
237) 馮志, ≪敵後武工隊≫, 解放軍文藝出版社, 1958年版, 166쪽.

── 呱呱叫'에서 비록 본래의미는 서로 다르지만 기능적 의미는 서로 비슷하다. 그러므로 이 두 가지 상황은 모두 의미가 서로 비슷한 '동의 헐후어'에 속한다.

이러한 기본의미가 서로 비슷한 '동의 헐후어'의 존재는 기본의미가 서로 같은 '동의 헐후어'의 존재와 같이 어휘가 풍부한 표현의 일종으로, 적당하게 골라 쓰면 생각을 정확하게 표현하는 데에 도움을 준다. 예를 들면 다음과 같다.

① 我揀住了一身黃大衣, 又叫張有義扯爛了, 衆人還批評了我, 眞是**老鼠鑽到風箱裏, 兩頭受氣**!238)

내가 누런 외투 한 벌을 골라서 다시 장유의에게 갈기갈기 찢어버리게 했는데, 뭇사람들이 또 나를 비난하니 정말로 **쥐가 풀무 안을 뚫고 들어간 것처럼 양쪽에서 바람을 맞는구나! [욕을 먹는구나!]**

② 於是, 大伙便抱怨修理部拾掇得不好。 修理部呢? 更是**豆角角抽筋兩頭受制**。239)

그리하여 사람들은 곧 수선부서에서 수리를 잘 못하는 것에 대해 불평하였다. 수선부서요? 그야말로 **불콩이 경련을 일으키듯 양쪽에서 시달려요.**

③ 知縣逼保正, 保正逼百姓, 百姓交不出罵保正。保正自己說是"**松板夾駱駝 ── 兩頭吃苦頭**"。240)

지현[지사]은 보정241)에게 호되게 독촉하고, 보정이 백성을 강제로

---

238) 馬烽, 西戎, ≪呂梁英雄傳≫, 人民文學出版社, 1977年版, 161쪽.
239) ≪山西短篇小說選≫, 山西人民出版社, 1959年版, 15쪽.
240) ≪上海民間故事選≫, 上海文藝出版社, 1960年版, 150쪽.

받아내려고 하면 백성들은 (돈이나 곡식을) 내지도 않고 보정을 욕한다. 보정 자신은 **'널빤지로 낙타를 죄듯 양쪽에서 고통[천대]을 당한다'**고 말한다.

이상 세 가지 예문 속의 헐후어는 뒷부분이 나타내는 기본의미가 서로 비슷하며 모두 '兩頭不討好(양쪽이 좋은 결과를 얻지 못함)'의 뜻을 포함하고 있지만, 나타내는 의미가 치중하는 것은 각기 서로 다르다. 예문 ①의 '老鼠鑽到風箱裏, 兩頭受氣'는 두 방면에서 모두 뜻대로 되지 않고 모욕당하는 것을 가리키고, 예문 ②의 '豆角角抽筋 — 兩頭受制'는 두 방면에서 모두 견제를 받아 일이 잘 되지 않는 것을 가리키며, 예문 ③의 '松板夾駱駝 — 兩頭吃苦頭'는 두 방면에서 오는 압력을 받아 처지가 곤란한 것을 가리킨다. 이것은 '동의 헐후어'를 주의해서 변별하는 것이 헐후어를 정확히 이해하고 활용하는 데 있어서 또한 매우 중요한 것임을 설명한다.

### (4) 반의(反義) 헐후어

두 헐후어의 기본의미가 서로 반대되는 것을 '반의(反義) 헐후어'라고 하는데, 예를 들면 '黃連樹上吊苦膽 — 苦上加苦'와 '糖裏攙蜜 — 甛上加甛'은 뒷부분의 의미가 서로 반대되는 '반의 헐후어'이며, '芝麻開花 — 節節高'와 '王小二過年 — 一年不如一年' 또한 뒷부분의 의미가 서로 반대되는 '반의 헐후어'이다.

241) 역자주: '保正'은 지보(地保)라고도 하며, 청대(淸代)부터 중화민국(中華民國) 초기까지 지방에서 관청을 위해 부역을 과하거나 재물 징발 등을 맡아 보던 사람이다.

두 헐후어에서 만약 뒷부분이 나타내는 기본의미가 서로 반대된다면, 앞부분이 설령 서로 같다고 하여도 이것은 '반의 헐후어'로 간주해야만 한다. 예를 들면 다음과 같다.

① 照俺說, 別在海面上把他給胡弄跑了, 得叫他**屎克螂滾糞蛋, 往前拱**, 瞅准了, 囫圇個兒揰掉它。242)

내가 말하건대, 바다위에서 그를 오랑캐에게 도망가도록 하지 말고, 그로 하여금 **말똥구리가 똥에서 구르듯 앞으로 헤집어 파헤치도록 하고**, 확실히 알도록 그것을 되는 대로 두들겨 줘라.

② 現在剛把估不透的尖皃平下去, 又露出金山這種人, 辦事不往前看, 老是**屎克螂滾(糞)蛋, 光往後爬**。243)

지금 막 估不透(사람의 별명)의 날카롭고 예민한 성질을 가라앉히자, 또 일을 함에 앞을 내다보지 못하고 언제나 **말똥구리가 똥에서 구르듯 뒤로만 기어오르는** 금산이란 사람이 드러났다.

'屎克螂滾糞蛋 ── 往前拱'과 '屎克螂滾(糞)蛋 ── 往後爬'는 비록 앞부분이 서로 같지만 뒷부분이 나타내는 기본의미는 서로 반대이기 때문에 역시 '반의 헐후어'이다. 이러한 '반의 헐후어'의 생산은 앞부분에서 의미가 서로 반대되는 '주석(註釋)'을 이끌어낼 수 있기 때문이다. 말똥구리가 똥에서 구를 때는 종종 두 개가 함께 구르는데, 하나는 앞에서 몸을 앞으로 헤집어 파헤치고 뒷다리는 뒤로 밀어 움직인다.

242) ≪閩海激浪≫, 福建人民出版社, 1977年版, 168죡.
243) 劉江, ≪太行風雲≫, 山西人民出版社, 1960年版, 487죡.

또 하나는 뒤에서 몸의 방향을 바꾸어 뒤로 물러가면서 기어오르고 뒷다리는 똥을 밀친다. 그러므로 같은 '屎克螂滾糞蛋'에서 '往前拱'을 이끌어낼 수 있을 뿐 아니라, '往後爬' 또한 이끌어낼 수 있는 것이다.

'반의 헐후어'를 적당히 활용하면 언어의 표현효과를 높이는 데도 도움이 된다.

① 馬老鐵有點激動, 但還是一字一句地說：“老任, 更硬的鐵, 在咱鐵工的手裏能把它錘煉成鐵器；再艱巨的任務, 在貧下中農手裏也能完成！你把這看成是‘**鷄娃吃黃豆 —— 咽不下**’, 我看它不過是‘**老虎吃豆芽 —— 小菜一盤**’。”244)

마노철은 조금 흥분하였지만 그래도 한 글자 한 구절 또박또박 말했다. “임씨, 아무리 단단한 쇠라도 우리 철공들 손에서는 그것을 단련하여 철기로 만들 수 있고, 아무리 어렵고 막중한 임무라고 할지라도 빈농과 하층 중농들 손에서도 완성할 수 있어요! 당신은 이것을 '**병아리가 노란 콩을 먹듯 넘길 수 없다 [능력이 부족한데 임무가 무거워서 완성할 수 없다]**'고 생각하는데, 나는 그것을 단지 '**호랑이가 콩나물을 먹듯 한 접시의 간단한 요리 [식은죽 먹기]**'라고 봐요.”

② 端姑看到這情景就對來來嬸說：“老嫂子, 來來和磙子在外面全挺好的, 再說刮民黨是**八十的老漢學吹打, 上氣不接下氣**, 咱是**年輕娃子扛碌碡, 正在勁頭上**。”245)

단고는 이 광경을 보고서 바로 내래 아주머니에게 말했다. “형수님, 내래와 곤자는 바깥에서 전부 아주 좋아요. 다시 말하자면 국민을 착취하는 자들은 **여든 살의 늙은이가 관악기와 타악기를 배우듯 몹시 헐떡거리**

244) ≪高峽平湖≫, 陝西人民出版社, 1975年版, 317쪽.
245) 劉子威, ≪在決戰的日子裏≫, 百花文藝出版社, 1978年版, 438쪽.

**고[피곤해하고]**, 우리는 **어린 아이가 돌태**[246]**를 메듯 힘이 넘쳐나요. [한 창 힘을 쓸 혈기왕성한 나이이다.]**”

예문 ①에서는 ‘鷄娃吃黃豆 — 咽不下’와 ‘老虎吃豆芽 — 小菜一盤’이란 두 개의 ‘반의 헐후어’를 짝지어 제시하여 연약하고 무능한 태도를 더 강력하게 비판하면서 임무를 완성하려는 결심과 믿음을 더욱 확고하게 나타내었다. 예문 ②에서는 ‘八十的老漢學吹打 — 上氣不接下氣’와 ‘年輕娃子扛碌碡 — 正在勁頭上’이란 두 개의 ‘반의 헐후어’를 짝지어 제시하여 적과 나의 역량에 큰 차이가 있는 대비를 더욱 선명하게 반영하였다.

246) 역자주: ‘碌碡’는 돌태, 돌대, 궁글대, 굴레라고 하며, 탈곡을 하는 데 쓰는 원추형의 돌로 된 농기구이다.

# 제5장

## 헐후어(歇後語)의 어법기능

헐후어는 문장구조 중에서의 지위가 상당히 복잡한데, 한편으로는 그것이 하나의 완전한 어법단위로서 출현할 수 있고, 한편으로는 분리되어져 두 개의 어법단위가 될 수도 있다.

헐후어가 하나의 완전한 어법단위가 되어 나타나면, 어떤 때는 하나의 문장(句子) 또는 복문(複句) 속의 하나의 단문(分句) 역할을 하고, 어떤 때는 문장 속의 한 구성성분 역할을 하기도 한다. 헐후어가 분리되어져 두 개의 어법단위가 될 때는 각각 서로 다른 어법작용을 담당한다. 아래에서 순서에 따라 서술해보자.

헐후어가 문장의 역할을 할 때는 종종 '방관자의 무책임한 발언이나 비평(現成話)'으로서 인용되는데, 대화 가운데 많이 보인다. 예를 들면 다음과 같다.

① 姚鐵匠站起來, 扯下搭在脖子上的毛巾, 擦去臉上的油汗, 裝着閒搭話的樣子, 說："大魁遛馬呀？""是呀。**外甥打燈籠——照舊{舅}**。"[247]

대장장이 요씨는 일어서서 목에다 걸친 수건을 잡아당기고 얼굴 위의 진땀을 닦아내고서 한가하게 말을 걸려는 모양인 체하며 말했다. "대장

247) 馬雲鵬, ≪雁塞遊擊隊≫, 人民文學出版社, 1977年版, 266쪽.

님, 말을 산책시키세요?" "그래요. **외종질이 등롱을 켜들듯 예전그대로 해요. {외삼촌을 비추다.}**"

② 大家私下議論："大隊長想提前讓我們給他拜年吧？""大概怕賠本吧, 管他呢, 吃就行了。""**裁縫丢了剪子 —— 只有吃{尺}了！**"[248]

모두들 몰래 왈가왈부했다. "대대장은 우리들로 하여금 앞당겨서 그에게 새해인사를 하도록 할 생각이지？" "아마도 손해 보는 게 두려워서 일거야. 그를 관리하는 데는 말이야, 먹기만 하면 되거든." "**재봉사가 가위를 잃어버리듯 오로지 먹는 것{자}만 있어!**"

③ 幾個落後社員七嘴八舌議論起來："農業社的優越性在哪裏呢？""我早就排了八字, 我們比不過單幹, 叫做社兆頭就不妙, 社就是蝕嘛。""我看不如趁早。""趁早做什麽？""**聾子擂鼓，各打各的。**"[249]

낙오한 몇 명의 조합원은 제각기 떠들어대며 왈가왈부하기 시작했다. "농업사의 우월성이 어디에 있나요?" "나는 일찍이 운세를 늘어놓았지요. 우리들은 단독으로 하는 데는 당해낼 수가 없어요. 농업사의 징조가 좋지 않다고 하는데, '社'가 곧 '蝕(해를 입히는 것)'이잖아요." "내가 볼 땐 서둘러서 하는 것이 나아요." "서둘러서 뭘 하지요?" "**귀머거리가 북을 치듯 제 나름대로 치지요. [(다른 사람의 상황은 보지 않고) 각자가 자기 일만 하지요.]**"

헐후어가 단독으로 문장이 되어 대화에서 사용될 때는 앞에 종종 '唉', '咳', '嘿' 등의 감탄사를 덧붙인다. 예를 들면 다음과 같다.

---

248) 晋莊玉, ≪英雄的鄕土≫, 貴州人民出版社, 1976年版, 411-412쪽.
249) 周立波, ≪山鄕巨變≫(續篇), 作家出版社, 1958年版, 206쪽.

① 李丙坤笑着問：“德昌哥！你今年秋季分了多少糧食？”“唉！**‘馬尾穿豆腐 —— 沒法提’**。還是和往年一樣。”[250)]

이병곤은 웃으며 물었다. “덕창 형! 금년 가을철에는 양식을 얼마나 분배하셨어요?” “아이참! **말총으로 두부를 꿰듯 들어 올릴 방법이 없어. [언급할 것이 못돼.]** 여전히 왕년과 같아.”

② 嚴振江急了，說：“你別胡說八道，我算什麽幹部？”“咳，**木棍兒釘在墻上 —— 大小算個橛{爵}兒**。”[251)]

엄진강은 급해져서 말했다. “헛소리하지 마라, 내가 무슨 간부라고 그래?” “아이참, **나무막대를 담벼락에 박듯 크나 작으나 다 하나의 말뚝 {관직}[252)]이야.**”

③ 楊萬山兩條板刷似的濃眉往上一挑，爽氣地說：“三個字：不同意！”“爲甚？”“嘿！**河心的船 —— 明擺着**嘛。單說春耕一項，再去攬那活計，兩條戰線，怕你縱有千條胳膊萬隻手也抓不過來。”[253)]

양만산은 솔과 같은 두 가닥의 진한 눈썹을 위로 치켜세우고는 시원스럽게 말했다. “세 글자. 동의 안 해(不同意)!” “어째서?” “이봐! **강 한가운데의 배처럼 뚜렷이 놓여 있잖아. [분명하잖아.]** 봄갈이는 그렇다 치고 다시 가서 그 일을 떠맡으면 두 전선 사이에 설령 천 개의 팔과 만개의 손이 있다 할지라도 손이 미치지 못할 거야.”

대화 이외에 일반적인 서술성 언어 가운데에서도 어떤 때는 헐후어

---

250) ≪春花≫, 河南人民出版社, 1956年版, 62쪽.
251) ≪晨光曲≫, 人民文學出版社, 1976年版, 265쪽.
252) 역자주: 이 헐후어는 ‘橛{爵}’와 해음(諧音)인 ‘角(jue)’를 이용하여 ‘나무막대를 담벼락에 박듯 크나 작으나 다 하나의 배우이다’라는 의미로도 쓰인다.
253) ≪松靑旗紅≫, 山西人民出版社, 1974年版, 81쪽.

를 사용하여 단독으로 문장 역할을 한다. 예를 들면 다음과 같다.

① 疙瘩爺心裏也是這麼想來, 光靠愚公寨一個隊去打山洞, 就等於給山撓癢。**老虎吃天 —— 心高妄想 !**[254)]

부스럼 할아버지도 오로지 우공채(愚公寨) 한 팀에만 의지해서 동굴을 공격하는 것은 곧 도적들에게 가려운 곳을 긁어 주는 것과 다름없다고 마음속으로 그렇게 생각했다. **호랑이가 하늘을 먹듯 포부는 크지만 망상이네! [분수를 모르거나 허황한 일이네!]**

② 在溝北邊, 按說頂數這一戶的房子好, 一水是土改後新翻蓋的, 墻壁是磚邊石心, 頂上全是大瓦, ……。 可是, 在溝北邊, 又頂數這一戶的院墻不好, 全是土打墻, ……。 **蕎麥麵肉包子, 別看皮黑, 一兜肉 !**[255)]

도랑 북쪽에 사실 쓸모 있는 이 집의 방은 좋아. 일률적으로 토지개혁 이후에 새롭게 고쳐 지은 것이야. 벽은 겉이 벽돌이고 속은 돌이며, 천장은 모두 큰 기와들이야, ……. 그러나 도랑 북쪽에 쓸모 있는 이 집의 담장은 좋지 않아. 전부 흙으로 벽을 쌓았지, ……. **메밀가루로 만든 고기만두처럼 겉이 검지만 전부 고기를 에워싸고 있어! [겉모습으로만 판단하지 마라!]**

③ 美國人在北平, 在天津, 在上海, 都灑了些救濟粉, 看一看什麼人願意彎腰拾起來。**太公釣魚, 願者上鉤**。 嗟來之食, 吃下去肚子要痛的。[256)]

미국인들은 북평(북경), 천진, 상해에서 모두 구제식량을 뿌렸는데,

---

254) 侯鈺鑫, ≪大路歌≫, 河南人民出版社, 1978年版, 430쪽.
255) 浩然, ≪艷陽天≫(第1卷), 人民文學出版社, 1974年版, 125쪽.
256) ≪毛澤東選集≫(第4卷), 人民出版社, 1967年版, 1384쪽.

어떤 사람이 허리를 굽혀 줍기를 원하는지 한 번 봐라. **강태공이 낚시를 하듯 원하는 자가 스스로낚시 바늘[계략, 덫]에 걸려드는 거야.** '옜다'하고 던져주는 음식을 먹으면 배가 아플 거야.

헐후어가 복문 속의 하나의 단문(分句) 역할을 할 때는 다른 단문과 함께 연합복문(聯合複句)을 구성할 수도 있고, 또 다른 단문과 함께 수식복문(偏正複句)을 구성할 수도 있다. 예를 들면 다음과 같다.

① 她們開玩笑不敢對强的小伙子, "**雷公打豆腐, 找軟的欺**", 她們就找到了王成義。[257)]

그녀들은 농담으로도 감히 힘이 센 녀석을 상대하지 못하고, '**뇌신(雷神)이 두부를 치듯 오로지 연약한 사람만 깔보고 괴롭혀서**', 그녀들은 곧 왕성의를 찾아냈다.

② **瞎子鬧眼睛 —— 沒治了**, 舊毛病沒改, 又添了新錯誤。[258)]

**장님이 눈병을 앓으면 치료할[고칠] 수 없듯**, 옛날 버릇을 고치지 않고서 새로운 결점을 더 보탰다.

③ "反正我高矮要看這場電影。"趙淸說話的聲音雖不大, 但是**矮子下河 —— 安{淹}了心**了。[259)]

"어쨌든 나는 이 영화를 볼 거야." 조청이 말하는 소리가 비록 크지는 않았지만 **난장이가 강물에 들어가듯 마음을 (모질게) 먹었다.{가슴까지 잠겼다.}**

---

257) ≪建國十年文學創作選 · 曲藝≫, 中國青年出版社, 1959年版, 577쪽.
258) 曹建章, ≪櫥窗迎彩霞≫, 人民文學出版社, 1978年版, 455쪽。
259) ≪四川文學≫, 1979年 第5期, 71쪽.

예문 ①, ②에서 '雷公打豆腐 —— 找軟的欺'와 '瞎子鬧眼睛 —— 沒治了'는 각각 다른 단문과 함께 연관관계를 가진 연합복문을 구성한다. 예문 ③의 '矮子下河 —— 安{淹}了心了'는 다른 단문과 함께 전환관계를 가진 수식복문을 구성한다.

두 개의 헐후어가 같이 사용될 때 병렬관계를 가진 연합복문을 구성할 수 있다. 예를 들면 다음과 같다.

① 群衆一齊喊道："哈哈！**狗咬狗，兩嘴臊；狼吃狼，對着嚎**。這才眞不假呢！"260)

군중들은 일제히 소리를 질렀다. "하하! **개가 개를 물면 양쪽 입이 비리고 [저희들끼리 싸우는 것은 큰 일이 아니고], 이리가 서로 싸우면 맞대고 으르렁거리며 짖는다**. 이거 정말 가짜가 아니잖아!"

② 兒子司冷回來了，上身穿着花格子襯衫，下身穿着鷄腸子褲，一進屋就拍着八仙桌氣嘟嘟地罵："**狗戴嚼子胡勒，屎克螂戴花臭美**！"261)

아들 사냉이 돌아왔다. 위에는 바둑판무늬의 와이셔츠를 입고 있고, 아래는 가늘고 얇은 바지를 입고 있다. 방에 들어오자마자 팔선교자상262)을 치면서 투덜거리며 욕을 했다. "**개에게 재갈을 물리듯 쓸데없는 짓을 하고, 말똥구리가 꽃을 달듯 잘난 체 하네!**"

헐후어가 복문 중의 한 단문 역할을 할 때 주어는 일반적으로 나타

---

260) 曲波, ≪戎尊碑≫, 山東人民出版社, 1977年版, 286쪽.
261) 劉希天, ≪娜敏伊虹≫(上卷), 內蒙古人民出版社, 1978年版, 288쪽.
262) 역자주: '八仙卓'는 한쪽마다 두 명씩 앉을 수 있는 큰 사각형의 팔선교자상이다.

나지 않는다. 설령 헐후어의 앞부분에 주어가 있다고 하더라도 더 이상 주어의 작용을 하지 않는다. 진짜 주어는 대화로 인해 생략하거나 앞뒤 문맥으로 인해 생략한다. 예를 들면 다음과 같다.

① 爹爹走了, 我也躲起來了, 金陰人派來要帳的狗腿子金四, 尋到媽媽的頭上來了, 到了我家, ……一進門就大喊大叫："**癩蛤蟆躲端午, 躲得了初一躲不了十五**, 砸了你們的骨頭熬成油, 也得淸帳。"263)

아버지가 떠나시자 나도 숨었다. 금음 사람들이 외상값을 받는 앞잡이 금사(金四)를 보내 어머니 머리끝까지 찾아왔다. 우리 집에 이르러서는, ……문을 들어서자마자 큰소리를 질러댔다. "**두꺼비가 단옷날을 피하듯 처음 하루는 피할 수 있어도 보름까지는 피할 수 없다. [아무리 해도 피할 수 없다.]** 너희들의 뼈를 찧어 기름을 만들더라도 빚은 청산해야 한다."

② 他看看天色, 已近半晌, 瞧瞧人數, **脆瓜打驢 —— 去了一半**。264)

그는 날씨[시간]를 보니 이미 반나절 가까이 되었다. 사람 수를 보아하니 **참외로 당나귀를 때리듯 절반이 없어졌다. [반이 가버렸다.]**

③ **黃鼠狼給鷄拜年, 沒安什麽好心眼**, 你得注意他。265)

**족제비가 닭에게 세배하듯 어떤 좋은 마음을 품고 있지 않으니** 너는 그를 주의하지 않으면 안 된다.

---

263) 紀宇, ≪洮河飛浪≫, 吉林人民出版社, 1962年版, 23쪽.
264) ≪萬丈長纓≫, 山東人民出版社, 1976年版, 310쪽.
265) 王忠瑜, ≪驚雷≫, 天津人民出版社, 1975年版, 377쪽.

위의 세 가지 예문에서 헐후어의 앞부분은 모두 주어가 있는데, 문장 안으로 들어와 단문이 된 후에는 모두 단문의 주어가 아니며, 단문의 주어는 모두 나타나지 않는다. 예문 ①에서 '癩蛤蟆躲端午 — 躲得了初一躲不了十五'의 주어는 '你們'인데 대화로 인해 생략하였고, 예문 ②에서 '脆瓜打驢 — 去了一半'의 주어는 '人數'로서 앞을 이어서 생략하였다. 예문 ③에서 '黃鼠狼給鷄拜年 — 沒安什麽好心眼'의 주어는 '他'로 뒤를 추측하여 생략하였다.

헐후어가 하나의 어법단위로서 문장성분 역할을 할 때 흔히 보이는 것은 술어, 목적어, 관형어가 되는 것이며, 부사어와 보어 또한 될 수 있다. 각각 예를 들어 설명해보면 다음과 같다.

## 1. 술어(謂語)가 되는 헐후어

문장에서 술어(謂語)가 되는 것은 헐후어에서 흔히 보이는 용법이다. 뒷부분 구조의 어법성질에 근거하여 각각 명사성 술어(名詞性謂語), 형용사성 술어(形容詞性謂語), 동사성 술어(動詞性謂語), 주술 술어(主謂謂語)266)의 네 가지 유형으로 나눌 수 있다.

### (1) 명사성 술어(名詞性謂語)

술어로 사용되는 헐후어에서 뒷부분의 주요성분은 명사이다. 예를 들면 다음과 같다.

266) 丁聲樹 等著, ≪現代漢語語法講話≫, 商務印書館, 1961年版, 24-25쪽 참조.

① 一家子人**筷子挾骨頭 —— 三條光棍**，沒個娘們，日子怎麽過呀！[267)]

온 가족이 **젓가락으로 뼈를 집은 것처럼 막대기 세 토막[홀아비 세 명]**으로 여자들도 없이 어떻게 생활해나가니!

② 來喜心裏暗吃一驚："王曉玲，你**電線杆上扎鷄毛，好大的撣{膽}子**"。[268)]

래희는 속으로 몰래 놀랐다. "왕효령, 너는 **전봇대 위에 닭털을 묶은 것처럼 큰 먼지떨이다. {간[담]이 크다.}**"

(2) 형용사성 술어(形容詞性謂語)

술어로 사용되는 헐후어에서 뒷부분의 주요성분은 형용사이다. 예를 들면 다음과 같다.

① 可也眞巧，一入伍，他就被分配到偵察連來啦！他高興得兩隻手在屁股上一拍，一蹦三尺高。你說，還有比這更稱心的事麽？嗬，他心裏**白糖拌蜂蜜 —— 甛透了**。[269)]

정말 공교롭게도 입대하자마자 그는 정찰중대로 배치되었어! 그는 기뻐서 두 손을 엉덩이에다 한번 치고서는 단번에 석자 높이만큼 뛰어올랐어. 말해봐, 이것보다 더 마음에 드는 일이 있겠어? 허, 그의 마음은 **설탕에다 꿀을 섞은 것 같이 매우 달아[행복해]**.

② 區隊長說："這個家伙**腦瓜頂上生瘡，脚跟底下流膿 ——**

267) 浩然，≪艷陽天≫(第1卷)，人民文學出版社，1974年版，1쪽.
268) ≪草原集≫，人民文學出版社，1977年版，449쪽.
269) 峭石，≪沸騰的軍營≫，解放軍文藝出版社，1962年版，90쪽.

**壞透了**。帶一批漢奸特務專門搜集我們的情報，破壞我們的地下交通。”[270]

구(성씨) 대장이 말했다. “이놈은 **정수리에 종기가 나고 발바닥에 고름이 흐르는 것처럼 매우 나빠**. 매국노들을 데리고 와서 오로지 우리들의 정보를 수집하고서는, 우리들의 지하통신[271]을 파괴하려고 해.

### (3) 동사성 술어(動詞性謂語)

술어로 사용되는 헐후어에서 뒷부분의 주요성분은 동사이다. 예를 들면 다음과 같다.

① “你**聾子拉二胡 —— 胡扯**！”三石虎瞪眼道，“公社的地，怎成了你家的地？”[272]

“너는 **귀머거리가 호금을 켜듯 헛소리하는구나!**” 삼석호는 눈을 휘둥그렇게 뜨고는 말했다. “인민공사의 땅이 어째서 네 집의 땅이 되었어?”

② 大隊倉庫保管員趙老成……揮動着兩手大聲地嚷道：“這回**餃子破了皮 —— 露餡啦**！他二禿子還說糧食是俺偷的，想嚇唬俺，不讓俺說，俺才不怕呢！”[273]

대대의 창고보관원 조노성……두 손을 휘저으며 큰소리로 고함치며 말했다. “이번엔 **물만두의 겉이[만두피가] 찢어지듯 속이 드러났어!** 그 둘째대머리 놈은 그래도 양식은 우리가 훔친 거라고 말하는데, 우리를

---

270) ≪革命春秋≫, 北京人民出版社, 1974年版, 23쪽.
271) 역자주: ‘地下交通’은 중일전쟁(中日戰爭)과 국공내전(國共內戰) 시기에 비밀리에 활동하던 통신연락업무를 말한다.
272) 王東滿, ≪漳河春≫, 山西人民出版社, 1976年版, 20쪽.
273) 王忠瑜, ≪驚雷≫, 天津人民出版社, 1975年版, 609쪽.

위협하고자 우리로 하여금 말하지 못하게 하더라도 두렵지 않아!"

이러한 동사성 술어 앞에는 종종 부사 '就'나 '別'가 나타난다. 예를 들면 다음과 같다.

① 反正從一打算分組, 他就**黃鼠狼與鷄拜年, 沒安好心**, 光想看咱們的笑話。[274)]

어쨌든 조를 나누려고 했을 때부터 그는 **족제비가 닭에게 세배하듯 좋은 마음을 품지 않았어**. 오로지 우리들을 웃음거리로 삼으려고만 해.

② 劉改梅抱怨了一陣, 忙給老頭子倒盆洗臉水, 接着又叨叨開了："你呀, 就**狗撲耗子多管閒事**, 勞累了半夜, 給你多記了幾分？"[275)]

유개매는 잠시 원망을 품다가 서둘러 늙은이에게 대야에다 세숫물을 따르고서는 다시 재잘거리다. "당신은 말예요, **개가 쥐를 잡듯 쓸데없는 일에 참견하셨어요.** 한밤중까지 지치게 일해도 당신에게 몇 점을 더 적어 주나요?"

③ 他白了鐵鷹一眼說："行啦, 你別**喇叭匠揚脖子 —— 又起高調**了。"[276)]

그는 철응을 백안시하며 말했다. "좋다. 너는 **나팔수가 목을 빼들 듯 또 격조 높은 소리를 내지 [실속 없는 이론을 길게 늘어놓지]**마라."

④ 有那隊長在此坐鎭, 我看咱倆都別**六個指頭搔癢 —— 多那**

274) 馮金堂, ≪不敢露面的隊長≫, 作家出版社, 1959年版, 157쪽.
275) 馬烽, ≪我的第一個上級≫, 人民文學出版社, 1977年版, 190쪽.
276) ≪靑石崖≫, 山西人民出版社, 1975年版, 197쪽.

**麽一道子**吧！[277]

그 대장님이 이곳에서 지키고 계시니 내가 보기엔 우리 모두 **여섯 개의 손가락으로 가려운 데를 긁는 것처럼 쓸데없는 일을 하지** 말아야 해!

예문 ①의 '就'는 아주 오래 전에 이미 발생한 것을 강조하며, 예문 ②의 '就'는 긍정의 어기를 강화하고, 예문 ③, ④의 '別'는 금지하거나 충고하여 그만두게 하는 것을 나타낸다.

이러한 동사성 술어 앞에 또한 '該', '得', '能', '要' 등의 조동사를 덧붙일 수 있다. '該'와 '得'는 긍정형에 많이 쓰이고, '能'과 '要'는 부정형에 많이 쓰인다. 예를 들면 다음과 같다.

① 鳳姐兒笑道："外頭已經四更了, 依我說：老祖宗也乏了, 咱們也該'**聾子放炮仗 —— 散了**'罷？"[278]

봉저(王熙鳳)가 웃으며 말했다. "밖은 이미 사경(새벽1-3시)이야. 내가 보기엔 조상도 효력이 없어. 우리도 **귀머거리가 폭죽을 터뜨리듯 흩어져야[헤어져야]**겠지?"

② 光說不算, 咱們得**碌碡碰碌子，石{實}打石{實}**的！[279]

말만하고 헤아리지 않으니 우리는 **돌태가 롤러[280]와 부딪치듯 돌이 돌을 치게 {성실하고 진실하게}** 해야만 해요!

---

277) 張思忠, ≪龍崗戰火≫, 上海文藝出版社, 1979年版, 213쪽.
278) 淸·曹雪芹, ≪紅樓夢≫(第54回), 人民文學出版社, 1959年版, 622쪽.
279) 張慶田, ≪滄石路畔≫, 新文藝出版社, 1956年版, 89쪽.
280) 역자주: '砘子'는 파종 후 덮은 흙을 단단하게 다지는 농기구로, 여기서는 '롤러(roller)'라고 옮겼다.

③ 他又轉身問我：“馬教導員，你來吧！這是正經場面，我不能**滿天刷槳糊 —— 糊雲{胡云}**哪！”281)

그는 다시 몸을 돌려 나에게 물었다. “마 교도원, 이리와 봐요! 이것은 정식모임이니 나는 **온 하늘에 풀을 칠하듯 구름을 붙일 {마구 지껄일}** 수 없어요!”

④ 孫茂良見郝同喜小看自己，自然不服氣，就衝着郝同喜叫喊道：“你不要**門縫裏看人，把人看扁了**，老子今天也要和你比試比試吶！”282)

손무량은 학동희가 자신을 깔보는 것을 보자 자연히 수그러들지[복종하지] 않고서 학동희를 향해 고함지르며 말했다. “당신은 **문틈으로 사람을 보듯 사람을 업신여기지** 마세요. 이 몸은 오늘 당신과 한번 겨루어볼 겁니다!”

### (4) 주술 술어(主謂謂語)

술어로 사용되는 헐후어에서 뒷부분은 주술구조(主謂結構)이다. 예를 들면 다음과 같다.

① 過去兩年多，特技師**窗戶眼吹喇叭 —— 名聲在外**，他參加全國群英會，還不是塔林礦石與外地富礦混合冶煉的結果嗎？283)

지난 2년여 간, 특수기사는 **창호지의 찢어진 구멍에 대고 나팔을 불면 소리가 밖으로 나듯 명성이 자자해요.** 그가 전국 군영회284)에 참가한

---

281) 曲波, ≪橋隆飆≫, 人民文學出版社, 1979年版, 314쪽.
282) 胡正, ≪汾水長流≫, 山西人民出版社, 1956年版, 226쪽.
283) 扎拉嘎胡, ≪草原的早晨≫, 人民文學出版社, 1977年版, 72-73쪽.
284) 역자주: ‘群英會’는 원래 ‘적벽대전(赤壁大戰)’ 전야(前夜)에 모인 오(吳)나라 문관과

것은 탈린(러시아의 지명)의 광석과 외지의 품질이 좋은 광석을 혼합하여 제련한 결과가 아니겠어요?

② 一進門, 劉二奎回過身來, 扭歪着臉惡狠狠地說："你們**閻王桌上抓供果 —— 自己找死**, 竟敢混到這裏裝神弄鬼, ……"285)

문을 들어서자마자 유이규는 몸을 돌려 얼굴을 비스듬히 하면서 표독스럽게 말했다. "너희들은 **염라대왕 상위에 제물로 바친 과일을 집듯 스스로 죽음을 자초하는구나**. 감히 이곳까지 섞여 들어와 능청을 부리다니, ……"

## 2. 목적어(賓語)가 되는 헐후어

문장에서 목적어(賓語)가 되는 것 역시 헐후어에서 흔히 보이는 용법이다. 예를 들면 다음과 같다.

① 崔麻子老是罵他粗魯, 嫌他不善用計謀。此番又當了護路隊長, 死活想**狗戴禮帽 —— 裝出點大人物的款兒來**。286)

최마자는 그가 거친 것을 늘 욕하면서 그가 책략을 잘 사용하지 못하는 것을 불만스럽게 생각했다. 이번에 또 도로수비대장이 되었으니, 기필코 **개가 (예복에 갖추어 쓰는) 예모를 쓰듯이 큰 인물인 척 할 것이다**.

---

무장들의 모임, 즉 영웅호걸(英雄豪傑)들의 회합(會合)을 일컫는데, 여기서는 각 분야의 뛰어난 사람들의 모임을 말한다.

285) ≪飛兵赤水≫, 四川人民出版社, 1977年版, 269쪽.

286) 張思忠, ≪龍崗戰火≫, 上海文藝出版社, 1979年版, 81쪽.

② 八戒點頭道：“我理會得。但你去，討得討不得，趁早回來，不要弄做‘**尖擔擔柴兩頭脫**’也。”[287)]

저팔계가 고개를 끄덕이며 말했다. “알겠어. 그렇지만 네가 가서 토벌을 하던 하지 않던 간에 서둘러 돌아와. **양쪽 끝이 뾰족한 멜대로 나뭇단을 메듯 양쪽 짐이 다 빠져버리게 [양쪽에서 다 낭패를 보게]** 하지마라.”

예문 ①의 ‘狗戴禮帽 —— 裝出點大人物的款兒來’는 동사 ‘想’의 목적어가 되고, 예문 ②의 ‘尖擔擔柴 —— 兩頭脫’는 동사 ‘弄做’의 목적어가 된다.

헐후어가 목적어가 될 때, 동사는 항상 ‘變成’, ‘成’, ‘叫’, ‘叫做’, ‘來(一)個’ 등과 같이 구체적인 동작행위를 나타내지 않는 동사이다. 예를 들면 다음과 같다.

① 儘管這次掃蕩之前，杜虎不止一次地向他繪聲繪色地講過這位區武委會主任的外貌和口音，如今眞正對着竇利花，邢老四卻變成了**瞎狗端星星 —— 死活看不出樣兒來**。[288)]

이번 소탕 이전, 두호가 여러 차례 그에게 구(區) 인민항일무장위원회 주임의 용모와 음성을 생생하게 말해주었음에도 불구하고, 지금 정말로 두리화를 마주 대하니 형노사는 도리어 **눈먼 개가 별을 자세히 살피듯 도저히 생김새를 알아볼 수 없게** 변했다.

② 喬保一看常發貴這副模樣，臉拉得更長了，說：“我現在也成了**和尙的腦袋 —— 沒髮{法}**。你趕早準備上群衆會議交代吧。”[289)]

---

287) 明·吳承恩, ≪西遊記≫(第57回), 人民文學出版社, 1959年版, 661쪽.
288) 張思忠, ≪龍崗戰火≫, 上海文藝出版社, 1979年版, 79쪽.

교보는 상발귀의 이런 모습을 보자 얼굴을 더욱 길게 늘이고서 말했다. “지금은 나도 **화상[중]의 머리처럼 머리카락이 없게 {방법이 없게}** 되었습니다. 빨리 군중회의에 나가서 설명할 준비를 하십시오.”

③ 這時候張胖子嘿嘿乾笑了兩聲，從袖筒裏拿出把扇子，扇了扇，東拉西扯接着老德厚方才說的話：“是啊，入了社就是撑不着餓不着，這叫**癩蛤蟆打蒼蠅，將供嘴**。”290)

이 때 뚱보 장씨가 허허 하고 억지웃음을 지으며 소매 속에서 부채 한 자루를 꺼내 잠시 부채질을 하더니, 조리 없이 횡설수설 노덕후(老德厚)가 방금 한 말을 이어나갔다. “그래요, 인민공사에 들어오면 바로 배가 부르지도 않고 배가 고프지도 않으니, 이를 **두꺼비가 파리를 잡아 입에 바치듯 간신히 생활을 유지하는 것**이라고 하지요.”

④ 那女子都跳下水去，躍浪翻波，負水玩耍。行者道：“我若打她啊，只消把這棍子往池中一攪，就叫做‘**滚湯潑老鼠 —— 一窩兒都是死**’。”291)

그 여자는 물속에 뛰어 들어가 물결을 이리저리 넘으며 물에 의지해 놀았다. 행인이 말했다. “내가 만약 그녀를 잡으려면 단지 이 막대기를 연못 가운데로 한번 휘젓기만 하면 돼, 곧 ‘**끓는 물을 쥐구멍에 퍼부어서 쥐가 몽땅 죽었다**’라고 하지.”

⑤ 我可憋不住了，乾脆來個**針尖對油捻 —— 挑明了**。292)

나는 정말 참을 수가 없어서 아예 **바늘 끝이 등불심지와 맞서듯 들추어 내버렸다. [폭로해버렸다.]**

---

289) 聶海，≪靠山堡≫，山西人民出版社，1978年版，114쪽.
290) 王榮佛，≪換地≫，新文藝出版社，1955年版，26쪽.
291) 明·吳承恩，≪西遊記≫(第72回)，人民文學出版社，1959年版，825쪽.
292) 成一等，≪搖耬記≫，山西人民出版社，1978年版，216쪽.

⑥ 蔣公見這一首沒難倒師父, 就索性來一個“**瞎子算命 —— 直言開談**”了。[293)]

장공은 이 시로는 스승을 곤란하게[쩔쩔매게] 할 수 없음을 보고서, 아예 **장님이 점을 치듯 직언으로 숨기지 않고 솔직히 이야기해버렸다.**

헐후어가 목적어가 될 때, 가장 흔히 보이는 동사는 역시 용법이 비교적 특수한 '是'와 '像'이다. 다음은 먼저 헐후어가 동사 '是'의 목적어가 되는 상황을 설명해보자.

헐후어가 동사 '是'의 목적어가 되어 구성된 동목구조(動賓結構)는 판단, 설명, 해석, 귀속 등을 나타내는 작용을 한다.

판단을 나타내는 것은 예를 들면 다음과 같다.

① 永生一聽, 又氣又疑：“他連頓飯都不管, 能借給糧食？果眞是他借給的, 也是**黃鼠狼給鷄拜年 —— 沒安好心！**”[294)]

영생은 듣자마자 화를 내며 의심했다. “그는 끼니조차도 상관하지 않는 사람인데. 양식을 빌려주겠느냐? 만약 정말 빌려준다고 해도 **족제비가 닭에게 세배를 하듯 좋은 마음이 아닐 거야!**”

② 現在敵人是**臨死蹬棺材蓋兒, 沒幾下蹬踩頭了！**[295)]

지금 적들은 **임종하면서 관 뚜껑을 발로 차도 몇 번 차지 못할 거야! [최후의 발악이라 오래 버티지 못할 거야!]**

③ 其實, 你應該帶他一道來, 用不着向閻王稟報。你這是**六指**

293) ≪民間文學≫, 1962年 2月號, 121쪽.
294) 郭澄淸, ≪大刀記≫(第1卷), 人民文學出版社, 1975年版, 223쪽.
295) 劉子威, ≪在決戰的日子裏≫, 百花文藝出版社, 1978年版, 332쪽.

**兒搔癢，額外多一道子。**[296)]

사실 당신이 그를 데리고 함께 왔었어야 이자성(闖王)에게 보고할 필요가 없는데. 당신은 **여섯 개의 손가락으로 가려운 데를 긁어 선이 하나 더 많은 거야. [쓸데없는 일을 하는 거야.]**

설명을 나타내는 것은 예를 들면 다음과 같다.

① "唉！別提了。 俺是**黃連樹下一根草，苦苗苗**。"趙繼宗深深地歎了一口氣。[297)]

"아이고! 말도 하지 마. 나는 **황련나무 아래의 풀 한포기, 즉 쓴 모종이야. [천덕꾸러기야.]**" 조계종은 깊이 한숨을 내쉬었다.

② 社員們都稱讚他說："別看我們隊長不聲不響，他是'**喉嚨裏吞了螢火蟲 —— 嘴巴不響，肚裏明白**'，生產上很有一手。"[298)]

사원들(인민공사구성원 또는 합작사조합원) 모두가 그를 칭찬하며 말했다. "우리 대장이 말 한마디도 없이 묵묵히 있다고 여기지 마십시오. 그는 '**목구멍 속으로 반딧불을 삼키면 입으로는 소리가 나지 않지만 뱃속은 밝아서 [입으로는 말하지 않지만 속으로는 분명히 알고 있어서]**' 생산성[생산능력]이 아주 뛰어납니다."

③ 只要咱攥緊拳頭，努力想辦法，啥妖魔鬼怪也纏不了身，更能分淸誰是眞心眞意地惦記着災區的階級親人，誰是**黑老鴰叼泥球兒 —— 支着嘴兒**。[299)]

---

296) 姚雪垠，≪李自成≫(第1卷，下冊)，中國青年出版社，1977年版，687쪽.
297) 王忠瑜，≪驚雷≫，天津人民出版社，1975年版，263쪽.
298) 沙群，≪春風楊柳≫，上海人民出版社，1972年版，85쪽.
299) 管建勳，≪雲燕≫，人民文學出版社，1976年版，299-300쪽.

주먹을 불끈 쥐고 노력하여 방법을 생각해내면, 어떤 요괴와 귀신도 몸에 달라붙지 못할 것이고, 게다가 누가 진심으로 재난지역의 가족과 동지를 걱정하고 누가 **까마귀가 진흙 공을 물어 입으로 바치는지 [말만 하는지]**를 분명히 가려낼 수 있습니다.

해석을 나타내는 것은 예를 들면 다음과 같다.

① 塔涉干大聲叫起屈來："一家哪知一家事, 我家實情是**花被蓋鷄籠, 外表好看裏頭空**。"300)

탑섭간이 큰 소리로 불평하기 시작했다. "한 집안이 어찌 한 집안의 일을 알겠니. 우리 집의 실정은 **무늬가 있는 이불로 닭장을 덮어놓은 것처럼 겉은 보기 좋지만 속은 비었어.**"

② 咬金說："我這個做買賣的與別人不同, 我是**姜太公釣魚, 願者上鉤**。誰看我的筢子編得結實, 他自然就買。就算我三天不開張, 我也不着急。"301)

교금이 말했다. "나 이 장사치는 남들과 다릅니다. 나는 **강태공이 낚시를 하듯 원하는 자가 스스로 낚싯바늘에 걸리게 합니다**. 누구라도 나의 갈퀴가 견고하게 짜인 것을 보면 절로 삽니다. 설령 내가 사흘 동안 장사를 하지 않는다 해도 조급하지 않아요."

③ 羅老九歎了一口氣, 說："我是**旱天的田螺, 有口難開**啊！他削掉了我的手指, 我打傷了他的額頭, 還不明不白地害了他的老婆！鬼曉得是怎麽回事？"302)

---

300) 唐亢雙, 謝命雄, ≪鬧海記≫(上卷), 廣東人民出版社, 1977年版, 182쪽.
301) ≪評書傳統作品選≫, 作家出版社, 1958年版, 208쪽.
302) 武劍青, ≪雲飛嶂≫, 廣東人民出版社, 1978年版, 270쪽.

나노구가 한숨을 쉬며 말했다. “나는 **가문 날씨의 우렁이처럼 입이 있어도 말할 수 없어!** 그가 나의 손가락을 잘라서 나는 그의 이마를 다치게 했는데, 또 이상하게도 그의 마누라를 해쳤어! 귀신은 어찌된 일인지 알까?”

귀속을 나타내는 것은 예를 들면 다음과 같다.

① 別看我天天緊忙乎, 又磨豆腐又點漿, 其實是**奶奶抱孩子, 人家的**。保安隊一來, 八翠就下了聖旨, 天天逼我做一鍋豆腐, 也不給錢。303)

내가 날마다 바쁘다고 여기지마, 두부를 갈고 미음도 쑤지만 사실 **유모가 아이를 안고 있는 것은 남의 아이듯 내 것이 아니야.** 보안대가 오자마자 팔취(八翠)는 성지304)를 내려 날마다 나를 핍박하여 두부 한 솥을 만들게 하고도 돈을 주지 않아.

② 趙大娘一出門, 李痳子、瞎玉海領着人正進院；趙大娘說：“嗳喲！玉海！你大哥！你們是**戴着烏紗彈棉花, 有功{弓}之臣**哪！”305)

조대낭(趙大娘)이 문을 나서자 이마자와 할옥해가 사람을 데리고 막 정원으로 들어왔다. 조대낭이 말했다. “아이고! 옥해! 당신 형! 당신들은 **사모를 쓰고 솜을 타니 공{솜을 타는 활}을 세운 신하**로군요!

③ 李春三毛毛楞楞說：“我看你是**賈家的姑娘嫁賈家, 賈{假}**

303) 楊朔, ≪中國人民的脚步聲≫, 新文藝出版社, 1954年版, 111쪽.
304) 역자주: ‘聖旨’는 원래 황제(皇帝)가 내리는 명령이나, 여기서는 반드시 좇아야하는 말이나 지시의 뜻으로 쓰였다.
305) 李英儒, ≪戰鬪在滹沱河上≫, 人民文學出版社, 1960年版, 50쪽.

**門賈氏！**明是熊蛋包，還要往自己臉上貼金。”[306]

이춘삼은 경솔하고 경망스럽게 말했다. “내가 보기에 넌 **가씨 집 처녀가 가씨 집에 시집가니 가씨 문중의 가씨야! {매우 허위적이야!}**” 분명 쓸모없는 인간인데, 또 자기얼굴위에 금박을 붙이려고[자기를 미화하려고] 하네.

헐후어가 동사 ‘是’의 목적어가 될 때, 뒷부분에 간혹 조사(助詞) ‘的’를 덧붙여 ‘是+헐후어+的’의 형식을 구성할 수 있다. 예를 들면 다음과 같다.

① 我想大海不會有什麽意見，只要你能同意下來，這件事就是“**崖頭縫裏逮蟹子 —— 十拿九穩**”的了。[307]

대해에게는 무슨 의견[불만]이 없을 것이고 너만 동의할 수 있다면 이 일은 **‘절벽 틈 속에서 게를 잡듯 십중팔구 손에 넣은 거나 마찬가지로 확실할’** 것이라 나는 생각한다.

② 那寶玉是個“**丈八的燈臺，—— 照見人家，照不見自己**”的，只知嫌人家腌臢，這是他的房子，由着你們遭塌。越不成體統了。[308]

저 보옥은 **‘1장 8척의 등불처럼 다른 사람을 비추고 자신은 비추지 못하는’** 사람이어서 다른 사람이 언짢아하는 것을 싫어할 줄만 알지. 이것은 그의 집인데, 당신들이 부수었어. 갈수록 체통이 서지 않아.

306) 楊朔, ≪三千里江山≫, 人民文學出版社, 1957年版, 91쪽.
307) ≪激浪奔騰≫, 江蘇人民出版社, 1975年版, 15쪽.
308) 淸·曹雪芹, ≪紅樓夢≫(第19回), 人民文學出版社, 1959年版, 197쪽.

헐후어가 동사 '是'의 목적어가 되어 동목구조를 구성할 때, 앞부분에 흔히 부사 '眞', '實在', '正', '可' 등을 덧붙여 말하는 사정의 진실성을 강조한다. 예를 들면 다음과 같다.

① 他不折不扣地貫徹執行黨的路線、方針、政策, 全心全意地爲貧下中農着想, 幹起事來嘛那眞是"**穿釘鞋拄拐棍 —— 步步把實**"。[309]

그는 당의 노선, 방침, 정책을 틀림없이 관철하고 집행하여 온 마음을 다해서 빈농과 하층 중농을 위해 고려하고, 일을 하기 시작하면 정말로 **'징을 박은 신발을 신고 지팡이를 짚듯이 한걸음 한걸음 착실하고 빈틈이 없다'**.

② 自己過去雖然學過一些快板、順口溜, 可要我講出一套來, 左想右想, 實在是"**馬尾提豆腐 —— 串不起來**"。[310]

자신이 과거에 비록 快板[311]과 順口溜[312]를 배웠지만, 내가 이야기해내려니 아무리 생각해도 정말 **말총으로 두부를 들어 올리듯 꿸 수가 없어. [(수준이 너무 낮아서) 말을 꺼내지 못하겠어.]**

③ 鄆哥道："你正是'**馬蹄刀木杓裏切菜**', **水泄不漏**, 半點兒也沒得落地。直要我說出來, 只怕賣炊餠的哥哥發作。"[313]

운형이 말했다. "자네는 정말 **'마제형 칼로 나무주걱에서 야채를 썰듯'**

309) ≪連雲浪花≫, 江蘇人民出版社, 1973年版, 174쪽.
310) ≪延安的種子≫, 上海人民出版社, 1972年版, 150쪽.
311) 역자주: '快板'은 (중국 전통극에서 연극의 줄거리가 긴박하거나 인물의 감정이 격앙되었을 때 쓰는) 빠른 리듬이나 리듬이 빠른 음악을 말한다.
312) 역자주: '順口溜'는 읽기에 매우 재미있고 감칠맛 나는 구어(口語)로 된 즉흥적인 문구에 가락을 먹여서 노래하는 민간예술의 한 종류이다.
313) 明·施耐庵, ≪水滸全傳≫(第24回), 商務印書館, 1959年版, 402쪽.

**한 방울의 물도 새지 않고 [용의주도하고]**, 조금도 땅에 떨어지지 않게 하네. 솔직히 내가 말하면 찐빵[314]을 파는 형이 성질부릴까봐 두려워."

④ 劉祥也火了："我是見事不平, 說幾句公道話！村長你說我這是起哄, 你這可是**馬嚼子戴在牛嘴上 —— 胡勒**。"[315]

유상도 화를 냈다. "나는 불공평한 것을 보면 몇 마디 공평한 말을 합니다! 촌장 당신께선 내가 소란을 피운다고 하시는데, 당신께서 정말 **소의 입에 말 재갈을 물리듯 잘못 물리는 [잘못 탓하는]** 것입니다."

동사 '是' 앞에 부사 '不'를 덧붙여 부정을 나타낼 수도 있다. 이런 상황에서 그것이 헐후어와 구성하는 동목구조는 보통 반문(反問)의 어기를 나타내지만, 실제로는 어기를 더욱 긍정한다. 예를 들면 다음과 같다.

① 這樣的活兒, 只要會寫幾個阿拉伯數字, 誰都幹得了。要我去幹這一行, 不是**頂門槓當針使 —— 大材小用**了嗎？[316]

이러한 일은 아라비아 숫자 몇 개만 쓸 수 있으면 누구나 할 수 있습니다. 내게 그 일을 하게한다면 **문의 빗장을 바늘로 쓰듯 큰 인재를 작은 일에 쓰는** 것이 아닙니까?

② 馬升旺拍着胸脯, 虎頭虎腦地喊道："依我看, 梁則守聽到熱泉村三個字, 頭皮都發麻, 就算他敢來, 還不是**貓舔虎鼻 —— 自己**

314) 역자주: '炊餅'은 발효시킨 밀가루로 만든 여러 겹의 떡(찐빵)으로 각층 사이에 대개 기름과 소금을 넣고 쪄서 먹는다. 송대(宋代)에는 인종(仁宗)의 이름 '禎'과 '蒸'의 음이 상통하는 것을 피휘(避諱)하여 그때부터 '蒸餅'을 '炊餅'이라 하였다.
315) 浩然, ≪金光大道≫, 人民文學出版社, 1974年版, 63쪽.
316) ≪碧水長流≫, 上海人民出版社, 1973年版, 89쪽.

**找死**？"317)

마승왕은 가슴을 치며 씩씩하고 늠름하게 소리쳤다. "내가 보기에 양칙수가 열천촌이란 세 글자를 들으면 두피조차도 마비될 것입니다. 그가 감히 온다 할지라도 **고양이가 호랑이의 코를 핥듯 스스로 죽음을 자초하는** 것이 아니겠습니까?"

③ 他心裏忽然有了一線希望, 想道："要不, 借社裏的井用用吧！反正他們的地也澆完了！"可是自己又立刻把這個念頭打消了, 自言自語地說道："那不是**老虎吃蚊子, 枉張空口**！"318)

그의 마음에 갑자기 한 가닥 희망이 생겨 말하려고 했다. "안 그러면 인민공사의 우물을 빌려 쓰자! 어쨌든 그들의 땅도 관개를 다하였으니!" 그러나 스스로 또 즉시 이 생각을 단념하며 혼자말로 말하였다. "그건 **호랑이가 모기를 먹듯 공연히 빈 입만 벌리는 [공연히 말만 하는]** 것이 아닌가!"

헐후어가 동사 '是'의 목적어가 되어 구성하는 동목구조는 판단, 설명, 해석, 귀속을 나타내는 것 이외에 또 상황의 비유를 나타내는 작용을 한다. 판단, 설명, 해석, 귀속을 나타내는 것은 주로 '是'와 헐후어 뒷부분의 조합에 대해 말한 것이지만, 상황의 비유를 나타내는 것은 바로 '是'와 헐후어 앞부분의 조합에 대해 말한 것이다. 주의할만한 것은 '是'의 목적어가 판단성의 헐후어일 때, '是'는 더 이상 뒷부분과 관계가 발생하지 않고, 단지 앞부분과 관계가 발생한다는 것이다. 비교해보자.

317) ≪長纓頌≫, 廣西人民出版社, 1977年版, 146쪽.
318) 馬烽, ≪我的第一個上級≫, 人民文學出版社, 1977年版, 68쪽.

① 在"滿洲國", 咱們哥倆是一樣, 都是**馬杓[勺]子吊起來當鑼打, 窮得叮哩當啷響**。[319)]

'만주국'에서 우리 두 사람은 마찬가지로 모두 **나무밥주걱을 메달아 놓고 징 삼아 치면 댕그랑 소리가 날 정도로 가난했었다**.

② 不是不來, 我一開頭, 就隨隊長, 還能半道妥協嗎? 我是想: 咱們是**孔夫子搬家, 淨是書{輸}**, 心裏眞有點點幹啥的。[320)]

오지 않은 것이 아니라 내가 처음부터 대장을 수행했으니 조금이라도 타협할 수 있었겠니? 우리는 **공자가 이사하면 온통 책뿐이니 {언제나 지기만 하니}** 마음속에 정말 무언가 해야 할 것이 있다고 나는 생각해.

③ "唉!"姑娘擧步要走, 又歎口氣: "沒有啥, 左思右想, 我是**癩蛤蟆想飛 —— 不是上天的料**。"[321)]

"아휴!" 아가씨는 발을 내딛으며 가려고하다가 다시 한숨을 쉬었다. "아무것도 아니야, 이리 생각하고 저리 생각해봐도 나는 **두꺼비가 날고 싶어 하지만 하늘을 날 재목이 아니야.**"

예문 ①의 '馬杓子吊起來當鑼打 — 窮得叮哩當啷響'은 설명 성질의 헐후어로, '是'는 앞부분의 '馬杓子吊起來當鑼打'와 조합할 수도 있고, 뒷부분의 '窮得叮哩當啷響'과 조합할 수도 있는데, 전자는 상황의 비유를 나타내고 후자는 설명을 나타낸다. 예문 ②, ③의 상황은 다른데, '孔夫子搬家, 淨是書{輸}', '癩蛤蟆想飛 — 不是上天的料'는 모두 판단 성질의 헐후어로, '是'는 단지 앞부분과 관계가 발생하여

---

319) 周立波, ≪暴風驟雨≫, 人民文學出版社, 1958年版, 190쪽.
320) 같은 책, 122쪽.
321) 安徽文聯編, ≪安徽短篇小說選≫, 安徽人民出版社, 1959年版. 194쪽.

상황의 비유를 나타내고 뒷부분과는 관계가 발생하지 않는다. 예컨대 "'是''淨是書{輸}'"와 "'是''不是上天的料'"라고는 말할 수 없다. 이런 상황에서는 더 이상 전체 헐후어가 '是'의 목적어가 되지 않는데, '是'의 목적어가 되는 것은 오직 헐후어의 앞부분이고, 뒷부분은 '是'의 주어와 직접적으로 주술관계가 발생하여 또 다른 단문을 구성한다. '咱們是孔夫子搬家, 淨是書{輸}'와 '我是癩蛤蟆想飛 —— 不是上天的料'는 각각 '咱們是孔夫子搬家, (咱們)淨是書{輸}'와 '我是癩蛤蟆想飛 —— (我)不是上天的料'와 같다.

헐후어가 동사 '像'의 목적어가 될 때 역시 이러한 특징이 있다. '像' 역시 단지 헐후어의 앞부분과 조합관계가 발생하여 상황의 비유를 나타내고, 뒷부분과는 관계가 발생하지 않는다. 예를 들면 다음과 같다.

① 跟她在一塊兒, 我像**豆腐掉進灰堆裏, 打也打不得, 吹也吹不得**, 左右都不行。322)

그녀와 함께 있으면, 나는 **두부가 잿더미에 떨어진 것처럼 털어도 안 떨어지고,불어도 안 되어서 [어쩔 수 없어서]** 이러지도 저러지도 못한다.

② 牛大眼被張老松暗頂了一下, 陰謀沒有得逞, 他眞像**黃鼠狼吃刺猬 —— 不知從哪裏下嘴**。323)

우대안은 장노송에게 몰래 대립을 당했는데, 음모가 실현되지 않아 그는 정말 **족제비가 고슴도치를 먹는 것처럼 어디서부터 입을 대야할지**

322) ≪人民文學≫, 1979年 第9期, 91쪽。
323) 蔡振輿, ≪激戰長空≫, 上海人民出版社, 1976年版, 82쪽.

**모른다. [이러지도 저러지도 못한다.]**

③ 過去兩人在一起手拉着手幹了兩年, 也有過小的分歧, 那不過像微風吹起的漣漪, 現在王仲敏回來只兩天, 兩個人就像**大年午夜的鞭炮 —— 一陣接一陣地崩**。[324)]

과거 두 사람은 손에 손을 잡고 2년 간 함께 일했다. 작은 의견차이도 있었지만, 그건 단지 산들바람이 잔잔한 물결을 일으키는 것 같았는데, 지금은 왕중민이 돌아온 지 이틀밖에 안 되었는데도 두 사람은 **정월 한밤중의 폭죽소리처럼 줄줄이 이어서 빵빵 터진다. [사이가 더욱 더 나빠졌다.]**

위의 몇 가지 예문에서 '像'은 각각 헐후어의 앞부분 '豆腐掉進灰堆裏', '黃鼠狼吃刺猬', '大年午夜的鞭炮'와 동목구조를 구성하지만, 뒷부분 '打也打不得, 吹也吹不得', '不知從哪裏下嘴', '一陣接一陣地崩'과는 조합관계가 발생하지 않는다는 것을 알 수 있다.

바로 이렇기 때문에 만약 '像'의 뒤에 '一樣'이나 '那樣'이 와서 그것과 결합한다면, '一樣'과 '那樣'은 언제나 헐후어의 앞부분 뒤에 놓고, 뒷부분 뒤에는 놓지 않는다. 예를 들면 다음과 같다.

① 的確, 一共有不到一百五十平方米廠房和六七臺普通機床的工廠, 要在二十六天的時間, 製造出拖拉機來, 豈不像**老虎吃天**一樣**摸不着邊**嗎? [325)]

분명 150평방미터가 안 되는 공장과 예닐곱 대의 보통 선반(절삭기계)

---

324) ≪青石崖≫, 山西人民出版社, 1975年版, 38쪽.
325) ≪天山戰歌≫, 農墾出版社, 1959年版, 469쪽.

을 가진 공장이 26일 만에 트랙터를 만들어내는 것은 어찌 **호랑이가 하늘을 먹는 것과 마찬가지로 변두리도 만지지 못하는 것 [너무 엄청나서 손을 쓸 수 없는 것]** 아닌가?

② 曾再興很不耐煩地說："怎麼個個都像**池塘裏的癩蛤蟆**一樣, **叫起來沒有個完**？依我說, 管他娘！要幹, 馬上就動手！"[326]

증재흥은 참을 수 없다는 듯이 말했다. "어떻게 개개인이 모두 **연못 속의 두꺼비처럼 울기시작하면 끝이 없습니까? [말을 하면 끝이 없습니까?]** 내 생각엔, 마음대로 하라하고 상관하지 맙시다! 하려면 즉시 시작합시다!"

③ 劉志春打斷李媽媽的話說："你不要再像**癩蛤蟆墊臺子脚**那樣去**硬撑**了。春汛不預分, 不但那幾戶富裕漁民不同意, 漁工、貧下中漁也會有意見。"[327]

유지춘이 이씨 어머니의 말을 끊으며 말했다. "다시는 **두꺼비가 책상 다리에 앉는 것처럼** 그렇게 **억지로 참고 버티지** 마세요. 춘신이 이익을 가배분하지 않은 것은 몇몇 부유한 어민들이 동의하지 않았을 뿐 아니라 어로공과 빈어민, 하중어민[328]들에게도 반대의견이 있었을 겁니다.

---

326) 張行, ≪武陵山下≫, 湖南人民出版社, 1977年版, 486쪽.

327) ≪大海的怒濤≫, 上海人民出版社, 1976年版, 84쪽.

328) 역자주: '漁工'은 어로공((漁撈工)을 말하며, '貧下中漁'는 빈어민(貧漁)과 하층의 중어민(中漁)이다. 중어(中漁)는 상중어(上中漁)와 하중어(下中漁) 사이의 어민을 말한다.

## 3. 관형어(定語)가 되는 헐후어

헐후어가 문장 안에서 관형어(定語)가 되면 뒤의 명사를 수식하는 작용을 하는데, 그것과 명사 사이에 일반적으로 조사(助詞) '的'를 덧붙여야한다. 예를 들면 다음과 같다.

① 柳大筐是祖傳的編筐匠, 父親一輩子, 是**窗戶眼吹喇叭名聲在外**的老實人。[329)]

류대광은 조상대대로 바구니를 짜는 사람인데, 아버지 한평생은 **창호지의 찢어진 구멍에 대고 나팔을 불면 소리가 밖으로 나듯 명성이 널리 퍼진** 성실한 사람이었다.

② 鳳陽老人說道："彩虹說的, 眞是**牛骨頭敲梆子 —— 磕骨打髓**的話呀, 你得好好思量思量。"[330)]

봉양 노인이 말했다. "채홍이 말한 것은 정말로 **쇠뼈로 딱따기를 치는 것처럼 뼈를 두드려 골수를 내는 [문제의 핵심을 제시하여 사람의 마음을 움직이는]** 말이야. 잘 생각해봐야한다."

③ 誰不知道, 眼下穿江管線, 是**磙碡砸在碾盤上 —— 硬碰硬**的任務, 是聯絡南北兩岸輸油管線的脖子。[331)]

현재 강을 관통하는 파이프라인은 **돌태로 연자방아받침대를 치듯 딱딱한 물건과 딱딱한 물건이 부딪히는 [일을 하는데 견실하고 대단한 공력이 요구되는]** 임무이며, 남북 양안의 송유 파이프라인을 연결하는 길목이

---

329) 楊大群, ≪西遼河傳≫, 人民文學出版社, 1959年版, 209쪽.
330) 田東照, ≪長虹≫: 山西人民出版社, 1976年版, 431쪽.
331) ≪油浪滾滾≫, 上海人民出版社, 1975年版, 161쪽.

라는 것을 누가 모르는가.

## 4. 부사어(狀語)가 되는 헐후어

헐후어가 문장 안에서 부사어(狀語)가 되면 동작의 정태(情態)를 중점적으로 묘사하는데, 그것과 뒤의 동사 사이에 일반적으로 조사(助詞) '地'를 덧붙여야한다. 예를 들면 다음과 같다.

① 今天我可是**碌碡砸石頭 —— 石{實}打石{實}**地什麽話也給你抖了。332)

오늘 나는 정말 **돌태가 돌과 부딪치듯 돌이 돌을 치게 {성실하고 진실하게}** 어떤 이야기라도 당신에게 철저히 폭로하겠습니다.

② "不是你弄掉的, 那你就別踩它。"趙坤和眼裏冒了火。"是老子故意踩它的嗎? 鞋底上還能長對眼睛瞧着!"眞是**石頭碰上鋼板上, 硬碰硬**地吵起來, 誰也不肯讓一步。333)

"네가 떨어뜨린 것이 아니라면 밟지 말았어야지." 조곤화의 눈에 불이 타올랐다. "내가 일부러 밟은 거냐? 신발 밑에도 눈이 달릴 수 있나 보자! 정말 **돌과 강철판이 부딪치듯 강경한 태도로** 싸우며 누구도 양보하려 하지 않는다.

③ 兩頭老人催着他們年前結婚, 秀英一直沒吐口, 小强他爹娘

332) 王東滿, ≪漳河春≫, 山西人民出版社, 1976年版, 106쪽.
333) 羽揚, ≪三號閘門≫, 新文藝出版社, 1954年版, 85쪽.

就**老頭兒拉胡琴，自顧自{吱咕吱}**地忙活起來了。[334)]

두 노인이 새해 전에 결혼하라고 그들을 재촉하였으나 수영이 계속 말을 하지 않자, 소강(小强) 그의 부모는 **늙은이가 호금[335)]을 켜듯 각자 자신만 돌보며{찌지직거리며}** 바쁘게 일하기 시작했다.

## 5. 보어(補語)가 되는 헐후어

헐후어가 문장 안에서 보어(補語)가 되는 것은 통상적으로 동작의 결과를 나타내는데, 그것과 앞의 동사 사이에 일반적으로 조사 '得'나 양사 '個'를 덧붙여야한다.

조사(助詞) '得'를 덧붙인 것은 예를 들면 다음과 같다.

① 幾句話，把個馬連福說得**張飛穿針 —— 大眼瞪小眼**，後脊梁背蘇蘇地冒涼氣。[336)]

몇 마디 말은 마연복을 **장비가 바늘에 실을 꿸 때 큰 눈으로 작은 바늘구멍을 뚫어지게 쳐다보는 것같이** 말하여 뒤 등골이 오싹하였다.

② 在這鮮明對比之下，這兩位富裕中農愈加感到：當初參加中農社本想撈點油水的，由於看錯人了，投錯了門，結果弄得**長禿瘡害脚氣 —— 兩頭不落一頭**。[337)]

---

334) 馬春，≪龍灘春色≫，天津人民出版社，1973年版，114쪽.
335) 역자주: '胡琴'은 중국 서역과 북방오랑캐로부터 전해진 모든 찰현(擦絃) 악기를 가리키는데, 이호(二胡), 호궁(胡弓), 경궁(京弓), 완금(碗琴) 등이 여기에 속한다.
336) 浩然，≪艷陽天≫(第1卷)，人民文學出版社，1974年版，163쪽.
337) 尼尼，≪閃光的年華≫，河南人民出版社，1978年版，289쪽.

이 선명한 대비 아래 그 두 부유한 중농은 당초 '중국농업과학연구사'에 참가한 것은 본래 석유를 좀 끌어올리려는 것이었는데, 사람을 잘못 보고 연줄에 잘못 기댐으로 인해 그 결과 **부스럼이 생기면 무좀에 해를 끼쳐 둘 가운데 한쪽도 떨어지지 않는 것같이** 되었다고 더욱 느꼈다.

③ 你在廠裏總是說沒有什麼了不起！到了家裏來, 就急死了, 急得"**猴子吃胡椒**", **亂抓**了。338)

너는 공장에서는 늘 별거 아니라고 말하는데, 집에만 오면 초조해 죽을 지경이 되어 '**원숭이가 후추를 먹는 것처럼**' 서둘러 **함부로 할퀸다. [계획 없이 되는대로 한다.]**

양사(量詞) '個'를 덧붙인 것은 예를 들면 다음과 같다.

① 只有將傷員叔叔轉移出去, 鬼子漢奸才會落個**柳條籃子打水——一場空**。339)

상원 삼촌을 이동시켜 보내기만 하면, 매국노 놈들은 **버드나무 가지로 만든 바구니로 물을 길듯 텅 비어 물거품이** 되어버릴 거야.

② 胖得出奇的胡風風, 飛着風沙眼, 瞟了喜氣洋洋的男人一眼, 撇了撇嘴說："看你樂的, 不要鬧個**貓咬豬尿泡, 空歡喜一場**。"340)

유달리 뚱뚱한 호풍풍은 풍사안341)을 날리며 즐거움에 충만한 남자를

338) ≪上海十年文學選集·戲曲劇本選≫, 上海文藝出版社, 1960年版, 541쪽.
339) ≪中篇小說選≫, 農村讀物出版社, 1976年版, 16쪽.
340) 谷豊登, ≪奔騰的大黑河≫, 內蒙古人民出版社, 1977年版, 12쪽.
341) 역자주: '(風)沙眼'은 클라미디아(chlamydia)로 인해 일어나는 결막의 접촉 감염병인 '트라코마(trachoma)'이다. 급성결막염의 형태로 시작하여 눈꺼풀안쪽에 좁쌀크기의 투명한 것이 돋아나며, 만성시기에는 각막이 흐려지고 시력이 떨어지는 경우가 많다.

힐끗 곁눈질하여 보고서는 입을 삐죽거리며 말했다. "네가 즐거워하는 걸 보니, **고양이가 돼지오줌보를 물듯 괜히 헛되이 기뻐하지 [공연히 좋아하지]** 말아야겠다."

③ 白麗朵爲難地說："這不嘛， 我把情況一字不漏地跟老朝作了匯報， 老朝指示一定要保證沙漠水庫的需要。這一下子我鬧了個**武大郎攀槓子 —— 上下夠不着**了。"[342)]

백려타가 난처한 듯이 말했다. "이건 아니야, 나는 상황을 한 글자도 빠짐없이 조씨에게 보고했고, 조씨는 반드시 사막 저수지를 확보해야 한다고 지시했어. 이번에 나는 **무대랑이 철봉에 뛰어오르듯 위에도 닿지 않고 아래에도 미치지 못하게 [이러지도 저러지도 못하는 난처한 상황을]** 만들어버렸어."

헐후어는 위에서 서술한 바와 같이 하나의 완전한 어법단위로서 문장의 구성성분 역할을 하는 것[343)] 이외에도, 그것의 앞뒤 두 부분이 또한 분리되어져 두 개의 어법단위가 되어 서로 다른 작용을 할 수 있다. 자주 보이는 것으로 두 가지 상황이 있다. 하나의 상황은 앞뒤 두 부분이 분리되어진 후, 뒷부분은 문장의 어떤 성분역할을 하고 앞부분은 문장 안에서 끄집어내면 독립성분이 된다. 예를 들면 다음과 같다.

① 金山揷了一句, 說："金叔, **貓頭鷹報喜**, 這兩天你可眞是**醜名在外**。"[344)]

---

342) 劉希天, ≪娜敏伊虹≫, 內蒙古人民出版社, 1978年版, 298쪽.
343) 엄격히 말하면, 헐후어가 '是', '像'의 목적어가 되어 상황의 비유를 표시하는 것은 여기에서 제외해야한다.

금산이 끼어들며 말했다. "김씨 아저씨, **부엉이가 기쁜 소식을 알려주더니**, 요 며칠간 아저씨는 정말 **나쁜 명성이 바깥에까지 멀리 퍼지는군요.**"

② 這是個總把口, 他就是到臥龍泉, 也得返回來走這道橋, **瞎子站櫃臺**, 我看咱在這裏**死等**這錘**買賣**好了。345)

이것은 길모퉁이이고, 그가 와룡천에 도착하면 돌아올 때도 이 다리를 지나야해. **장님이 계산대에 서 있듯이** 내가 보기에 우리들은 여기에서 **하염없이 장사를 하면 돼. [움직이지 않고 앉아서 기다리면 돼.]**

③ 陳老甩隔門縫瞧着李寶泰, 伸張胳膊用煙袋鍋子點住他的鼻子, 說："**蒜頭疙瘩戴涼帽**, 依我說, 你趁早不要**裝大頭鬼**！你那點鬼心眼兒, 一眼就瞧你個透心亮。"346)

진노솔은 이보태를 문틈을 사이에 두고 들여다보며[얕잡아보며] 팔을 뻗어 담배통으로 그의 코를 찍어 누르며 말했다. "**통마늘이 밀짚모자를 쓰듯**, 내 생각엔 네가 일찌감치 **큰머리귀신[성실한 사람]인 체 하지** 말았으면 해! 너의 그 음험한 속셈은 한 눈에 봐서 다 알아차렸어."

예문 ①의 '貓頭鷹報喜, 這兩天你可眞是醜名在外'는 본래 '這兩天你可眞是貓頭鷹報喜, 醜名在外'이며, '貓頭鷹報喜, 醜名在外'는 '是'의 목적어가 된다. '貓頭鷹報喜'를 강조하기 위해서 그것을 뒷부분과 분리하여 문장의 앞쪽으로 끄집어내어 독립성분이 되었고, '醜名在外'만 남아서 '是'의 목적어 역할을 한다. 예문 ②의 '瞎子站櫃臺, 我看咱

344) 劉江, ≪太行風雲≫, 山西人民出版社, 1960年版, 85쪽.
345) 같은 책, 427쪽.
346) 같은 책, 355쪽.

在這裏死等這錘買賣好了'는 원래 '我看咱在這裏瞎子站櫃臺, 死等這錘買賣好了'[347]로 문장 속의 한 단문이며, '瞎子站櫃臺, 死等這錘買賣'는 이 단문의 술어가 된다. 분리한 후 '瞎子站櫃臺'는 독립성분이 되었고, '死等這錘買賣'가 남아 술어가 된다. 예문 ③의 '蒜頭疙瘩戴涼帽, 依我說, 你趁早不要裝大頭鬼'는 본래 '依我說, 你趁早不要蒜頭疙瘩戴涼帽, 裝大頭鬼'이며, '蒜頭疙瘩戴涼帽, 裝大頭鬼'는 술어가 된다. 분리한 후 '蒜頭疙瘩戴涼帽'는 독립성분이 되었고, '裝大頭鬼'가 남아 술어가 된다.

또 다른 상황은 앞뒤 두 부분이 분리되어진 후에 각각 문장 속의 구성성분이 되는 것이다. 예를 들면 다음과 같다.

① 不等郭長河開口, 馮金倉前奪過他手中的檢查, 手指一擰撕了個粉碎, 朝張夢夫的臉上猛地一摔, 喝道："你小子**狗啃麥苗**, 不要**裝羊{樣}**了, 今天我才算認出了你的骨頭！"[348]

곽장하가 말하기도 전에 풍금창은 앞으로 올라와 그의 손안에 있는 반성문[349]을 빼앗아 손가락으로 찢어 조각을 낸 뒤 장몽부의 얼굴로 세차게 내던지며 큰소리로 말했다. "네 이놈 **개가 보리 싹을 갉아먹듯 양인 체 꾸며대지 {허세를 부리고 잘난 체하지}** 마라. 나는 오늘에서야 비로소 내 놈을 알아봤다!"

② 喬保還告訴他, 這下車把式撕不了, "三件寶"也保住了, 還

347) '死等這錘買賣'는 본래 '死等買賣'로, '這錘' 또한 추가로 들어간 것이지만 전체 구조관계에 영향을 미치지 않는다.

348) 李明性, ≪洪流滾滾≫, 河南人民出版社, 1975年版, 253쪽.

349) '檢查'는 사상 따위를 점검, 검토하여 반성하거나 자아 비판한 결과를 쓴 반성문(反省文) 또는 자아비판문(自我批判文)이다.

可以**放羊(的)捨柴禾**，發動一些人出外攬活，**捎帶**掙點別的“外快”。[350]

“이번엔 마부도 떼어낼 수 없고 ‘보물 세 개’도 확보하였으니, **양치는 사람이 땔감을 줍듯** 몇몇 사람들을 밖으로 내보내 일거리를 도급 맡게 **하는 김에 곁들여** 남들의 ‘부수입’도 벌어들일 수 있다”고 교보가 또 그에게 알려주었다.

예문 ①의 ‘你小子狗啃麥苗, 不要裝羊{樣}了’는 본래 ‘你小子不要狗啃麥苗, 裝羊{樣}了’이며, ‘狗啃麥苗, 裝羊{樣}了’는 술어가 된다. 분리한 후 ‘狗啃麥苗’는 주술구조를 이루어 술어가 되고, ‘你小子’와 하나의 단문을 구성하여 ‘裝羊{樣}’은 또 다른 단문의 술어(주어 ‘你小子’는 앞 문장을 이어서 생략)가 되었다. 예문 ②의 ‘還可以放羊捨柴禾, 發動一些人出外攬活, 捎帶掙點別的外快’는 본래 ‘還可以發動一些人出外攬活, 放羊捨柴禾, 捎帶掙點別的外快’이며, ‘放羊捨柴禾, 捎帶’는 술어가 된다. 분리된 후에 ‘放羊捨柴禾’와 ‘捎帶’는 각각 두 단문의 술어가 된다.

350) 聶海, ≪靠山堡≫, 山西人民出版社, 1978年版, 285쪽.

# 第6장

# 헐후어(歇後語)의 수사작용

헐후어의 앞부분은 어의(語義)를 나타내는 데에 있어서 보조작용만 하고, 어법(語法)상 많은 상황에서도 보조작용을 하지만, 수사(修辭)상에서는 오히려 매우 중요한 지위를 가진다. 헐후어의 가장 기본적인 수사작용은 바로 그것의 앞부분을 통하여 표시하는 형상, 감정 등의 색채가 뒷부분이 표시하는 말뜻을 형상화하고, 또 이러한 바탕위에서 언어가 해학성(諧謔性)과 풍자성(諷刺性)의 특색을 지닐 수 있도록 하는 것이다.

## 1. 헐후어 수사의 기본작용: 형상화(形象化)

앞부분을 통하여 나타나는 형상색채가 뒷부분이 나타내는 어의(語義)를 형상화하는 것은 헐후어의 수사상에 있어서 가장 기본적인 작용이다. 비교해보자.

① 他是梁化之的紅人, 外號霍三孫, 平日裏抓人殺人, 敲詐勒索, 坑害百姓, **壞透了**。[351]

351) 程秀龍, ≪解放太原之戰≫, 山西人民出版社, 1980年版, 295쪽.

그는 양화지가 총애하는 사람으로, 별명은 곽삼손이다. 평소에 사람을 붙잡아 죽이며 공갈협박으로 백성들을 해치는데 **나쁘기 그지없다**.

② 這東霸天眞是**頭頂長瘡，脚底流膿 —— 壞透了**。從敵人佔領島子以後，他整天慣不是收稅收捐，就是殺人倒算。[352)]

이 동패천은 정말로 **정수리에 종기가 나고 발바닥에 고름이 흐르는 듯 썩어빠졌다**. 적군이 섬을 점령한 후로 그는 온종일 세금을 걷지 않으면 사람을 죽여 재산을 빼앗았다.

③ 三十幾個敵軍官**大眼瞪小眼**，誰也不說話。[353)]

적의 군관 서른 여명은 **눈만 멀뚱멀뚱 바라보고 있을 뿐**, 어느 누구도 말을 하지 않았다.

④ "村南……橋……這橋叫什麽呢？"他結結巴巴地問同伴。可是他的同伴被問得像"**張飛穿針 —— 大眼瞪小眼**"，答不上腔來。[354)]

"촌남……다리……이 다리를 뭐라고 부르지?" 그는 더듬거리며 동료에게 물었다. 그러나 그의 동료는 **장비가 바늘에 실을 꿸 때 큰 눈으로 작은 바늘구멍을 뚫어지게 쳐다보는** 것처럼 물음을 당해 대답해낼 수 없었다.

⑤ 城門洞裏還有一個連的敵人，……他們在我軍炮火轟城時就已嚇蒙了。這時，又見衝過來不少解放軍戰士，一個個全都**慌了神**。[355)]

성문 출입구에 일개 중대 상당의 적군이 아직 남아있는데, ……그들

---

352) 姜樹茂, ≪漁島怒潮≫, 人民文學出版社, 1972年版, 380쪽.
353) 程秀龍, ≪解放太原之戰≫, 山西人民出版社, 1980年版.
354) ≪海疆兒女≫, 福建人民出版社, 1977年版, 214쪽.
355) 程秀龍, ≪解放太原之戰≫, 山西人民出版社, 1980年版, 211쪽.

은 아군의 공성(攻城) 포격에 놀라서 이미 얼떨떨해졌다. 이때, 적지 않은 해방군 전사들이 돌격해오는 것을 바라보고는 하나같이 모두 **넋을 잃어 버렸다**.

⑥ 賈之新這下更是**土地爺撲螞蚱** —— **慌了神了**。他端著兩盤魚, 擠在人群裏, 東遮西攔地勸人：“哎喲喲, 大伙別鬧了。這都怪我不好, 考慮問題不周全。……”356)

가지신(賈之新)은 이번에 더욱 **토지신이 메뚜기를 때려잡듯 당황하여 어찌할 바를 몰랐다**. 그는 물고기 두 접시를 들고 사람들 속에 끼여 이리저리 막으며 사람들을 타일렀다. “아이고, 모두 그만들 하세요. 이 모두 주도면밀하게 문제를 고려하지 못한 제 잘못 탓입니다. ……”

예문 ①의 ‘壞透了’는 일반적인 표현법이며, 예문 ②는 ‘壞透了’ 앞에 ‘頭頂長瘡, 脚底流膿’을 덧붙여서 헐후어가 되었다. 비교해보면 후자는 ‘頭頂長瘡, 脚底流膿’을 통하여 ‘壞透了’를 형상화한 것을 바로 알아낼 수 있다. 예문 ③의 ‘大眼瞪小眼’은 조급하고 초조해서 말을 하지 못한다는 뜻인데, 원래 형상의 한 표현법이다. 예문 ④에서 헐후어로 고쳐 쓰면, ‘張飛穿針’을 통하여 ‘大眼瞪小眼’을 한걸음 더 나아가 형상화하였다. 예문 ⑤의 ‘慌了神’은 당황하여 정신을 못 차리며 어찌할 바를 모른다는 의미인데, 예문 ⑥에서 해음(諧音)방식의 헐후어 ‘土地爺撲螞蚱 —— 慌{蝗}了神了’(‘慌’은 ‘蝗’의 해음자이다)로 고쳐 쓰면, ‘土地爺撲螞蚱’는 비록 ‘慌了神’과 간접적으로 관계가 발생할 뿐이지만, 마찬가지로 연상(聯想)을 통하여 형상화의 효과를 얻을 수 있다.

---

356) 程建, ≪三探紅魚洞≫, 上海人民出版社, 1975年版, 294쪽.

헐후어의 앞부분이 언어를 형상화하는 데는 두 가지 분명한 특징이 있다. 하나는 선택한 제재가 광범위한 것이고, 다른 하나는 상상이 풍부한 것이다.

헐후어 앞부분에서 선택한 제재는 사회생활의 많은 방면과 관련이 되는데, 특히 사람, 귀신, 동물, 식물, 음식물 및 각종 기물 등을 흔한 묘사대상으로 삼는다.

인물을 묘사대상으로 삼는 것은 관련된 면이 매우 넓다. 역사상, 고전소설, 희곡 또는 전설고사 속의 인물을 묘사대상으로 삼는 헐후어는 예를 들면 다음과 같다.

**韓信**將兵 — 多多益善

한신이 병사를 통솔하다； 많으면 많을수록 좋다.

**杜十娘**的百寶箱 — 全部家當在裏面

두십낭의 보물함； 전 재산이 안에 들어있다.

**崔鶯鶯**送郎 — 肚子苦說不出

최앵앵이 낭군을 보내다； 가슴속 응어리를 말 못하다.

**何仙姑**回娘家 — 雲裏來霧裏去

하선고가 친정에 가다； 구름 속에서 왔다가 안개 속으로 가다. [행동이 빠르다.]

생리(生理) 상의 어떤 결함이 있는 사람을 묘사대상으로 삼는 헐후어는 예를 들면 다음과 같다.

**瘸子**挑擔子 —— 一步步來

절름발이가 짐을 메다； 한 걸음 한 걸음 오다.

**瞎子**背拐子走路 —— 由你指點

장님이 절름발이를 업고 걷다； 당신이 지시하다.

**禿子**跟著月亮走 —— 借光

대머리가 달을 따라서 가다； 덕을 보다.

兩個**啞巴**吵嘴 —— 不知誰是誰非

벙어리끼리 말다툼하다； 누가 옳고 그른지 시비를 가릴 수 없다.

노인, 부녀자, 어린이를 묘사대상으로 삼는 헐후어는 예를 들면 다음과 같다.

**老頭**吃糖 —— 越扯越長

늙은이가 사탕을 먹다； 쓸데없는 말이 갈수록 길어지다.

**俏媳婦**戴鳳冠 —— 好上加好

고운 며느리가 봉황 예모를 쓰다； 금상첨화.

**大姑娘**說媒 —— 難張口

다 큰 처녀가 (남의) 중매를 하다； (부끄러워서) 입을 열기가 어렵다.

**孩子**沒娘 —— 說來話長

엄마 없는 자식； 말하사면 이야기가 길다.

각종 직업과 신분이 다른 사람을 묘사대상으로 삼는 헐후어는 예를 들면 다음과 같다.

**木匠**吊線 — 睜一隻眼, 閉一隻眼

목수가 끈으로 추를 매달아 늘어뜨리다 ; 한 눈은 뜨고, 한 눈은 감다.

**鐵匠**繡花 — 軟硬功夫都有

대장장이가 자수를 놓다 ; 무른 솜씨 굳은 솜씨 모두 지니다.

**聖人**喝滷水 — 明白人辦糊塗事

성인이 간수를 마시다 ; 아는 사람이 어리석은 짓을 하다.

**和尙**敲木魚 — 天天總翻那本經

스님이 목탁을 두드리다 ; 날마다 언제나 같은 경만 넘기다.

어떤 가상(假想)의 사람을 묘사대상으로 삼는 헐후어는 예를 들면 다음과 같다.

**屬蚯蚓的** — 少露面

지렁이 같은 사람 ; 얼굴 드러내기를 삼가다.

**木頭人**投河 — 不沉{成}

나무로 만든 사람[357]이 강에 투신하다 ; 가라앉지 않다. {쓸모가 없다.}

357) 역자주: '木頭人'은 통상 '우둔하고 융통성이 없는 사람(木人)'을 말한다.

**王小二**過年 — 一年不如一年

왕소이가 설을 쇠다； 해마다 나빠지다.

귀신(鬼神)을 묘사대상으로 삼는 헐후어는 예를 들면 다음과 같다.

**老壽星**上吊 — 活得不耐煩了

장수노인이 목을 매다； 사는 게 성가시다.

**龍王爺**叫水推 — 神神顧不了神神

용왕이 수재(水災)[358]를 부르다； 신들도 신들을 돌볼 수 없다.

**小廟的鬼** — 上不了琉璃大殿

작은 절의 귀신； 유리로 만든 대웅전에 오르지 못하다.

**吊死鬼**問路 — 沒有好道道

목매달아 죽은 귀신에게 길을 묻다； 좋은 방법이나 비결이 없다.

동물(動物)을 묘사대상으로 삼는 헐후어는 예를 들면 다음과 같다.

**狗熊**耍把戲 — 混充人形

곰이 재주를 피우다； 사람인 체하다.

**鴨子**鑽陰溝 — 顧嘴不顧身

오리가 하수구로 파고들다； 몸뚱이보다 주둥이만 생각하다.

358) 역자주: '水推'는 방언으로 '수재(水災)'를 뜻한다.

**老鷹**抓蓑衣 — 脫不了爪

수리가 도롱이를 후리다; 손아귀를 벗어날 수 없다.

**蚊子**叮菩薩 — 認錯了人

모기가 보살을 물다; 사람을 잘못 알아봤다.

식물(植物)을 묘사대상으로 삼는 헐후어는 예를 들면 다음과 같다.

**玉米**開花 — 到頂了

옥수수 꽃이 피다; 절정에 이르렀다.

**老葫蘆**爬秧子 — 越扯越長

묵은 호리병박에 새싹이 뻗어 오르다; 끌어당길수록 길어지다.

**牽牛花**上了鑽探機 — 架子不小

나팔꽃이 시추기에 올라탔다; 허세가 크다.

牆上**一蔸草** — 風吹兩邊倒

담장위의 풀 한포기; 바람 불면 양쪽으로 넘어진다.

음식물(飮食物)을 묘사대상으로 삼는 헐후어는 예를 들면 다음과 같다.

**窩窩頭**翻個兒 — 顯大眼

수수떡[359]을 뒤집다; 큰 구멍이 나타나다.

**稀飯**泡米湯 — 淸{親}上加淸{親}

흰죽에 미음을 담그다 ; 멀건 것{친근함}에 멀건 것{친근함}을 더하다.

**狗肉丸子** — 上不了席

개고기 완자 ; 상에 올리지 못하다.

**山裏紅**包粽子 — 不像個棗

산사나무360)로 종자361)를 싸다 ; 대추 같지 않다.

기물(器物)을 묘사대상으로 삼는 헐후어는 예를 들면 다음과 같다.

**竹筐**挑水 — 兩頭空

대광주리로 물을 긷다 ; 처음부터 끝까지 텅 비다. [수포로 돌아가다.]

沒後跟的**破鞋** — 提不起來

뒤축이 없는 해진 신발 ; 품행이나 능력이 떨어져서 발탁할 수 없다.

**草帽**當鍋蓋 — 處處走氣

밀짚모자를 솥뚜껑으로 삼다 ; 군데군데 김이 새다.

---

359) 역자주: '窩窩頭'는 '窩頭'를 말하며, 옥수수가루나 수수가루 따위의 잡곡가루를 원추형으로 빚어서 찐 음식이다. 한쪽 엄지손가락을 집어 놓고 만들므로 바닥은 움푹 패어있으며, 보통 가난한 사람들은 주식으로 먹었다.

360) 역자주: '山裏紅'은 산사나무(山査子)이며, 열매가 붉어서 '山裏紅' 또는 방언으로 '紅果兒'이라 한다.

361) 역자주: '粽子'는 찹쌀에 대추 따위를 넣어 댓잎이나 갈잎에 싸서 쪄 먹는 단옷날 대표음식의 한 가지이다.

**流水簿**做袍子 —— 滿身都是賬

금전출납장부로 두루마기를 만들다； 온통 빚 투성이다.

이 외에 적지 않은 헐후어의 앞부분이 어떤 동작과 행위 또는 현상을 묘사대상으로 삼는 것도 있는데, 예를 들면 다음과 같다.

**懷裏揣冰棍** —— 一下子涼到心了

품속에 아이스케이크를 넣다[품다]； 왈칵 마음까지 차가워지다.

**石頭上栽蔥** —— 紮不下根

돌 위에 파를 심다[재배하다]； 뿌리를 내리지 못하다.

**披著虎皮進村** —— 嚇唬老百姓

호랑이 가죽을 걸치고 마을에 들어가다； 백성을 겁주다.

**下雨天出太陽** —— 假晴{情}

비오는 날 해가 뜨다； 거짓 맑음. {거짓 인정.}

이상은 단지 자주 보이는 약간의 예만 들었을 뿐, 실제로 헐후어 앞부분에서 선택한 제재는 더 많이 광범위하다. 이렇게 폭넓게 선택한 제재는 헐후어 앞부분이 묘사하는 형상을 생동감 있고 변화다단하게 보이도록 하여 다방면의 표현요구에 부응할 수 있다.

헐후어의 앞부분은 선택한 제재가 광범위할 뿐만 아니라 상상도 풍부하다. 이것은 헐후어의 형상화에 있어서 또 다른 하나의 중요한 특징이다.

적지 않은 헐후어의 앞부분이 묘사하는 것은 현실생활 가운데 존재하는 사물이란 점을 마땅히 지적해야한다. 예를 들면 다음과 같다.

**兎子尾巴** ── 長不了

토끼의 꼬리 ; (자라서) 길어질 수가 없다.

**冬天的大葱** ── 根枯葉爛心不死

겨울철 대파 ; 뿌리는 마르고 잎은 썩어도 속 알맹이는 죽지 않는다.

**大海裏行船** ── 看不到邊

큰 바다에서 배를 운행하다 ; 끝이 보이지 않는다.

**大年初一吃餃子** ── 沒外人

정월 초하루에 물만두를 먹다 ; 모르는 사람[남]이 없다.

그러나 더 많은 헐후어는 앞부분이 묘사하는 것이 현실생활 가운데 그다지 존재하지 않거나 근본 존재할 수 없는 사물이다. 이러한 헐후어의 앞부분은 사람들이 여러 가지의 수법을 활용하여 허구(虛構)를 상상해낸 것이다. 비교적 자주 보이는 수법은 다음과 같다.

(1) 무생물 또는 일반 동물을 사람으로 간주하여 묘사하는 것은 수사(修辭)에서 비교격(比較格)의 의인법(擬人法)에 해당한다. 예를 들면 다음과 같다.

**泥菩薩洗臉** ── 越洗越難看

진흙으로 만든 보살이 세수하다 ; 씻을수록 보기 싫다.

**老虎推磨** — 不聽那一套

호랑이가 맷돌질하다 ; 그런 수법을 듣지 않다. [남의 말을 듣지 않다.]

**螞蟻戴眼鏡** — 自覺着臉面不小

개미가 안경을 쓰다 ; 스스로 얼굴이 큰 줄 알다.

**老鼠替貓刮鬍子** — 拼命地巴結

쥐가 고양이 수염을 깎아주다 ; 필사적으로 아부하다.

**癩蛤蟆坐金鑾殿** — 夢想

두꺼비가 금란전[362]에 앉다 ; 망상에 빠지다. [헛된 생각을 하다.]

'洗臉', '推磨', '戴眼鏡', '刮鬍子', '坐金鑾殿'은 본래 사람이 갖고 있던 동작으로, '泥菩薩', '老虎', '螞蟻', '老鼠', '癩蛤蟆'를 묘사하는데 사용하였다. 이렇게 함으로써 그것들을 사람의 모양으로 상상하게 만들었고, 사람의 사상과 감정 및 동작 표정을 부여하였다. 당연히 이것은 헐후어 자체로 말하는 것이지, 만약 말하는 사람으로부터 헐후어를 활용하는 각도에서 본다면 곧 사람을 동물로 간주하여 말하는 것으로 의물(擬物)[363] 성질을 띠고 있다.

362) 역자주: '金鑾殿'은 원래 당대(唐代)의 궁전 이름으로, 후에 고전소설이나 희곡에서 황제가 정사를 처리하거나 성대한 의식을 거행하는 전당(殿堂)으로 많이 쓰인다.
363) 역자주: '擬物'은 사람을 동물이나 사물에 비기는 수사기교의 한 방식이다

(2) 고의로 사실보다 과장해서 말하고 사물에 대해 확대 또는 축소의 묘사를 하는 것은 수사에서의 과장법(誇張法)에 해당한다.

고의로 확대하는 경우의 예를 들면 다음과 같다.

**丈二寬的長袍** — 大腰{搖}大擺

1장 2척 너비의 도포; 큰 허리에 휘적거리다. {어깨를 으쓱거리며 걷다. 목에 힘을 주고 걷다.}

**九十歲老翁學武術** — 上氣不接下氣

아흔 살 늙은이가 무술을 배우다; 숨이 턱에 닿다.

**一張紙畫一個鼻子** — 好大的臉面

종이 한 장에 코 한 개를 그리다; 대단히 큰 얼굴.

**冬瓜大的茄子** — 嫩不了

동아(동과) 크기만 한 가지; 부드러울 수 없다.

고의로 축소하는 경우의 예를 들면 다음과 같다.

**兩分錢開當鋪** — 周轉不開

돈 두 푼으로 전당포를 열다; 돈이 잘 돌아가지가 않다.

**三個錢買條毛驢** — 自誇騎得

돈 세 냥으로 당나귀를 사다; 스스로 자랑하며 타다.

**四兩豬頭** — 懶得刮

네 냥(무게단위)의 돼지머리; 껍질 벗기기가 귀찮다.

九兩線織布 ── 想得稀奇

아홉 냥(무게단위) 실로 베를 짜다； 생각이 희한하다.

(3) 실제로 보고 듣지 않은 사물을 보고 들은 것과 같이 말하여 마치 실제 그 일이 있는 것처럼 하는 것은 수사에서의 현시법(現示法)에 해당한다. 구체적으로 분석하면 다음 세 종류의 상황이 있다.

한 종류는 '지난 일을 회상하며 이야기하는 성질(追述性)'을 띠고 있는 것으로, 예를 들면 다음과 같다.

張飛吃豆芽 ── 小菜一盤

장비가 콩나물을 먹다； 반찬 한 접시.

關公賣豆腐 ── 人硬貨軟

관우가 두부를 팔다； 사람은 딱딱하지만 물건은 부드럽다.

豬八戒照鏡子 ── 裏外不是人

저팔계가 거울을 보다； 안팎이 모두 사람이 아니다. [아무리 보아도 사람처럼 생기지 않다. 욕을 먹거나 난처하게 되어 꼴이 말이 아니다.]

孔夫子搬家 ── 淨是書{輸}

공자가 이사하다； 온통 책뿐이다. {언제나 지기만 하다.}

'張飛吃豆芽', '關公賣豆腐', '豬八戒照鏡子'는 비록 불가능한 일은 아니지만, ≪삼국연의(三國演義)≫와 ≪서유기(西遊記)≫ 안에서 모두 근거를 찾을 수 없다. '孔夫子搬家'도 가능한 일이지만 역사상 근거를 찾을 수 없다. 모두 상상을 통하여 과거의 일을 마치 눈앞에 있는 것처럼 말하는 것이다.

다른 한 종류는 '가정이나 가설의 성질(假設性)'을 띠고 있는 것으로, 예를 들면 다음과 같다.

**對着鏡子作揖** — 自己恭維自己

거울을 들여다보고 읍하다 ; 스스로 치켜세우다.

**大路邊上打草鞋** — 有的說長, 有的說短

큰길가에서 짚신을 삼다[엮다] ; 어떤 사람은 길다고[장점을] 이야기하고, 어떤 사람은 짧다고[단점을] 이야기하다.

**茶壺裏煮餃子** — 倒不出來

찻주전자 속에 물만두를 삶다 ; (따라서) 끄집어내지 못하다.

**穿着蓑衣救火** — 引火燒身

도롱이를 입고 불을 끄다 ; 불을 일으켜 자신을 태우다. [스스로 고난이나 재난을 불러들이다. 사서 고생하다.]

읍(揖)을 하는 것은 남에게 경의를 표하는 것으로 보통 거울을 들여다보고 하지 않는다. 짚신은 보통 집에서 엮지 큰길가에서 엮지 않는다. 찻주전자에도 물만두를 삶아 익힐 수는 있지만, 생활상식이 조금이라도 있는 사람은 찻주전자에 물만두를 삶지 않는다. 도롱이는 풀이나 종려나무로 만든 비 막이용 도구인데, 정상적인 사람은 도롱이를 입고서 불을 끄지 않는다. 이것들은 모두 현실생활 가운데 출현할 가능성이 없는 일을 가설을 통하여 사실인 것처럼 말하여 눈앞에 드러난 것이다.

나머지 한 종류는 '근거 없이 상상하고 추측하는 성질(懸想性)'을 띠고 있는 것으로, 예를 들면 다음과 같다.

**筷子搭橋** — 難過

젓가락으로 다리를 놓다 ; (좁아서) 건너가기 힘들다.

**老虎拉碾子** — 誰趕{敢}

호랑이가 연자방아를 끌다 ; 누가 내쫓겠는가. {누가 감히 하겠는가.}

**長蟲吃扁擔** — 直棍一條

뱀이 멜대를 먹다 ; 곧은 막대기 한 자루.

**踩着梯子摘星星** — 離天遠着呢

사다리를 타고서 별을 따다 ; 하늘까지는 아직도 멀다.

**半天雲中扭秧歌** — 空歡喜

구름 낀 하늘에 모내기 춤추다 ; 헛물을 켜다.

**站在黃河兩岸握手** — 差得太遠

황하 양안에 서서 악수하다 ; 너무 멀리 떨어져있다.

**一百隻蛤蟆拉輛車** — 只見頭動彈, 不見車動彈

개구리 백 마리가 수레를 끌다 ; 대가리만 꿈적거릴 뿐, 수레는 움직일 기미가 안 보인다.

젓가락으로 근본 다리를 놓을 수가 없고, 호랑이는 연자방아를 끌 수가 없다. 뱀이 멜대를 먹을 수가 없으며, 사다리타고 별을 딸 수가 없다. 황하 양안에 서서 악수를 할 수가 없으며, 개구리가 아무리 많아도 수레를 끌 수가 없다. 이것들은 모두 현실생활 가운데 출현할 수 없는 일인데도, 근거 없이 상상하고 추측하는 현시(現示)를 통하여 그것들을 마치 눈앞에 있는 것과 마찬가지로 말한다.

헐후어의 앞부분은 바로 비교, 과장, 현시 등의 수법을 활용하여 풍부한 상상을 형성하였다. 이 풍부한 상상과 광범위하게 선택한 제재가 결합하여 헐후어로 하여금 언어를 형상화하는데 있어서 독특한 풍격을 갖도록 하였다.

헐후어의 앞부분이 갖추고 있는 이러한 독자적인 풍격의 형상성은 그것이 문장 속에 들어간 다음에 '비(比)'와 '흥(興)'의 작용을 일으키게 한다. 다음은 먼저 '비'를 설명하고 나서 다시 '흥'을 설명하겠다.

'비(比)'는 비유(比喩, 譬喩)이다. 헐후어의 앞부분은 일정한 전후 문맥 중에서 비유의 작용을 일으킬 수 있는데, 이는 이 책의 제1장에서 이미 제시하였으므로 여기서 다시 한걸음 더 나아가서 설명하겠다.

헐후어의 앞부분이 비유를 하는 것은 일반적인 비유와 서로 같은 부분도 있고 다른 부분도 있다. 서로 같은 부분은 그것이 일반 비유와 마찬가지로 직유(直喩), 은유(隱喩), 차유(借喩)의 세 가지 형식을 갖고 있다는 데 있다.

직유(直喩, 明喩)에 해당하는 것은, 예를 들면 다음과 같다.

① 山風毫不遲疑地往後一擺手："撤！""撤？"匪副官眞像半**夜吃黃瓜——不知頭尾了**。[364)]

산풍(山風)은 조금의 머뭇거림도 없이 뒤로 손짓했다. "철수!" "철수해?" 적병의 부관은 **한밤중에 오이 먹듯 전혀 앞뒤를[상황을] 모르는 것** 같았다.)

② 怪不得人說你們詩云子曰的人難講話！這樣看來，你好像**老鼠尾巴上瘡子，出膿也不多！**[365)]

어쩐지 사람들이 케케묵은 설교를 하는 당신네들을 보고 말이 안 통한다고 말하더군! 이렇게 보아하니, 당신은 **쥐꼬리에 난 종기마냥 고름도 별로 나오지 않는 것**처럼 보이네!

③ 有的同志, 會前無調查, 無準備, 對於要硏究和解決什麽問題, 心中無數, 開起會來好比**脚踩西瓜皮 —— 溜到哪裏算哪裏**。[366)]

어떤 동지는 회의에 앞서 사전 조사와 준비를 하지 않아 어떠한 문제를 연구하고 해결해야하는지에 대한 상황파악이 전혀 되어있지 않습니다. 회의가 시작되면 마치 **수박껍질 밟는 듯 미끄러지는 대로 갈 뿐이죠**.

④ 他的才華與衆不同，他發表的三篇論文，僅僅是他才華的初露, 攻"高大精尖"革新項目的活動, 如同**耗子拉木鍁 —— 大頭在後**。[367)]

남다른 재능을 가진 그가 발표한 논문 세 편은 겨우 그의 재능을 막 드러낸 것일 뿐, '고급·대형·정밀·첨단' 혁신 프로젝트를 공략하는 활동이 마치 **쥐가 넉가래(목재 가래)를 끄는 것**과 같아 그의 **진짜 재능은 뒤에 있을 것이다**.

---

364) 廣西軍區政治部, ≪靑山網≫, 廣西人民出版社, 1977年版, 326쪽.
365) 淸·吳敬梓, ≪儒林外史≫(第14回), 人民文學出版社, 1959年版, 175쪽.
366) ≪新湘評論≫, 1978年 第1期, 60쪽.
367) 扎拉嘎胡, ≪草原的早晨≫, 人民文學出版社, 1977年版, 93쪽.

‘半夜吃黃瓜’, ‘老鼠尾巴上瘡子’, ‘脚踩西瓜皮’, ‘耗子拉木鍁’은 모두 비유대상의 작용을 일으키면서, 각각 비유어(比喩詞) ‘像’, ‘好像’, ‘好比’, ‘如同’을 통하여 본체(비유의 대상)와 ‘갑은 을과 같다(甲像乙)’의 격식을 구성한다. 그래서 직유법에 해당한다.

은유(隱喩, 暗喩)에 해당하는 것은, 예를 들면 다음과 같다.

① 這麽一來, 謠言又像黑老鴰似地, 飛遍全屯。有的說：“中農是**過年的豬，早晚得殺**。”[368)]

이렇게 되니 뜬소문은 또 까마귀처럼 온 마을을 휘날렸다. 어떤 사람은 “중농은 **설 쇠는데 잡는 돼지인 게야, 결국에는 죽여야 돼.**”라고 말했다.

② 祝永康掏香煙, 雙手遞給萬壽年一支。……萬壽年接過香煙, 道：“這成了**飯店臭蟲 —— 在家吃客**。”[369)]

축영강은 담배를 끄집어내어 두 손으로 만수년에게 한 개비를 건넸다. ……만수년이 담배를 건네받고 말했다. “이거 뭐 **식당 안의 빈대구만, 집에서 공밥 먹는 손님이 돼버렸으니.**”

③ 嚴錫侯第二次抓來三百多老百姓, 勒索七百多石糧食, 一千四百萬元現洋, 魯大和尙只分得三成, 這叫做**蛇吃鰻魚比長短**。[370)]

엄석후는 두 번째로 백성 300여 명을 잡아와 식량 700여 섬과 은화 1,400만원을 강탈하였지만, 노대 스님은 겨우 3할을 나누어 받았다. 이것을 **뱀이 뱀장어를 먹어 길이를 겨룬다**고 한다.

④ 一來都是年輕力壯的生力軍, 二來水性也確實高明, 他們畠

368) 周立波, ≪暴風驟雨≫, 人民文學出版社, 1958年版, 321쪽.
369) 陳登科, ≪風雷≫, 中國青年出版社, 1964年版, 40쪽.
370) 陳登科, ≪淮河邊上的兒女≫, 作家出版社, 1954年版, 189쪽.

到那人的身邊，一點也不費勁地把它帶到岸邊。“這叫做**駝子作揖，起手不難**。”亭面糊說。[371]

첫째로 모두 젊고 힘이 센 신예 부대이고, 둘째로 수영 또한 매우 훌륭해서, 그들은 저 사람 곁으로 헤엄쳐가서 조금도 힘들이지 않고 그것을 물가로 가져왔다. “이것을 **곱사등이 읍을 하듯 손들기 쉽다**고 하지.” 정면호[372]가 말했다.

‘過年的豬’, ‘飯店臭蟲’, ‘蛇吃鰻魚’, ‘駝子作揖’는 각각 비유어 ‘是’, ‘成’, ‘叫’, ‘叫做’를 통하여 앞쪽의 본체와 관계가 발생하여 ‘갑은 을이다(甲是乙)’의 격식을 구성한다. 그래서 은유법에 해당한다.

차유(借喩)[373]에 해당하는 것은, 예를 들면 다음과 같다.

① 我彎下腰，朝密糊糊的杉樹林子仔細地觀察着。嘿！五六個穿着黑糊糊的衣服、頭頂鋼盔的家伙鑽了出來。“**兎子叫門，送肉來了**。”我端起衝鋒槍就想掃。[374]

나는 허리를 굽혀 무성한 삼나무 숲을 바라보며 자세히 관찰하고 있었다. 허! 시꺼먼 옷을 걸치고 철모를 뒤집어 쓴 대여섯 놈들이 구멍을 뚫고 나왔구먼. “**토끼가 문을 두드리면서 고기 배달 왔다고 하네**.” 나는 소총을 받쳐 들고 곧장 쓸어버리고 싶었다.

371) 周立波, ≪山鄕巨變≫(續篇), 作家出版社, 1960年版, 221쪽.
372) 역자주: ‘亭面糊’는 ≪山鄕巨變≫ 작품 속의 등장인물로 매우 전형적인 농민이다.
373) 역자주: ‘借喩’는 비유의 일종으로, 비유되는 사물과 ‘~같다’는 식의 비유하는 말이 나타나지 않고, 직접 비유하는 사물로 비유되는 사물을 나타내는 비유법이다. 예컨대, ‘只見樹木不見森林(나무만 보고 숲은 보지 않는다)’에서 ‘樹木(나무)’와 ‘森林(숲)’이라는 비유하는 사물로 각기 ‘일부’와 ‘전체’라는 비유되는 사물을 나타낸다.
374) ≪志願軍一日≫(上卷, 第1編), 人民文學出版社, 1956年版, 396쪽.

② 她在想：“她爲什麽要送田給我？”有田多好啊！分田？還不知道是眞是假, 等到哪一年哦！**老鴉飛過望下蛋 —— 眞是癡心妄想。**375)

그녀는 생각했다. “그녀가 왜 나에게 밭을 주려고 하지?” 밭이 있으면 얼마나 좋을까! 밭을 나누어줄까? 진짜인지 거짓말인지도 모르는데 언제까지 기다려! **날아가는 까마귀가 알 낳기를 기대하니** 정말로 **허황된 망상이야.**

③ 鳳子氣哼哼地說：“**在麻袋片上繡花, 底子不好。**對他幫助多了, 他還有反感呢！誰不知道他, 他幹過一天正經活嗎？從前給段撇拉家扛長活的時候, 也是個領工的。他不是個正經八百的莊稼人。”376)

봉자는 격노하면서 말했다. “**마대에 수를 놓다니, 바탕이 안 좋잖아요.** 그 사람에게 도움이 많이 되었는데도 그는 불만이 있다니까요! 누가 그 사람을 모르나요. 하루라도 진지한 일을 해봤나요? 옛날에 단별랍(段撇拉) 집의 머슴살이 일을 줄때도 관리자였잖아요. 그는 진정한 농부가 아니라고요.”

‘兎子叫門’은 비유대상이면서도 앞 문장 ‘五六個穿着黑糊糊的衣服、頭頂鋼盔的家伙鑽了出來’의 묘사를 대체하였다. ‘老鴉飛過望下蛋’은 비유대상이면서도 앞 문장의 ‘밭을 나눠주기를 바라는 생각’을 대체하였다. ‘在麻袋片上繡花’는 비유대상이면서도 뒤 문장이 서술하는 ‘본질이 나쁜 한 사람을 도와서 잘못을 고치는 방법’을 대체하였다. 이 모두 본체뿐 아니라 비유어도 나타내지 않고서 ‘갑이 을을 대체하

375) 韓北屛, ≪高山大峒≫, 作家出版社, 1956年版, 88-89쪽.
376) 馬雲鵬, ≪雁塞遊擊隊≫, 人民文學出版社, 1977年版, 330쪽.

다(甲代乙)'의 격식을 형성하였다. 그래서 차유법이다.

헐후어의 앞부분이 비유를 하는 것은 또 일반적인 비유와 다른 부분도 있다.

첫째, 모두 알고 있듯이 비유를 구성하는 기본조건은 바로 비유대상과 본체가 본질적으로는 다르지만 지극히 비슷한 부분이 조금 있다는 것이다. 이 유사점(類似點)을 일반적인 비유는 말하지 않아도 된다. 예를 들면, '一切反動派都是紙老虎。(모든 반동파는 모두 종이호랑이다.)', '馬克思主義的方法就是政治上軍事上的望遠鏡和顯微鏡。(마르크스주의의 방법은 바로 정치, 군사상의 망원경과 현미경이다.)' 등이다. 그러나 헐후어를 사용하여 비유를 하면 유사점을 통상 말해야한다. 이 유사점은 다른 것이 아니라 바로 헐후어 뒷부분의 '주석(註釋)'이다.

둘째, 일반적인 비유도 어떤 때는 유사점을 말한다. 예를 들면, '我們揭發錯誤, 批評缺點的目的, 好像醫生治病一樣, 完全是爲了救人。(우리가 잘못을 들추어내고 결함을 비평하는 목적은 마치 의사가 병을 치료하는 것과 마찬가지로 완전히 사람을 구하기 위해서이다.)'에서 '完全是爲了救人'이 유사점이다. 그러나 이 유사점과 비유대상은 임시로 조합한 것이지만, 헐후어로써 비유를 했을 때는 유사점(헐후어의 뒷부분인 주석)과 비유대상(헐후어의 앞부분인 제시하여 이끌어내는 말)은 상대적으로 일정하게 결합되어지는 것이다.

셋째, 일반적인 비유는 유사점을 종종 말하지 않기 때문에 비유대상이 반드시 적절해야 하고, 사람들에게 쉽게 이해되어져야하며, 사람들이 보기만 해도 바로 알 수 있어야한다. 헐후어가 비유를 할 때는 일반적으로 유사점을 말해야할 뿐 아니라 유사점과 비유대상이 상대적으로 일정하게 결합되어져있기 때문에, 그것은 비유대상과 본체가 적절한지를 그다지 고려하지 않지만, 비유대상의 참신성과 독특성을 더 추구한다.

우리가 이 책의 제1장에서 밝힌 바와 같이 모든 헐후어가 문장 안으로 들어간 후에 모두 비유의 작용을 하는 것은 결코 아니다. 그러면 비유의 작용을 하지 않는 헐후어들은 앞부분이 어떤 작용을 하는가? 그것들은 중국 시가(詩歌)에서의 '흥(興)'과 유사한 작용을 한다.

'흥'은 바로 '시작하다, 개시하다(起頭)'이다. 이전 사람들은 무엇이 '흥'인지와 그것과 '비'의 관계에 대해서 많은 논술을 하였다. 유협(劉勰)은 ≪문심조룡·비흥(文心雕龍·比興)≫에서 밝히길, "比者, 附也；興者, 起也。(비는 부착하는 것이고, 흥은 일어나는 것이다.)"라고 했고, 또 "比顯而興隱(비는 분명하게 드러나고, 흥은 드러나지 않는다)"라고 했다. 공영달(孔穎達)은 ≪모시정의(毛詩正義)≫에서 "比者, 比方於物, 諸言'如'者, 皆比辭也。(비는 외물에 비유하는 것으로, '如'라 말하는 것들이 모두 비사이다.)", "興者, 起也。取譬引類, 起發己心, 詩文諸擧草木鳥獸以見意者, 皆興辭也。(흥은 일으킨다는 것이다. 비슷한 유를 들어 자신의 마음을 일으켜 펴내니 시문이 초목조수를 들어 그 뜻을 드러내는 것은 모두 흥사이다.)"라고 했다. 우리가 여기서 어떻게 '비'와 '흥'에 대해서 정확한 정의를 내릴 것인지를 전문적으로 토론할 수 없지만, 헐후어가 문장 가운데 쓰였을 때 그것의 앞부분이 경우에 따라서는 마치 '비'인 것처럼 보이지만 실제로는 '흥'에 더 유사하다는 것을 중점적으로 설명해야한다. 그것들은 앞 문장과 어떠한 비유관계도 없으며, 다만 헐후어의 뒷부분인 '주석'을 일으켜 발생하게 하는 작용을 한다. 이 책의 제1장에서 예를 든, '騎在毛驢上看唱

本 — 走著瞧(당나귀를 타고 노래가사 대본을 보다; 걸어가면서 보다 [두고 보자]'와 '百年松樹, 五月芭蕉 — 粗枝大葉(백년 된 소나무, 다섯 달 된 파초; 굵은 가지에 큰 잎이 자라다 [구체적이지 못하다])' 외에 또 몇 가지 예를 들면 다음과 같다.

① 鄭老三老頭也笑了笑說："入社這事情咱不强迫, 出社也是這樣。咱也不能强迫人家非在裏邊不行。這和結親戚一樣, '**轆轤串當眼鏡 —— 各對各眼**'。"377)

정노삼 늙은이는 또 웃음을 지으며 말했다. "인민공사[합작사]에 들어오는 이 일을 우리는 강요하지 않고, 나가는 것도 마찬가지야. 우리도 다른 사람이 안에 있지 않으면 안 된다고 강요할 수 없어. 이는 친척을 맺는 것과 같아서 '**도르래 구멍을 안경으로 삼듯 각자 맞는 눈이 있지. [자기 견해가 있지.]**'"

② 虎子擡起頭來看我, 笑着說："還誇獎呢, **馬尾串豆腐 —— 提不起來**啦！咱場沒有電焊工, 害得我翻山跑了四十多里路拜師求藝, 才學個半拉架。你沒看返工嗎！"378)

용감하고 건장한 젊은이가 고개를 들고 나를 보고서 웃으며 말했다. "또 칭찬하시네요. **말총으로 두부를 꿰면 들어 올릴 수 없어요. [되지도 않을 말을 하네요.]** 우리 공장에는 전기용접공이 없어서 나를 산 넘어 40여리 길을 달려 사부를 모시고 기술을 배우게 만들었지만, 겨우 반만 배웠어요. 당신은 다시 만드는 걸 보지 않았어요!"

③ 鄔振中說："跟誰學呀？團部的老號兵調走啦。說是要換個

377) 李準, ≪李雙雙小傳≫, 人民文學出版社, 1977年版, 94-95쪽.
378) 農村圖書編選小組, ≪戰鬪的堡壘≫, 農村讀物出版社, 1974年版, 85쪽.

來，可到現在還沒照面哩！我們幾個都是剛來的，**擀麵杖吹火——一竅不通**。”379)

오진중이 말했다. “누구와 함께 배우지? 연대본부의 진짜(제대로 된) 병사는 부서를 옮겨갔잖아. 바꿔서 올 거라고 말은 하지만 지금까지도 모습조차 나타나지 않았어. 우리 몇 명도 모두 막 온 것이어서 **밀방망이로 불을 피우듯 한 구멍도 통하지 않네. [아는 것이 하나도 없네.]**”

‘轆轤串當眼鏡’, ‘馬尾串豆腐’, ‘擀麵杖吹火’는 모두 앞 문장과 관계가 발생하지 않고, 다만 각각 뒷부분 ‘各對各眼’, ‘提不起來’, ‘一竅不通’을 이끌어내므로, 그것들은 모두 확실히 ‘비’의 작용을 하지 않고 ‘흥’의 작용을 한다.

헐후어에는 또 ‘九九八十二 — 算錯帳了’, ‘兩下子加半下子 — 兩下子半’, ‘薛仁貴不叫薛仁貴 — 叫白袍{跑}’ 등의 유형과 같이 앞부분에 형상색채를 띠지 않는 것도 있다. 이런 유형의 헐후어는 문장 가운데 쓰여 앞에 종종 ‘是’를 추가할 수 있음에도 불구하고, 마찬가지로 확실히 ‘비’의 작용을 하지 않는다. 그러나 그것들은 많든 적든 간에 또 약간의 연상이 생길 수 있는데, 이러한 연계가 일반 헐후어처럼 그렇게 구체적이고 그렇게 상상이 풍부하지는 않더라도, 언어의 실감성(實感性)을 증강시키는 데는 도움이 된다. 그것들의 앞부분이 문장 가운데에서 일으키는 작용 또한 ‘흥’에 해당하는데, 예를 들면 다음과 같다.

---

379) ≪沉船礁≫, 解放軍文藝出版社, 1965年版, 102쪽.

① 押送俘虜的戰士好歹拉開架, 坐在一輛壞吉普車的踏板上, 好像對準鄭超人的心事說："美國鬼子呀, 這回是**九九八十二, 算錯帳了**!"[380]

포로를 압송하는 전사는 아무렇게나 대충대충 받침대를 당기고서 낡은 지프차의 발판에 앉아 마치 정초인의 고민거리를 겨누는 것처럼 말했다. "미국 놈들아, 이번에는 **구구는 팔십이, 계산이 틀렸네! [타산을 잘못 했네!]**"

② 周大通聽罷, 故意擺了個能家的架勢說："要像這麽瞎咧, 咱大老周也不是吹牛, 够得上是**兩下子加半下子 —— 兩下子半**哩, 不信咱隨口就給你再來一段。"[381]

주대통이 듣기를 끝내자 고의로 능력가의 자세를 드러내며 말하였다. "이따위로 눈이 멀어서야, 나 주대통도 허풍떠는 것이 아니라 자격이 되는 것은 **두 번에 반을 더하면 두 번 반이듯 아주 재간이 있어**. 믿지 않으면 내가 아무렇게나 입에서 나오는 대로 바로 너에게 다시 한 토막 해줄게."

③ 衣服打濕了, 又餓了一天, 一個鬼毛也沒抓住。這眞是**薛仁貴不叫薛仁貴, 叫白袍{跑}**。[382]

옷도 젖고, 하루 종일 굶었는데, 귀신 털 오라기 하나도 잡지 못했다. 이게 정말 **설인귀를 설인귀라고 부르지 않고, 흰 두루마기 장군이라고 부르는 것이다. {허탕을 친 것이다.}**

380) 楊朔, ≪三千里江山≫, 人民文學出版社, 1957年版, 95쪽.
381) 劉子威, ≪在決戰的日子裏≫, 百花文藝出版社, 1978年版, 111쪽.
382) 王英先, ≪楓香樹≫, 中國青年出版社, 1979年版, 210쪽.

## 2. 헐후어 수사의 최대특징: 해학성과 풍자성

우리가 헐후어의 앞부분이 수사(修辭)상에서 갖는 중요성을 긍정하는 것은 결코 뒷부분의 수사상 작용을 부정하는 것을 의미하지 않는다. 사실, 헐후어 앞부분이 수사에서 일으키는 작용은 뒷부분의 호응(配合)과 언제나 떨어질 수 없다. 헐후어의 해학성(詼諧性)과 풍자성(諷刺性)은 바로 앞뒤 두 부분의 절묘한 조화(配合)에서 형성된 것이다. 해학과 풍자는 연관이 있으면서도 구별이 있다. 해학은 언어 가운데 사물에 대해 나타내는 홀가분하고 유쾌한 태도를 가리키며, 풍자는 곧 폭로하고 비난 질책하는 데 치중한다. 헐후어의 해학성은 주로 익살(風趣), 농담(戲謔), 함축(含蓄), 유머(幽默)에서 나타나며, 우리는 작품 중에서도 흔히 이러한 묘사를 볼 수 있다.

① 彭老總對部屬的要求是很嚴格的。他自己也風趣地說："我這個人愛批評人, 是**高山倒馬桶 —— 臭名遠揚**。"[383)]

팽 사령관은 부하에게 매우 엄격한 편이다. 그 스스로도 익살스럽게 말했다. "나란 사람은 남 비평하기를 좋아해서, **높은 산에서 변기를 쏟아 버리듯 오명을 널리 떨치는 사람**이야."

② "你知道, 你知道, 知道怕你偷吃了。誰問你啦, **眞仨鼻子眼多股子氣**。"辛鳳鳴戲謔地說。[384)]

"너 알지, 알아, 자네가 훔쳐 먹을까 봐 두려워하는 거 말이야. 누가

383) 黃克誠, ≪丹心照日月, 剛正垂千秋≫.
384) 馮志, ≪敵後武工隊≫, 解放軍文藝出版社, 1958年版, 82쪽.

네게 물어봤어, 정말 **콧구멍 세 개면 숨을 더 많이 내쉰다더니. [욕설이 많고 쓸데없는 참견을 좋아한다더니.]**" 신봉명은 우스갯소리를 했다.

③ 石老根詼諧地說："我這是**剛進廟的和尙念佛經 —— 現學現唱**！這幾十個字都是養傷的時候人家敎我的, 學三個忘兩個, 胸口裏沒剩下幾個了。"385)

석노근은 익살맞게 말했다. "나는 **갓 출가한 중이 불경을 읽는 것처럼 그 자리에서 배워서 바로 창을 하는[쓰는] 거야!** 이 수십 자는 모두 요양할 때 다른 사람이 내게 가르쳐준 건데, 세 개 배우면 두 개 잊어버려서 가슴패기에 몇 개 남지 않았어."

헐후어의 해학성(詼諧性)은 어떻게 형성되었을까? 주요한 것으로 다음 세 가지 상황이 있다.

(1) 앞부분에서 신기한 상상을 묘사하여 (듣는 사람으로 하여금) 문득 영문을 알 수 없어 어리둥절하게 하는데, 뒷부분에서 적절한 주석을 사용함으로써 듣는 순간 불현듯 모든 것을 이해하게 되면서 형언할 수 없을 정도로 절묘한 느낌을 생기게 한다. 예를 들면 다음과 같다.

① 寧金山一看馬全有那兩隻眼角朝下的眼, 以爲馬全有衝他發火。他心裏像**十五隻吊桶打水 —— 七上八下**的。386)

영금산은 두 눈초리가 아래로 향한 마전의 눈을 보자마자 마전이 그에게 화를 내는 것이라 생각하였다. 그의 마음속은 마치 **열다섯 개의 두레박**

385) 曼生, ≪玉龍的眼睛≫, 江蘇人民出版社, 1977年版, 17쪽.
386) 杜鵬程, ≪保衛延安≫, 人民文學出版社, 1956年版, 41쪽.

**으로 물을 긷는 것처럼 일곱 개는 올라가고 여덟 개는 내려갔다. [안절부절못하였다.]**

② 老郝頭慢吞吞地說："我有個啥？孤人一個, '**腿肚子貼竈王爺 —— 人走家搬**'啦。"387)

노학두가 느릿느릿 말했다. "내가 뭐가 있다고? 외톨이 하나인데, '**장딴지에 조왕신을 붙이고 다니듯 사람이 옮겨가면 곧 집이 옮겨가는 것이지. [집이 없고 식구가 한사람뿐이어서 사람이 가는 곳이 곧 집이지.]**'"

③ 趙璧是個慷慨人, 不信世間會有這種刻薄鬼, 擺着手笑道："我不信。我看你是**吃柳條, 拉筐子, 肚子裏編**。"388)

조벽은 관대한 사람이어서 세상에 이런 각박한 놈이 존재할 것이라고 믿지 않기에 손을 내저으면서 웃으며 말했다. "못 믿겠어. 내가 보기에 자네는 **버들개지를 먹고 광주리를 배설하듯 뱃속에서 광주리를 짜고 있어. [사실이 아니라 꾸며낸 거야.]**"

'十五隻吊桶打水', '腿肚子貼竈王爺', '吃柳條, 拉筐子'는 모두 상상으로, 사람들은 듣는 순간 깜짝 놀라 지레짐작을 불러일으킬 것이다. 더 나아가서 고심 끝에도 이해가 되지 않을 때 뒷부분의 주석을 보고서 그것의 의도를 깨닫기 시작하면, 어느덧 자신도 모르게 허허 웃음을 터트리게 된다.

(2) 어떤 헐후어는 앞부분이 묘사하는 것이 상상은 아니지만 실생활 가운데 존재하거나 출현 가능한 사물이다. 그러나 뒷부분의 주석이

---

387) 紀宇, ≪洮河飛浪≫, 吉林人民出版社, 1962年版, 25쪽.
388) 楊朔, ≪中國人民的脚步聲≫, 新文藝出版社, 1954年版, 96쪽.

또 다른 특색을 갖고 있기 때문에 미묘한 흥취가 넘치는 효과를 만들어 낼 수 있다.

① 在師團百十場對刺比賽中，他連連得勝，殺敗了不少掛得上號的猛將，所以人們都說他是**砌牆的磚頭 —— 後來居上**。389)

100여 차례 사단 검술 시합에서 그는 이름값 하는 여러 맹장들을 타파하면서 연이어 승리를 거두었다. 그래서 사람들은 모두 그를 **담 쌓는 벽돌처럼 뒤에 오는 것이 (앞의 것) 위에 놓인다 [뒷사람이 앞사람을 추월했다]**고 말한다.

② 芒種見遂林來了，就興奮地把買這兩匹馬的經過說了一遍，遂林笑着說："買下算了。這叫**要飯的借算盤 —— 窮有窮打算**。他們買高頭大馬，咱就買這些老古董。"390)

망종은 수림이 오는 것을 보고 흥분하며 이 말 두 필을 구입한 경과를 한차례 말했다. 수림은 웃으며 말했다. "샀으면 됐어. 이런 상황을 두고 **거지가 주판을 빌리듯 궁하면 궁한 나름대로 타산[속셈]이 있다**고 하지. 그들은 커다란 말을 사라고 해, 우리는 이런 늙다리 말이나 사지 뭐."

③ 晚上指導員宣布："二牛擡杠犁地四畝，'**閨女穿她奶奶的鞋 —— 老樣**'。"引起了一場哄堂大笑。391)

저녁에 지도원은 선포하였다. "소 두 마리로 땅 네 묘를 가는 것은, '**손녀가 할머니의 신을 신듯 이전 그대로 변함이 없습니다**'." 한바탕 장내가 떠들썩하게 웃음판을 자아내었다.

---

389) ≪龍騰虎躍≫, 吉林人民出版社, 1974年版, 52쪽.
390) 李準, ≪李雙雙小傳≫, 人民文學出版社, 1977年版, 294쪽.
391) ≪天山戰歌≫, 農墾出版社, 1959年版, 95쪽.

예문 ①의 '砌墻的磚頭'는 본래 매우 평범한 물건이지만, 뒷부분에 문어체이면서 대중들에게도 익숙한 성어 '後來居上'을 덧붙임으로써 매우 재미가 있어 보인다. 예문 ②의 '要飯的借算盤'은 그저 평상적인 일로, 뒷부분에 관용어(慣用語)를 사용하였는데, 그중 '窮'자는 '要飯的'와 호응하고, '打算'은 '借算盤'과 호응하여 매우 교묘하게 조화를 이룬다. 예문 ③의 '閨女穿她奶奶的鞋'는 원래 놀랄만한 것이 못되지만, 뒷부분의 '老樣' 두 자가 예상 밖이어서, 그 결과로 '한바탕 장내가 떠들썩하게 웃음판을 자아내었다(引起了一場哄堂大笑)'.

(3) 뒷부분은 앞부분과 밀접하게 조화를 이루고, 또 쌍관(雙關)의 수법을 활용하여 의미를 더 깊이 이끌어냄으로써 함축적이고 유머러스하며 또한 흥미진진함을 느끼게 한다. 예를 들면 다음과 같다.

① 鳳姐笑道："我說他們不用人費心, 自己就會好的, 老祖宗不信, 一定要我去說和；趕我到那裏說和, 誰知兩個在一塊兒對賠不是。倒像'**黃鷹抓住鷂子的脚**'——兩個人都'**扣了環了**'！那裏還要人去說呢？"說的滿屋裏都笑起來。[392)]

봉저(王熙鳳)가 웃으며 말했다. "내가 보기에는 저 사람들은 걱정할 필요 없어요. 가만히 놓아두면 좋아지는데 조상이 날 믿지 않는지 꼭 내가 가서 화해시키라고 해요. 서둘러 화해시키려 그곳에 가보니 둘이 서로 잘못을 빌고 있을 줄 누가 알았겠어요? 오히려 '**참매가 새매의 발을 움켜잡는 것**'처럼 '**두 사람 모두 (발톱끼리 엇갈려) 채워져서 고리가 되어 있었어요! [사이가 좋았어요!]**' 거기에 또 사람을 화해시키려 보낸다고

392) 淸·曹雪芹, ≪紅樓夢≫(第30回), 人民文學出版社, 1959年版, 327쪽.

요?" 말을 하는데 방 안에서 모두 웃기 시작했다.

② 衆老問："是那一位高徒去拿？"行者叉手道："是我小和尙。"衆老悚然道："不濟！不濟！那妖精神通廣大，身體狼犺。你這個長老，瘦瘦小小，還不够他塡牙齒縫哩！行者笑道："老官兒，你估不出人來。我小自小，結實，都是**'吃了磨刀水的，秀氣在內'**哩！"393)

중로가 물었다. "저 제자가 가져온 건가?" 행자가 두 손을 맞잡고 인사하며 답했다. "저 소승이올시다." 중로는 소름이 끼친 듯 "좋지 않구나! 좋지 않아! 그 요괴는 신통력이 무궁무진하며 신체가 매우 커서 늙고 왜소한 네가 그 요괴 잇새에 끼이지도 못할 것이야!"라고 말했다. 행자는 웃으며 말했다. "당신, 사람을 잘 보지 못하는구려. 나는 작지만 어려서부터 야무져서 이미 **'숫돌물을 마셔 총명하고 세심한 기질이 내재해있는'** 게요!"

예문 ①의 '扣了環了'는 표면적으로는 참매와 새매의 발톱이 서로 채워져 죄여있어 풀기가 쉽지 않은 것을 가리키지만, 실제로는 가보옥(賈寶玉)과 임대옥(林黛玉)이 매우 친밀하여 서로 헤어지기 싫어하는 모습을 비유하고 있다. 쌍관(雙關)의 이중의미를 통하여 함축적으로 말하여, 듣기에도 유머러스하고 그 결과로 한바탕 즐거운 웃음을 사게 되었다. 예문 ②의 '秀氣在內'에서 '秀'는 '鏽'의 해음(諧音)인데, 한편으로는 앞부분에서 뱃속에 칼의 '녹기(鏽氣)'가 들어있다고 말하는 것을 호응하지만, 실제로는 자기 겉모습은 비록 거칠어도 '총명하고 세심한 기질(秀氣)'이 내재해있다는 것을 가리켜 웃기면서도 의미심장하다.

393) 明·吳承恩, ≪西遊記≫(第67回), 人民文學出版社, 1959年版, 926쪽.

헐후어의 해학성은 예술형상을 묘사하고 인물성격을 표현하는 데에 적극적인 작용을 한다. 다음은 ≪1958년 산문특집선(1958年散文特寫選)≫에 수록된 <시누이와 올케의 '수수께끼'(姑嫂"謎")>에 나오는 두 단락의 묘사이다.

桂蓉說：

"我給你說個謎猜猜吧！"

春芍想嫂子一定要訓斥她了，不會有光沾，但還是笑着說：

"吐吐你的象牙！"

"'羊群裏跑個兎'，你猜這是啥意思？"桂蓉笑着說。

"啊——"春芍知道這是"歇後語"，嫂子把它說成是"謎"了，聽着怪俏皮的，可猜不透是啥意思，又急着想知道，所以說："此言怎講？"

"羊群裏跑個兎，數它小，數它精呀！"桂蓉說。

春芍知道是罵她，一定要打嫂子。

……

春芍爲了感謝嫂子給自已買鞋面，所以俏皮地說：

"我也說個'歇後語'來感謝你吧。"

"什麽？"桂蓉沒聽懂。

春芍知道嫂子不知道什麽叫"歇後語"，就改口說：

"我給你說個'謎'呀！就是'羊糞蛋裏掉個落花生'……"

春芍剛說到這裏，嫂子就要擰嘴，小姑趕快用手招架說：

“我的好嫂子，好隊長，這不是罵你的話……”

“快說，看你吐的什麼象牙！”

嫂子並沒有把手放下，春芍乾咳了兩聲，笑笑說：

“羊糞蛋裏掉個落花生，看來看去嫂子是個好人{仁}呀！”

“這還差不多……”394)

계용이 말했다.

“수수께끼문제 내어 줄 테니 알아맞혀봐!”

춘작은 올케가 그녀를 반드시 꾸짖으려해 덕을 볼 수 없을 거라고 생각했지만, 여전히 웃으며 말했다.

“상아[좋은 말씀]를 한 번 뱉어내보세요!”

“‘양떼 속에서 토끼가 뛰쳐나오다.’ 이게 무슨 뜻인지 맞춰봐?” 계용은 웃으며 말했다.

“아……” 춘작은 이 말이 “헐후어”인 줄 알았으나 올케가 이를 ‘수수께끼’라고 말해버려서, 듣기에 꽤나 유머러스하지만 무슨 뜻인지 아예 맞히지를 못했고, 급히 알고 싶은 마음에 그녀는 “이 말이 무슨 말이에요?”고 했다.

“양떼 속에서 토끼가 뛰쳐나오다. 덩치는 제일 작지만 제일 영리하네!” 계용이 말했다.

춘작은 그녀를 욕하는 건줄 알고 올케를 기어코 때리려고 했다.

394) ≪1958年散文特寫選≫，作家出版社，1959年版，180-182쪽.

……

춘작은 올케가 구두코를 사준 것에 대해 감사를 표하기 위해 익살스럽게 말했다.

"저도 '헐후어'를 말해서 형님께 감사드릴게요."

"뭐라고?" 계용은 알아듣지 못했다.

춘작은 올케가 뭘 '헐후어'라고 하는지 모른다는 것을 알고 말을 바꾸어 말했다.

"'수수께끼' 하나 내어드릴게요! 바로 '양의 똥에 떨어진 땅콩'은……"

춘작이 여기까지 말하자 올케는 바로 입을 꼬집으려했고, 시누이는 재빨리 손으로 막아내며 말했다.

"우리 좋은 올케님, 우리 좋은 대장님, 이건 당신을 욕하는 말이 아니에요……"

"빨리 말해. 어떤 좋은 말을 뱉어내는지 두고 보자고!"

올케가 손을 내리지 않자 춘작은 마른기침을 두 번 하고는 웃으면서 말했다.

"양의 똥에 떨어진 땅콩, 이리저리 봐도 올케는 좋은 사람{땅콩알}이에요!"

"그런대로 괜찮군!……"

시누이와 올케 사이의 이 대화 두 단락 가운데, 익살스러운 헐후이 두 개를 사용함으로써 인물형상을 생생하게 묘사하여 생활의 정취를 충만케 하였다.

해학성을 지닌 헐후어는 일반적으로 말해서 앞부분에 뚜렷한 부정의미의 색채(貶義色彩)를 띠지 않는다. 만약 앞부분에서 뚜렷한 부정의미의 색채를 띠게 되면 이런 유형의 헐후어는 종종 풍자성(諷刺性)을 지닌다. 예를 들면 다음과 같다.

① "這才是**拉拉蛄穿大衫，硬稱土紳士**。"糧戶諷刺他。395)

"이것이야말로 **(진흙 속에 사는) 땅강아지가 홑두루마기를 입고 시골신사[지방유지]라고 자칭하는 것**이지." 지주는 그를 풍자했다.

② 高樽子不等高大成發言， 他諷刺二團長說："你這是**脫褲子放屁 —— 多費一道手續**。"396)

고영자는 고대성의 발언을 기다리지 않았고, 그는 제2 연대장을 풍자하며 말했다. "당신 이게 **바지를 벗고 방귀를 뀌듯 쓸데없는 이중의 수고[공연한 짓]를 하는 거지요**."

③ "哼！你'**茅廁裏睡覺' —— 離死{屎}不遠了**， 還有空閒做善人哩！"一個匪徒諷刺地說。397)

"흥! 넌 **변소에서 잠을 자듯 죽을 날{대변}이 멀지 않았지만**, 착한 사람 될 시간은 아직도 있어!" 한 악당이 반어적으로 말했다.

헐후어의 풍자효과는 뒷부분의 조합에 의존할 때도 있다. 풍자성을 증강시키기 위해 뒷부분에 종종 반문(反問)의 어기나 반어(反語) 형식

395) 周立波, ≪暴風驟雨≫, 人民文學出版社, 1958年版, 92쪽.
396) 李英儒, ≪野火春風鬪古城≫, 作家出版社, 1959年版, 323쪽.
397) 袁靜, ≪紅色交通線≫, 河南人民出版社, 1979年版, 53쪽.

을 채용한다. 예를 들면 다음과 같다.

① 村裏雖然萬分的靜, 村西北的炮樓裏, 卻吹拉彈唱的挺凶, 貼墻根站着的賈正, 不耐煩的朝炮樓的方向一瞥："媽的, 看你這**秋後的螞蚱, 還能乍幾乍**？"398)

마을 안은 매우 조용했지만 마을 서북쪽의 포루에는 오히려 불고 켜고 뜯고 노래하는 것이 무척 심했는데, 담벼락 밑에 붙어 서있던 가정(賈正)은 성가셔 참지 못하고 포루를 향해 한번 흘끗 보더니 말했다. "젠장, 네 이놈들 **늦가을의 메뚜기처럼 날뛰면 얼마나 날뛸 수 있을지 [죽을 날이 그리 멀지 않은 꼴]** 좀 봐?"

② 趙永生等四人背貼河岸陡壁停下來。"他娘的, **黃鼠狼給鷄拜年, 還能有好心眼兒**！這會兒人家放假三天吃喝玩樂, 過大年叫咱們蹲城墻。"399)

조영생 등 네 사람은 강기슭 절벽을 등지고 멈추어 섰다. "제기랄, **족제비가 닭에게 세배한다더니, 좋은 마음을 가지고 있을 리가 없어!** 지금 남들은 사흘간 쉰다고 먹고 마시고 노는데, 설을 쇠면서 우리에겐 성벽에 틀어박혀 있으라니."

③ 幹了半年, 有兩戶嫌吃虧不幹了。村裏其他一些看熱鬧的, 還說着什麽：鄭德明是"**頭上穿襪子 —— 能出脚來了**"等一類風涼話。400)

반년을 일했는데, 두 집이 손해를 보는 게 싫어서 그만뒀다. 마을에 다른 어떤 구경꾼들은 또 정덕명이 무슨 "**머리에 양말을 신어서 발이**

---

398) 馮志, ≪敵後武工隊≫, 解放軍文藝出版社, 1958年版, 138쪽.
399) ≪桐柏英雄≫, 天津人民出版社, 1972年版, 447쪽.
400) 李準, ≪李雙雙小傳≫, 人民文學出版社, 1977年版, 39쪽.

**하나 생겼다 [잘난 척하며 잔꾀를 부린다]**"라는 따위의 비아냥거리는 말을 하고 있었다.

④ 任保媳婦心花怒放："哈, 這王鐲子也眞是急着找人找不到, 竟忘記我們的習慣, 眞是**到老鼠窟窿藏糧 —— 算找到地方了**。"401)

머느리 임보는 기뻐서 어쩔 줄 모르며 말했다. "하하, 이 왕탁자(王鐲子)도 정말 급하게 찾아서 찾을 수가 없더니, 결국 우리의 습관을 잊으니 정말로 **쥐구멍에 양식을 감춰도 (곳을) 찾게 된 셈이지. [잘못 찾게 되었어.]**"

예문 ①에서 '還能乍幾乍'는 몇 번 날뛸 수 없다는 의미이다. 예문 ②의 '還能有好心眼兒'은 좋은 마음이 없다는 의미로, 반문(反問)형식을 취함으로 인해 어기가 더욱 긍정적으로 되었고, 풍자의미도 강렬해졌다. 예문 ③의 '能'과 예문 ④의 '找到地方'은 모두 반어(反語)로, 풍자효과가 직설(直說)보다 크게 증강되었다.

어떤 헐후어의 앞부분은 비록 부정적 의미를 지니지 않지만, 뒷부분의 호응과 앞뒤 문장의 영향으로 인해 풍자적인 의미도 함유하고 있다. 예를 들면 다음과 같다.

① "呸！她那是鴨子死了嘴硬。我姐說了, 現在是我們的天下啦, 什麽'靑竹蛇', '眼鏡蛇', 那就是**秋後的山蟬 —— 叫不了幾聲**啦！"小明輕蔑地說着。402)

---

401) 馮德英, ≪迎春花≫, 解放軍文藝出版社, 1959年版, 372쪽.
402) ≪海疆兒女≫, 福建人民出版社, 1977年版, 21쪽.

"퉤! 그녀는 오리가 죽어도 주둥이는 단단한 거야. [실패를 앞두고도 입만은 아직도 드센 거야.] 우리 누나가 지금은 우리의 천하라고 말했었어. 무슨 '살무사'니 '코브라'니 하는 것은 바로 **늦가을의 매미처럼 울음소리 몇 번 못 내!**" 소명(小明)은 무시하듯 말했다.

② 劉春冷冷看了他一眼, 蔑視地說："想從我身上撈到什麽, 你是**十二月天找楊梅, 難上難呀！**"[403)]

유춘은 쌀쌀하게 그를 한번 쳐다보고는 깔보듯 말했다. "내 몸뚱이에서 무엇을 건지려고 해요? 당신은 **12월에 소귀나무열매를 찾듯 어렵고도 어려워요! [도저히 불가능해요!]**"

③ 十七、八歲的姑娘要打鐵, 這在山區裏還從沒有過, 有人就說她是"**麻包裏裝釘子, 想露頭**"；有的人說她是"**頭上揷扇子, 出風頭**"。[404)]

17, 8세 아가씨가 쇠를 단련(鍛鍊)하려고 하자, 산마을에서는 여태껏 그런 일이 없어서 어떤 사람은 그녀가 "**마대 속에 담은 못처럼 머리를 내밀려한다 [재능을 나타내려한다]**"고 하고, 또 어떤 사람은 그녀가 "**머리에 부채를 꽂듯 자기를 내세운다 [주제넘게 나선다]**"고 한다.

헐후어의 풍자성은 예술형상을 묘사하고 인물성격을 표현하는 데에 중요한 작용을 한다. ≪유림외사(儒林外史)≫(제6회)에서, 엄공생(嚴貢生)이 떡(雲片糕) 몇 조각을 잃어버린 뒤 '豬八戒吃人參果 — 全不知滋味(저팔계가 인삼과를 먹다； 그 맛을 모르다 [가치를 모르다])'와 '半夜裏不見了槍頭子 — 攮到賊肚裏(한밤중에 창날이 보이

403) 武劍靑, ≪雲飛嶂≫, 廣東人民出版社, 1978年版, 523쪽.
404) 李德復, 衛士洪, ≪地下長龍≫, 湖北人民出版社, 1974年版, 144쪽.

지 않다 ; 도적의 배를 찌르다 [자기 뱃속을 채우다])' 두 헐후어를 연이어 사용하여 조타수(掌舵的)를 풍자하였는데, 이러한 풍자는 도리어 그 자신의 추악한 마음을 드러내었다. ≪홍루몽(紅樓夢)≫(제65회)에서, 가련(賈璉)과 가진(賈珍)이 우씨 셋째언니(尤三姐)를 희롱할 때, 그녀(尤三姐)는 '清水下雜麵 —— 你吃我看(맑은 물에 국수를 넣다 ; 너는 먹고 나는 네가 하는 것을 보다 [상대방이 무엇을 생각하고 있는지 이미 다 알고 있다])', '提着影戲人子上場兒 —— 好歹別戳這層紙兒(그림자극의 인형을 들고 무대에 올라가다 ; 연기를 잘하든 못하든 종이꺼풀을 찌르지 마라 [허울을 벗겨도 폭로하기 어렵다])', '偷來的鑼鼓兒 —— 打不得(훔쳐온 징과 북 ; 칠 수 없다 [소문을 퍼뜨릴 수 없다])' 이 세 헐후어를 연이어 사용하여 (봉건통치계급의) 두 호강스럽게 자란 부잣집 자식을 신랄하고 통렬하게 풍자함으로써 그녀(尤三姐)의 지조를 굳게 지키고 굴복하지 않는 반항적 성격을 두드러지게 보여주었다. 이러한 예는 모두에게 익히 알려진 것들이다.

다음은 ≪금병매(金瓶梅)≫(제61회)에서 반금련(潘金蓮)이 고양이로 이병아(李瓶兒)의 애지중지하는 아들을 혼쭐낸 뒤에 한 말을 예로 들겠다.

> 話說潘金蓮見孩子沒了, 每日抖擻精神, 百般稱快, 指着丫頭罵道 : "淫賊婦 ! 我只說你日頭常晌午, 卻怎的今日也有了錯的時節 ? 你**斑鳩跌了彈, 也嘴答谷了 ; 春凳折了靠背兒 —— 沒的倚了 ; 王婆子賣了磨 —— 推不的了 ; 老鴇子死了粉頭 —— 沒指望了**。卻怎的和我一般 ? "

이야기는 이렇다. 반금련은 아이가 없어진 것을 보고서 매일 정신을 차리고 대단히 통쾌해하며 시녀에게 손가락질을 하며 욕했다. "음탕한

도적년! 네년만 때가 늘 점심때라고 말을 했지만, 어째서 오늘은 또 들쑥날쑥한 시간이 있었을까? 네년은 **산비둘기가 알을 깨듯 주둥이를 비쭉 내밀고, 긴 걸상이 등받이를 접은 것처럼 기댈 곳이 없으며, 왕 노파가 맷돌을 팔아버려 빻을 수도 없고, 기생 어미가 죽어버려 기생이 될 가망도 없는데도**, 어째서 나와 어슷비슷해?"

통렬한 풍자적 의미를 지닌 이 일련의 헐후어는 마치 속사포처럼 발사되어 반금련의 앙칼스럽고 표독한 면을 생동적으로 표현하였다.

헐후어의 해학성과 풍자성은 긍정적(積極的) 측면도 있고 부정적(消極的) 측면도 있다. 엄숙하고 위엄 있는 자리에서는 헐후어를 쓸 수 없다. 학술논문, 최종보고서, 법률조문 등도 모두 헐후어를 사용하기에 적당하지 않으며, 문예작품이나 일상생활에서도 남용을 방지해야 한다. 명대(明代) 만력(萬曆) 연간에 나무등(羅懋登)이 지은 ≪삼보태감서양기통속연의(三寶太監西洋記通俗演義)≫(제32회)에는 이러한 묘사가 있다.

三寶老爺說道："這等一個小丫頭，原來一肚子都是些金蟬脫殼。"天師道："今番是個**枯樹盤根，動不得**。"王爺道："還是個**推車上嶺，走不得了**。"馬公道："還是個**隔山取火，討不得了**。"姜金定自家說道："我今日還是個**倒澆蠟燭，由不得了**。"

삼보(三寶) 나리가 말했다. "이런 계집아이가 있나. 알고 보니 온통 상대방이 눈치 채지 못하게 도망칠 계획으로 가득 찼군." 도사가 말했다. "이번에는 **마른나무가 뿌리를 휘감듯 다리를 꼬고 앉아 건드릴 수가 없네.**" 대왕이 말했다. "게다가 **수레를 밀고 산봉우리를 오르듯 아래위로 마주보는 자세로는 지나갈 수가 없네.**" 마공(馬公)이 말했다. "게다가

**산을 사이에 두고 불을 붙이듯 뒤에서 선자세로는 범할 수가 없네.**" 강금정(姜金定)이 스스로 말했다. "오늘은 **또한 거꾸로 촛농을 붓듯 내위로 올린 자세로 해도 마음대로 되지 않네.**"405)

내용의 필요에 근거하지 않고 역할 하나하나마다 모두 의미가 비슷한 헐후어 한 마디씩 가져옴으로써 중복되어 번잡해 보이고, 언어유희가 되어버려서 실로 취할 만한 것이 못 된다. 노사(老舍) 선생은 <문학의 언어문제에 관하여(關於文學的語言問題)>406)에서 "헐후어와 속담은 모두 사용할 수 있으나, 너무 많이 사용하면 무미건조하다."고 말한 적이 있다. 우리가 깊이 생각해볼 가치가 있는 말이다.

---

405) 역자주: '枯樹盤根', '推車上嶺', '隔山取火', '倒澆蠟燭'에 나타난 표면적인 뜻만으로는 이 문구에 담긴 속뜻을 완전히 이해하기란 쉽지 않다. 독자의 상상력을 십분 발휘하여 '打破沙鍋 — 問{璺}到底'하길 바란다.

406) ≪福星集≫, 北京出版社, 1958年版.

# 저자후기

이 책의 앞부분 네 장의 기본내용은 필자의 논문 <인주어(引註語)의 명칭과 성질>(≪진양학간(晋陽學刊)≫, 1980년 제1기), <인주어(引註語)의 유래와 근원>(≪진양학간(晋陽學刊)≫, 1980년 제3기), <시론 '인주(引註)'의 구조>(≪어문연구(語文硏究)≫, 1981년 제2집), <헐후어(歇後語)의 어의(語義)>(≪중국어문(中國語文)≫, 1981년 제6기)에서 뽑아 실었다. 이 책에 써넣을 때 부분적으로 수정과 보충을 하였다.

이 책의 초고 일부분은 일찍이 산서대학교(山西大學) 중국어문학과 맹유지(孟維智), 송수령(宋秀令) 선생께 부탁하여 검토하였고, 그들이 제시한 많은 귀중한 의견을 받아들였다. 이에 감사의 뜻을 표한다.

1982년 8월, 저자 씀

(1985년 초판본 수록)

# 인용예문에 나오는 인물소개 및 예문출처 참고문헌

# 1. 인용예문에 나오는 인물소개

장비(張飛): 삼국(三國) 촉한(蜀漢)의 장군으로 자는 익덕(翼德)이며 탁군(涿郡: 지금의 하북성 탁현) 사람이다. ≪삼국연의(三國演義)≫의 묘사에 의하면, "그는 신장이 여덟 자이며 표범머리에 크고 둥근 눈을 가졌고, 제비 같은 턱에 호랑이 수염(무장의 위용 있는 용모)을 가졌으며, 목소리는 큰 우레와 같고, 기세는 달리는 말과 같다."(제1회) 그의 성격은 강직하고 무모하며, 악한 사람을 원수처럼 미워하는 것으로 유명하다.

여동빈(呂洞賓): 당대(唐代) 경조(京兆)사람으로 이름이 엄(巖), 호가 순양자(純陽子)이며 동빈(洞賓)은 그의 자이다. 과거에 급제하지 못하여 강호를 유랑하다가, 64세 때 신선(神仙) 종리권(鍾離權)을 만나 수행하고 득도하여 도교(道教)에서의 팔선(八仙) 중의 한 명으로 받들어 존숭되었으며, 여조(呂祖)라고도 부른다.

저팔계(豬八戒): ≪서유기(西遊記)≫ 중의 인물로 본명은 저강엽(豬剛鬣)이고 법명이 오능(悟能)이다. 본래 천하(天河)의 천봉원수(天蓬元帥)였는데 항아(嫦娥)를 희롱한 죄로 유배되었다가, 어미돼지의 태(胎) 안으로 잘못 던져져 돼지의 모양으로 변했다. 뒤에 당승(唐僧)을 따라 서역(西域)으로 가서 불경(佛經)을 가지고 왔다. 그는 몸이 거칠고 힘이 세서 아주 일을 잘하며, 성격이 충실하고 우직하며 본바탕이 단순하지만, 먹고 게으름피우기를 좋아하고, 윗사람에게 남을 헐뜯는 말을 하기를 즐기며, 공짜를 좋아하고, 여색을 탐하는 등의 결점이 있다.

무대랑(武大郎): ≪수호전(水滸傳)≫ 중의 인물로 무송(武松)의 형이며, 키가 매우 작다. ≪수호전≫의 묘사에 의하면, "무대랑은 신장이 다섯 자도 안 되며, 용모가 추하고 머리가 우스꽝스럽다. 청하현(清河縣)사람이고, 그는 태어나면서부터 다리가 짧고 키가 작아서 사람들이 그에게 별명을 하나 지어주었는데, '난장이 닥나무껍질(三寸丁穀樹皮)'이라고 불렀다."(제24회)

양육랑(楊六郎): ≪양가장(楊家將)≫ 중의 인물로 명장(名將) 양계업(楊繼業)의 여섯 째 아들이며, 이름이 연소(延昭)이고 양육랑(楊六郎)이라 부른다. 젊을 때 부친을 따라 출정하여 변방을 20여 년간 지켰다.

양종보(楊宗保): 양육랑(楊六郎)의 아들로 목계영(穆桂英)과 비밀리에 혼인을 하여 죄를 얻었다. 양육랑이 목계영을 타일러서 항복하게 함으로써 그의 죄를 사면하였다.

목계영(穆桂英): ≪양가장(楊家將)≫ 중의 인물로 산동(山東) 목가채(穆柯寨)에서 나고 자랐다. 스스로 양종보(楊宗保)를 불러들여 남편으로 삼았고, 송(宋)나라 진영에 귀의한 후에 지용(智勇)을 다 갖추어 송 왕조를 보위하는데 힘썼다.

임충(林沖): ≪수호전(水滸傳)≫ 중의 인물로 별명이 표자두(豹子頭)이며, 원래 동경팔십만금군교두(東京八十萬禁軍敎頭)였으나 고구(高俅) 부자(父子)에 의해 핍박을 당하여 집과 가족을 모두 잃고서 쫓기어 부득이 양산박(梁山泊)으로 도망쳤다.

하선고(何仙姑): 전설 속 팔선(八仙) 중의 한 명이다. 전하는 바에 의하면, 당대(唐代) 광주(廣州) 증성(增城) 여자로 14, 5세 때 운모(雲母)가루를 먹고 신선이 되었는데, 행동이 나는 것처럼 빨랐다.

## 2. 예문출처 참고문헌

| | | | |
|---|---|---|---|
| ≪李雙雙小傳≫ | 李準 | 人民文學出版社 | 1977年版 |
| ≪西遊記≫ | 明・吳承恩 | 人民文學出版社 | 1959年版 |
| ≪楓香樹≫ | 王英先 | 中國青年出版社 | 1979年版 |
| ≪中國唱片大戲考≫ | 中國唱片廠編 | 上海文化出版社 | 1958年版 |
| ≪林海雪原≫ | 曲波 | 作家出版社 | 1958年版 |
| ≪烽火南天≫ | | 廣東人民出版社 | 1974年版 |
| ≪艷陽天≫ | 浩然 | 人民文學出版社 | 1974年版 |
| ≪水下尖兵≫ | 沈順根 | 北京人民出版社 | 1974年版 |
| ≪草原民兵≫ | | 中國青年出版社 | 1956年版 |
| ≪第一個春天≫ | 李新民 | 山東人民出版社 | 1959年版 |
| ≪雲燕≫ | 管建勳 | 人民文學出版社 | 1976年版 |
| ≪六十年的變遷≫ | 李六如 | 作家出版社 | 1961年版 |
| ≪咆哮的松花江≫ | 林予, 謝樹 | 黑龍江人民出版社 | 1976年版 |
| ≪暴風驟雨≫ | 周立波 | 人民文學出版社 | 1958年版 |
| ≪霞島≫ | 周肖 | 解放軍文藝出版社 | 1974年版 |
| ≪漳河春≫ | 王東滿 | 山西人民出版社 | 1976年版 |
| ≪夜走駱駝嶺≫ | 李準 | 作家出版社 | 1959年版 |
| ≪姑蘇春≫ | 樹棻 | 上海文藝出版社 | 1978年版 |
| ≪烈火金鋼≫ | 劉流 | 中國青年出版社 | 1959年版 |
| ≪李自成≫ | 姚雪垠 | 中國青年出版社 | 1977年版 |
| ≪保衛延安≫ | 杜鵬程 | 人民文學出版社 | 1956年版 |
| ≪狂飆≫ | 邱恒聰 | 江西人民出版社 | 1977年版 |
| ≪兒女風塵記≫ | 張孟良 | 中國青年出版社 | 1959年版 |
| ≪我的第一個上級≫ | 馬烽 | 人民文學出版社 | 1977年版 |
| ≪紅樓夢≫ | 淸・曹雪芹 | 人民文學出版社 | 1959年版 |
| ≪中國人民的脚步聲≫ | 楊朔 | 新文藝出版社 | 1954年版 |
| ≪紅色電波≫ | 謝學潮 | 人民文學出版社 | 1976年版 |
| ≪小黑馬的故事≫ | 袁靜 | 人民文學出版社 | 1959年版 |
| ≪原林深處≫(上卷) | 張作爲 | 山西人民出版社 | 1979年版 |

| | | | |
|---|---|---|---|
| ≪1958年短篇小說選≫ | | 作家出版社 | 1959年版 |
| ≪廣大的戰線≫ | 維恩, 峻峰 | 人民文學出版社 | 1977年版 |
| ≪野火春風鬪古城≫ | 李英儒 | 作家出版社 | 1959年版 |
| ≪汾水長流≫ | 胡正 | 山西人民出版社 | 1956年版 |
| ≪鏡花緣≫ | 淸・李汝珍 | 作家出版社 | 1955年版 |
| ≪三千里江山≫ | 楊朔 | 人民文學出版社 | 1957年版 |
| ≪我們是不同的≫ | 邵子南 | 工人出版社 | 1956年版 |
| ≪太行風雲≫ | 劉江 | 山西人民出版社 | 1960年版 |
| ≪長城煙塵≫ | 柳杞 | 解放軍文藝出版社 | 1962年版 |
| ≪義和團的志氣永不滅≫ | | 百花文藝出版社 | 1961年版 |
| ≪山西短篇小說選≫ | | 山西人民出版社 | 1959年版 |
| ≪光明與黑暗≫ | 諶容 | 人民文學出版社 | 1978年版 |
| ≪燕嶺風雲≫ | 單學鵬 | 人民文學出版社 | 1977年版 |
| ≪洪流滾滾≫ | 李明性 | 河南人民出版社 | 1975年版 |
| ≪遊擊健兒≫ | | 江蘇人民出版社 | 1972年版 |
| ≪朝陽花≫ | 馬憶湘 | 中國青年出版社 | 1962年版 |
| ≪春花≫ | 河南省文聯編河南 | 人民出版社 | 1956年版 |
| ≪敵後武工隊≫ | 馮志 | 解放軍文藝出版社 | 1958年版 |
| ≪青石崖≫ | | 山西人民出版社 | 1975年版 |
| ≪鑽天峰≫ | | 人民文學出版社 | 1975年版 |
| ≪靠山堡≫ | 聶海 | 山西人民出版社 | 1978年版 |
| ≪鬧海記≫(上卷) | 唐亢雙, 謝金雄廣東 | 人民出版社 | 1977年版 |
| ≪大路向陽≫ | 黃權輿 | 甘肅人民出版社 | 1978年版 |
| ≪呂梁英雄傳≫ | 馬烽, 西戎 | 人民文學出版社 | 1977年版 |
| ≪桐柏英雄≫ | | 天津人民出版社 | 1972年版 |
| ≪黎明的河邊≫ | 峻靑 | 人民文學出版社 | 1978年版 |
| ≪雲飛嶂≫ | 武劍靑 | 廣東人民出版社 | 1978年版 |
| ≪追風駿馬≫ | | 內蒙古人民出版社 | 1975年版 |
| ≪大淸河上的風雲≫ | 胡運 | 作家出版社 | 1959年版 |
| ≪女英雄劉胡蘭≫ | 馬烽 | 山西人民出版社 | 1975年版 |
| ≪呼蘭河傳≫ | 蕭紅 | 新文藝出版社 | 1954年版 |
| ≪山鄕巨變≫ | 周立波 | 作家出版社 | 1958年版 |

| | | | |
|---|---|---|---|
| ≪百鍊成鋼≫ | 艾蕪 | 作家出版社 | 1958年版 |
| ≪紅色交通線≫ | 袁靜 | 河南人民出版社 | 1979年版 |
| ≪縣委書記≫ | 閻豊樂 | 北京人民出版社 | 1976年版 |
| ≪海疆兒女≫ | 福建 | 人民出版社 | 1977年版 |
| ≪東方≫ | 魏巍 | 人民文學出版社 | 1978年版 |
| ≪開端≫ | | 浙江人民出版社 | 1972年版 |
| ≪難忘的戰鬪≫ | 孫景瑞 | 上海人民出版社 | 1973年版 |
| ≪新花似錦≫ | | 江蘇人民出版社 | 1975年版 |
| ≪山呼海嘯≫ | 曲波 | 中國青年出版社 | 1977年版 |
| ≪太行志≫ | 崔復生 | 河南人民出版社 | 1977年版 |
| ≪新兒女英雄傳≫ | 袁靜, 孔厥 | 新文藝出版社 | 1954年版 |
| ≪井岡烽火≫ | | 江西人民出版社 | 1977年版 |
| ≪征途≫ | 郭先紅 | 上海人民出版社 | 1973年版 |
| ≪英雄的鄉土≫ | 晋莊玉 | 貴州人民出版社 | 1976年版 |
| ≪搖樓記≫ | 成一等 | 山西人民出版社 | 1978年版 |
| ≪玉龍的眼睛≫ | 曼生 | 江蘇人民出版社 | 1977年版 |
| ≪閩海激浪≫ | | 福建人民出版社 | 1977年版 |
| ≪松青旗紅≫ | | 山西人民出版社 | 1974年版 |
| ≪沂蒙紅纓≫ | | 山東人民出版社 | 1977年版 |
| ≪楊春山入社≫ | 吳夢起 | 作家出版社 | 1956年版 |
| ≪龍崗戰火≫ | 張思忠 | 上海文藝出版社 | 1979年版 |
| ≪到敵後去≫ | 家聲 | 安徽人民出版社 | 1959年版 |
| ≪江山村十日≫ | 馬加 | 上海文藝出版社 | 1959年版 |
| ≪楓葉殷紅≫ | | 農村讀物出版社 | 1976年版 |
| ≪在決戰的日子裏≫ | 劉子威 | 百花文藝出版社 | 1978年版 |
| ≪進軍的戰鼓≫ | | 寧夏人民出版社 | 1978年版 |
| ≪長虹≫ | 田東照 | 山西人民出版社 | 1976年版 |
| ≪紅石山中≫ | | 人民文學出版社 | 1972年版 |
| ≪映山紅≫ | | 廣東人民出版社 | 1973年版 |
| ≪龍騰虎躍≫ | | 吉林人民出版社 | 1974年版 |
| ≪中流砥柱≫ | | 黑龍江人民出版社 | 1972年版 |
| ≪雙喜臨門≫ | 李逸民 | 作家出版社 | 1960年版 |

| | | | |
|---|---|---|---|
| 《戰馬嘶鳴》 | | 天津人民出版社 | 1972年版 |
| 《火苗》 | 李瑞林 | 江蘇人民出版社 | 1975年版 |
| 《不息的怒潮》 | 孫景瑞 | 上海人民出版社 | 1976年版 |
| 《試金石》 | | 江蘇人民出版社 | 1975年版 |
| 《雙牽牛》 | 河北遵化縣文化館 | 人民文學出版社 | 1977年版 |
| 《吉林短篇小說集》 | | 吉林人民出版社 | 1974年版 |
| 《號聲嘹亮》 | | 人民文學出版社 | 1972年版 |
| 《中州風雷》 | | 河南人民出版社 | 1977年版 |
| 《三探紅魚洞》 | 程建 | 上海人民出版社 | 1975年版 |
| 《碧綠的秧苗》 | | 人民文學出版社 | 1976年版 |
| 《儒林外史》 | 清・吳敬梓 | 人民文學出版社 | 1959年版 |
| 《鋼鐵巨人》 | 程樹榛 | 上海人民出版社 | 1975年版 |
| 《戰鬪的堡壘》 | 農村圖書編選小組 | 農村讀物出版社 | 1974年版 |
| 《春雷》 | | 山東人民出版社 | 1974年版 |
| 《上海民間故事選》 | | 上海文藝出版社 | 1960年版 |
| 《高峽平湖》 | | 陝西人民出版社 | 1975年版 |
| 《雁塞遊擊隊》 | 馬雲鵬 | 人民文學出版社 | 1977年版 |
| 《山鄉巨變》(續篇) | 周立波 | 作家出版社 | 1960年版 |
| 《春花》 | | 河南人民出版社 | 1956年版 |
| 《晨光曲》 | | 人民文學出版社 | 1976年版 |
| 《大路歌》 | 侯鈺鑫 | 河南人民出版社 | 1978年版 |
| 《毛澤東選集》 | | 人民出版社 | 1967年版 |
| 《建國十年文學創作選・曲藝》 | | 中國青年出版社 | 1959年版 |
| 《櫥窗迎彩霞》 | 曹建章 | 人民文學出版社 | 1978年版 |
| 《戎萼碑》 | 曲波 | 山東人民出版社 | 1977年版 |
| 《娜敏伊虹》 | 劉希天 | 內蒙古人民出版社 | 1978年版 |
| 《洮河飛浪》 | 紀宇 | 吉林人民出版社 | 1962年版 |
| 《萬丈長纓》 | | 山東人民出版社 | 1976年版 |
| 《驚雷》 | 王忠瑜 | 天津人民出版社 | 1975年版 |
| 《草原集》 | | 人民文學出版社 | 1977年版 |
| 《沸騰的軍營》 | 峭石 | 解放軍文藝出版社 | 1962年版 |
| 《革命春秋》 | | 北京人民出版社 | 1974年版 |

| | | | |
|---|---|---|---|
| ≪不敢露面的隊長≫ | 馮金堂 | 作家出版社 | 1959年版 |
| ≪滄石路畔≫ | 張慶田 | 新文藝出版社 | 1956年版 |
| ≪橋隆飆≫ | 曲波 | 人民文學出版社 | 1979年版 |
| ≪草原的早晨≫ | 扎拉嘎胡 | 人民文學出版社 | 1977年版 |
| ≪飛兵赤水≫ | | 四川人民出版社 | 1977年版 |
| ≪換地≫ | 王榮佛 | 新文藝出版社 | 1955年版 |
| ≪大刀記≫ | 郭澄淸 | 人民文學出版社 | 1975年版 |
| ≪春風楊柳≫ | 沙群 | 上海人民出版社 | 1972年版 |
| ≪評書傳統作品選≫ | | 作家出版社 | 1958年版 |
| ≪戰鬪在滹沱河上≫ | 李英儒 | 人民文學出版社 | 1960年版 |
| ≪激浪奔騰≫ | | 江蘇人民出版社 | 1975年版 |
| ≪連雲浪花≫ | | 江蘇人民出版社 | 1973年版 |
| ≪延安的種子≫ | | 上海人民出版社 | 1972年版 |
| ≪水滸全傳≫ | 明・施耐庵 | 商務印書館 | 1959年版 |
| ≪金光大道≫ | 浩然 | 人民文學出版社 | 1974年版 |
| ≪碧水長流≫ | | 上海人民出版社 | 1973年版 |
| ≪長纓頌≫ | | 廣西人民出版社 | 1977年版 |
| ≪安徽短篇小說選≫ | 安徽文聯編 | 安徽人民出版社 | 1959年版 |
| ≪激戰長空≫ | 蔡振興 | 上海人民出版社 | 1976年版 |
| ≪天山戰歌≫ | | 農墾出版社 | 1959年版 |
| ≪武陵山下≫ | 張行 | 湖南人民出版社 | 1977年版 |
| ≪大海的怒濤≫ | | 上海人民出版社 | 1976年版 |
| ≪西遼河傳≫ | 楊大群 | 人民文學出版社 | 1959年版 |
| ≪油浪滾滾≫ | | 上海人民出版社 | 1975年版 |
| ≪三號閘門≫ | 羽揚 | 新文藝出版社 | 1954年版 |
| ≪龍灘春色≫ | 馬春 | 天津人民出版社 | 1973年版 |
| ≪閃光的年華≫ | 尼尼 | 河南人民出版社 | 1978年版 |
| ≪上海十年文學選集・戲曲劇本選≫ | | 上海文藝出版社 | 1960年版 |
| ≪中篇小說集≫ | | 農村讀物出版社 | 1976年版 |
| ≪奔騰的大黑河≫ | 谷豊登 | 內蒙古人民出版社 | 1977年版 |
| ≪解放太原之戰≫ | 程秀龍 | 山西人民出版社 | 1980年版 |
| ≪漁島怒潮≫ | 姜樹茂 | 人民文學出版社 | 1972年版 |

| | | | |
|---|---|---|---|
| ≪青山網≫ | 廣西軍區政治部 | 廣西人民出版社 | 1977年版 |
| ≪風雷≫ | 陳登科 | 中國青年出版社 | 1964年版 |
| ≪淮河邊上的兒女≫ | 陳登科 | 作家出版社 | 1954年版 |
| ≪志願軍一日≫ | | 人民文學出版社 | 1956年版 |
| ≪高山大峒≫ | 韓北屏 | 作家出版社 | 1956年版 |
| ≪沉船礁≫ | | 解放軍文藝出版社 | 1965年版 |
| ≪1958年散文特寫選≫ | | 作家出版社 | 1959年版 |
| ≪迎春花≫ | 馮德英 | 解放軍文藝出版社 | 1959年版 |
| ≪地下長龍≫ | 李德復, 衛士洪 | 湖北人民出版社 | 1974年版 |
| ≪找紅軍≫ | 馬識途 | 四川人民出版社 | 1978年版 |
| ≪星火燎原≫(第3卷) | | 人民文學出版社 | 1959年版 |
| ≪在祖國的東方≫ | 馬加 | 作家出版社 | 1955年版 |
| ≪山燕≫ | 楊大群 | 人民文學出版社 | 1977年版 |
| ≪烽火南天≫ | | 廣東人民出版社 | 1974年版 |
| ≪龍山遊擊隊≫ | 田東照, 羅賢保 | 山西人民出版社 | 1979年版 |
| ≪劍河浪≫ | 汪雷 | 上海人民出版社 | 1974年版 |
| ≪繪新圖≫ | | 北京人民出版社 | 1972年版 |
| ≪換新天≫ | | 河北人民出版社 | 1975年版 |
| ≪凌雲峰上≫ | | 山西人民出版社 | 1973年版 |
| ≪紅旗譜≫ | 梁斌 | 中國青年出版社 | 1958年版 |
| ≪金梁和玉柱≫ | 李文珊 | 山西人民出版社 | 1960年版 |
| ≪鼓角相聞≫ | 鍾虎, 石冰 | 上海人民出版社 | 1976年版 |
| ≪青春似火≫ | 吳夢起 | 少年兒童出版社 | 1961年版 |
| ≪紅日≫ | 吳强 | 人民文學出版社 | 1961年版 |
| ≪朝霞萬里≫ | | 天津人民出版社 | 1973年版 |
| ≪江海洪流≫ | | 江蘇人民出版社 | 1973年版 |
| ≪沙浪河的濤聲≫ | 田瞳 | 甘肅人民出版社 | 1979年版 |
| ≪獨幕劇選≫ | | 春風文藝出版社 | 1959年版 |

【부록】

# 常用 歇後語 100句

*100 Chinese Two-Part Allegorical Sayings*

제해성 해설

001　矮子爬樓梯 — 步步登高
002　八仙過海 — 各顯神通
003　半天空裏掛口袋 — 裝瘋{風}
004　半夜裏偷桃吃 — 找軟的捏
005　扁擔沒紮 — 兩頭失塌
006　擦粉進棺材 — 死要面子
007　茶壺裏煮餃子 — 倒不出來
008　城門裏扛竹竿 — 直進直出
009　窗戶上的紙 — 一戳就破
010　打破沙鍋 — 問{璺}到底
011　大姑娘坐花轎 — 頭一回
012　大熱天穿棉襖 — 不是時候
013　大水沖倒龍王廟 — 一家人不認一家人
014　刀尖上翻筋斗 — 玩命
015　電線杆當筷子 — 大材小用
016　擀麵杖吹火 — 一竅不通
017　高射炮打蚊子 — 小題大做
018　隔年的皇曆 — 過時了
019　狗拿耗子 — 多管閒事
020　狗攆鴨子 — 呱呱叫
021　狗咬刺蝟 — 無處下口
022　狗咬呂洞賓 — 不識好人心
023　狗坐轎子 — 不識擡舉
024　棺材裏伸手 — 死要錢
025　韓信將兵 — 多多益善
026　和尚打傘 — 無法{髮}無天
027　和尚的腦殼 — 沒法{髮}

028 黃連樹下彈琴 — 苦中作樂
029 黃鼠狼單咬病鴨子 — 該倒霉
030 黃鼠狼給鷄拜年 — 沒安好心
031 火燒眉毛 — 顧眼前
032 鷄蛋裏挑骨頭 — 故意找錯
033 姜太公釣魚 — 願者上鉤
034 脚底上擦油 — 溜了
035 井裏的蛤蟆 — 沒見過大天
036 孔夫子搬家 — 淨是輸{書}
037 快刀打豆腐 — 兩面光
038 癩蛤蟆打哈欠 — 好大口氣
039 癩蛤蟆想吃天鵝肉 — 癡心妄想
040 老虎戴佛珠 — 假裝善人
041 老虎的屁股 — 摸不得
042 老虎嘴上拔鬍子 — 找死
043 老鼠掉進書箱裏 — 咬文嚼字
044 老鼠過街 — 人人喊打
045 老鼠爬秤鉤 — 自己稱自己
046 老鼠鑽進風箱裏 — 兩頭受氣
047 老鼠鑽牛角 — 此路不通
048 老王賣瓜 — 自賣自誇
049 雷公劈豆腐 — 專找軟的欺
050 聾子的耳朵 — 擺設
051 摟草打兎子 — 順手
052 馬尾穿豆腐 — 提不起來
053 貓哭老鼠 — 假慈悲
054 門縫裏瞅人 — 把人看扁了

055 木匠戴枷 — 自作自受
056 泥菩薩過江 — 自身難保
057 螃蟹夾豌豆 — 連爬帶滾
058 旗杆上掛燈籠 — 高明
059 騎驢看唱本 — 走着瞧
060 騎在老虎背上 — 身不由己
061 千里送鵝毛 — 禮輕情意重
062 青石板上釘釘 — 不動
063 秋後的螞蚱 — 蹦躂不了幾天
064 熱鍋上的螞蟻 — 團團轉
065 肉包子打狗 — 有去無回
066 十五隻吊桶打水 — 七上八下
067 壽星老上吊 — 嫌命長
068 睡在磨盤上 — 想轉了
069 孫猴子的臉 — 說變就變
070 太平洋上的警察 — 管得寬
071 太歲頭上動土 — 好大的膽
072 鐵打的公鷄 — 一毛不拔
073 聽評書掉眼淚 — 替古人擔憂
074 禿子跟着月亮走 — 沾光
075 禿子頭上的蝨子 — 明擺着
076 兎子的尾巴 — 長不了
077 脫了褲子放屁 — 多費一道手續
078 外甥打燈籠 — 照舊{舅}
079 王八吃秤砣 — 鐵了心
080 蚊子叮菩薩 — 認錯人了
081 烏龜吃螢火蟲 — 心裏明白

082 瞎子戴眼鏡 — 多此一擧
083 瞎子點燈 — 白費蠟
084 蝦子過河 — 謙虛{牽鬚}
085 瞎子磨刀 — 快了
086 小葱拌豆腐 — 一淸{靑}二白
087 小孩兒放鞭炮 — 又愛又怕
088 小和尙念經 — 有口無心
089 秀才遇見兵 — 有理說不淸
090 啞巴吃黃連 — 有苦說不出
091 啞巴吃餃子 — 心裏有數
092 閻王爺出告示 — 鬼話連篇
093 張飛穿針 — 粗中有細
094 丈二金剛 — 摸不着頭腦
095 芝麻開花 — 節節高
096 周瑜打黃蓋 — 一個願打, 一個願挨
097 豬八戒吃人參果 — 全不知滋味
098 豬八戒照鏡子 — 裏外不是人
099 竹籃打水 — 一場空
100 啄木鳥找食 — 全憑嘴

001

## 矮子爬樓梯 —— 步步登高
## 矮子爬楼梯 —— 步步登高

ǎizi pá lóutī —— bùbù dēng gāo

난장이가 사다리를 타고 오르다 ; 점차 높은 곳에 오르다.

個子矮的人想高一些, 有一個很好的辦法, 就是爬梯子, 爬一步高一步, 這就是“步步登高”。

這個歇後語用來比喻人的官職、地位等, 由低到高步步提升 ; 也比喻人的生活越來越好或成績不斷提高等。(*含褒義)

키가 작은 사람이 조금 더 커지고 싶었는데, 한 가지 좋은 방법이 바로 사다리를 타고 오르는 것으로, 한 걸음 오를수록 한 단계 높아지니 이것이 바로 '步步登高(점차 높은 곳에 오르다)'이다.

이 헐후어는 사람의 관직, 지위 등이 낮은 데서부터 높은 데로 점차 오르는 것을 비유하는 데 사용한다. 또 사람의 생활이 갈수록 좋아지거나 성적이 계속해서 향상되는 것 등을 비유한다.

(*찬양하거나 칭찬하는 따위의 긍정적인 의미를 내포함.)

**【参考用例】** ☞ 각주 198번 예문.

002

## 八仙過海 —— 各顯神通
## 八仙过海 —— 各显神通

bā xiān guò hǎi — gè xiǎn shéntōng

여덟 신선이 바다를 건너다 ; 각자의 신통력을 발휘하다.

"八仙"是道教傳說中的八個神仙：漢鍾離[鍾離權]、張果老、韓湘子、鐵拐李、呂洞賓、曹國舅、藍采和、何仙姑。有一次, 八仙一同渡過大海。渡海時, 他們各自顯示出一套神奇的本事。

這個歇後語用來比喻在做某事時, 各人有各人的一套辦法；或者各人施展各人的才能, 互相比賽。

'八仙'은 도교 전설 중의 여덟 신선인 한종리[종리권], 장과로, 한상자, 철괴리, 여동빈, 조국구, 남채화, 하선고이다. 한 번은 여덟 신선이 함께 바다를 건너게 되었다. 바다를 건널 때, 그들은 각자 한 가지씩 신기한 능력을 드러내었다.

이 헐후어는 어떤 일을 할 때, 개개인마다 각자 한 가지씩의 방법이 있거나 또는 개개인마다 각자의 재능을 발휘하여 서로 경쟁하는 것을 비유하는 데 사용한다.

003

# 半天空裏掛口袋 —— 裝瘋{風}
# 半天空里挂口袋 —— 装疯{风}

bàntiānkōng lǐ guà kǒudài — zhuāng fēng

공중에 포대를 걸다 ; 미친 체하다. {바람을 담다.}

這是一個諧音的歇後語。在半空中掛上一個大口袋, 能用來幹什麽呢? 只能用來裝風。"瘋"與"風"同音, "裝風"就變成"裝瘋"。

"裝瘋"指一個人故意裝作瘋癲癡呆的樣子。(*含貶義)

이것은 해음성질(음이 같거나 비슷한 글자, 즉 '諧音字'를 이용한 언어의 수사적 표현)의 한 헐후어이다. 공중에 큰 포대를 걸어놓으면 무엇을 하는 데 쓸 수 있을까? 단지 바람을 담는 데 쓸 수 있을 뿐이다. '瘋(미치광이 풍)'은 '風(바람 풍)'과 동음이어서, '裝風(바람을 담다)'은 바로 '裝瘋(미친 척하다)'으로 변하였다.

'裝瘋'은 한 사람이 고의로 미치거나 바보스러운 척하는 모습을 가리킨다.

(*헐뜯거나 비방하는 따위의 부정적인 의미를 내포함.)

## 004

## 半夜裏偸桃吃 —— 找軟的捏
## 半夜里偷桃吃 —— 找软的捏

bàyè lǐ tōu táo chī — zhǎo ruǎn de niē

한밤중에 복숭아를 훔쳐 먹다 ; 부드러운 것을 찾아 집다.

生桃子不好吃, 又酸又硬。成熟了的桃子一般都是軟的, 很甛很好吃。假如有一個人, 半夜裏去偸桃子, 看不淸哪個熟了哪個沒熟, 只好先捏一捏, 軟的桃子就成熟了。

這個歇後語用來比喩專門欺負弱小者, 也就是"欺軟怕硬"。(*含貶義)

설익은 복숭아는 시고 딱딱하여 맛이 없다. 다 익은 복숭아는 일반적으로 모두 부드러워 달고 맛있다. 만약 어떤 사람이 한밤중에 복숭아를 훔치러 가면 어느 것이 다 익었고 어느 것이 덜 익었는지 잘 보이지 않아, 우선 손으로 쥐어 볼 수밖에 없는데, 부드러운 복숭아가 바로 다 익은 것이다.

이 헐후어는 특별히 약소한 자를 괴롭히는 것을 비유하는 데 사용하며, 곧 '欺軟怕硬(약자 앞에 강하고 강자 앞에 약하다)'의 의미이다.

(*헐뜯거나 비방하는 따위의 부정적인 의미를 내포함.)

005

## 扁擔沒紮 —— 兩頭失塌
## 扁担没扎 —— 两头失塌

biǎndan méi zā — liǎng tóu shī tā

멜대를 묶지 않다; 양 끝이 내려앉다.

扁擔是用來挑東西的一種簡單的工具。扁擔的兩端如果不紮住, 挑起重擔, 兩頭的東西就會滑下去, 叫做“兩頭失塌”。

這個歇後語用來比喩本想得到兩個收穫, 結果卻是兩頭落空。(*含貶義)

멜대는 물건을 메는 데 쓰는 일종의 간단한 공구이다. 멜대의 양 끝이 만약 잘 묶여있지 않으면, 무거운 짐을 들어 올릴 때 양 끝의 물건은 바로 미끄러져 내리는데, 이를 '兩頭失塌(양 끝이 내려앉다)'라고 한다.

이 헐후어는 본래 두 가지의 수확을 얻었다고 생각했으나 결과는 오히려 두 가지 모두 물거품이 된 것을 비유하는 데 사용한다.

(*헐뜯거나 비방하는 따위의 부정적인 의미를 내포함.)

006

## 擦粉進棺材 —— 死要面子
## 擦粉进棺材 —— 死要面子

cā fěn jìn guāncái — sǐ yào miànzi

화장을 하고 관에 들어가다 ; 죽어도 체면을 중시하다.

人快要死了, 還要往臉上塗脂抹粉, 再睡到棺材裏去。

這個歇後語用來比喩條件不夠時, 還要極力維護自己的體面 ; 或者極力裝扮自己, 掩蓋醜惡的面目。(*含貶義)

사람이 곧 죽으려하는데도 얼굴에 연지와 분을 바른[화장을 한] 뒤에 관 속으로 들어가서 자려고 한다.

이 헐후어는 조건이 부족할 때, 있는 힘을 다해 자신의 체면을 지키려 하거나 또는 있는 힘을 다해 자신을 꾸며서 추악한 면모를 감추려고 하는 것을 비유하는 데 사용한다.

(*헐뜯거나 비방하는 따위의 부정적인 의미를 내포함.)

## 007

# 茶壺裏煮餃子 —— 倒不出來
# 茶壶里煮饺子 —— 倒不出来

cháhú lǐ zhǔ jiǎozi — dào bù chūlái

찻주전자 속에 물만두를 삶다 ; (따라서) 끄집어내지 못하다.

茶壺肚子大, 口小。餃子放到茶壺裏去煮, 煮熟了, 但因爲口太小, 餃子倒不出來。

這個歇後語用來比喩有的人肚子裏有很多學問, 或者是很想講話, 但是又不善於講話, 不能夠把他的學識或想講的話很好地表達出來。

찻주전자의 배(둥글고 볼록한 몸통부분)는 크지만 주둥이[입구]는 작다. 물만두를 찻주전자 속에 넣어 삶으면, 다 익어도 주둥이가 매우 작기 때문에 물만두를 (따라서) 끄집어내지 못한다.

이 헐후어는 어떤 사람이 뱃속에 많은 학식을 가졌거나[학문이 매우 높거나] 말을 하고 싶어 하지만, 말하는 것에 능숙하지 못해 그의 학식이나 하고 싶은 이야기를 잘 표현해내지 못하는 것을 비유하는 데 사용한다.

**【參考用例】** ☞ 각주 233, 234번 예문.

## 008

# 城門裏扛竹竿 —— 直進直出
# 城门里扛竹竿 —— 直进直出

chéngmén lǐ káng zhúgān — zhí jìn zhí chū

성문에서 장대를 메어들다 ; 똑바로 들어가고 똑바로 나오다.

竹竿很長, 城門很窄。在城門裏扛竹竿, 只能直着進去, 直着出來, 不能拐彎。

這個歇後語主要用來比喩說話辦事不拐彎抹角, 直截了當。(*含褒義) 有時也比喩說話辦事粗心、簡單。(*含貶義)

대나무장대는 길고, 성문은 협소하다. 성문에서 대나무장대를 메어들면 똑바로 들어가고 똑바로 나올 수만 있을 뿐, 방향을 돌릴 수 없다.

이 헐후어는 주로 말하거나 일을 처리함에 있어 빙빙 에둘러서 하지 않고 단도직입적으로 하는 것을 비유하는 데 사용한다. (*찬양하거나 칭찬하는 따위의 긍정적인 의미를 내포함.) 경우에 따라서는 말하거나 일을 처리함에 있어 소홀히 하고 대충 처리하는 것을 비유하기도 한다. (*헐뜯거나 비방하는 따위의 부정적인 의미를 내포함.)

009

## 窗户上的纸 —— 一戳就破
## 窗户上的纸 —— 一戳就破

chuānghu shàng de zhǐ — yī chuō jiù pò

창문의 종이 ; 찌르기만 하면 바로 찢어지다.

在玻璃還沒有製造出來以前，人們普遍使用很薄的紙來糊窗戶。薄薄的窗戶紙，只要用手指頭輕輕一戳就破了。

這個歇後語用來比喩稍加指點就明白了。

유리가 제조되어 나오기 전에, 사람들은 보편적으로 매우 얇은 종이를 사용하여 풀로 창문에 붙였다. 얇은 창호지는 단지 손가락을 써서 가볍게 찌르기만 하면 바로 찢어졌다.

이 헐후어는 조금만 지적해주면[일깨워주면] 바로 이해하는 것을 비유하는 데 사용한다.

## 010

## 打破沙鍋 —— 問{璺}到底
## 打破沙锅 —— 问{璺}到底

dǎpò shāguō — wèn dào dǐ

질그릇을 깨뜨리다； 끝까지 따지고 캐묻다.
{바닥까지 갈라져 금이 가다.}

這是一個諧音歇後語。“璺”(wèn)是陶瓷、玻璃等器具上的裂痕。沙鍋一打破, 就從上面裂到底下, 卽“璺到底”。“問”與“璺”同音, “璺到底”變成“問到底”。

這個歇後語用來比喩追問一件事情, 尋根刨(páo)底, 非要弄淸楚不可。

이것은 해음성질의 한 헐후어이다. ‘璺’은 도자기, 유리 등으로 만든 기구 위의 균열 흔적이다. 질그릇은 한번 깨부숴지면 바로 위에서부터 바닥까지 금이 가는데, 즉 ‘璺到底(바닥까지 갈라지다)’이다. ‘問(물을 문)’은 ‘璺(금갈 문)’과 동음이어서, ‘璺到底’가 ‘問到底(끝까지 캐묻다)’로 변하였다.

이 헐후어는 한 가지 사건을 추궁하여 뿌리[근원]를 끝까지 파내 반드시 원인을 규명하려는 것을 비유하는 데 사용한다.

【參考用例】 ☞ 각주 112-115번 예문.

## 011

# 大姑娘坐花轎 —— 頭一回
# 大姑娘坐花轿 —— 头一回

dàgūniang zuò huājiào —— tóu yī huí

처녀가 꽃가마를 타다 ; 처음이다. [처음 당하는 일이다.]

按照過去的風俗, 姑娘出嫁時都要坐花轎。坐花轎這件事對每一個姑娘來說, 都是第一回。

這個歇後語用來比喩第一次做某一件事情, 缺乏經驗。

과거의 풍속에 따르면, 처녀가 시집갈 때는 모두 꽃가마를 타야했다. 꽃가마를 타는 이 일은 개개인의 처녀에게 있어서 말하자면 모두 처음이다.

이 헐후어는 처음으로 어떤 일을 하므로 경험이 부족한 것을 비유하는데 사용한다.

## 012

## 大熱天穿棉襖 —— 不是時候
## 大热天穿棉袄 —— 不是时候

dà rètiān chuān mián'ǎo — bù shì shíhou

매우 더운 날에 솜저고리를 입다 ; 때가 아니다.

冬天是穿棉襖的季節。如果有一個人, 在大熱天裏穿着棉襖, 這個人實在是太不合時宜了。

這個歇後語用來比喻說話、做事選擇的時間不合適。(*含貶義)

겨울은 솜저고리를 입는 계절이다. 만약 어떤 사람이 매우 더운 날에 솜저고리를 입고 있으면, 그 사람은 확실히 시의(당시의 사정에 알맞은 요구)에 매우 맞지 않는 일을 한 것이다.

이 헐후어는 말하거나 일하는 것을 선택한 시간이 적합하지 않음을 비유하는 데 사용한다.

(*헐뜯거나 비방하는 따위의 부정적인 의미를 내포함.)

【參考用例】 ☞ 각주 160번 예문.

## 013

## 大水沖倒龍王廟 —— 一家人不認一家人
## 大水冲倒龙王庙 —— 一家人不认一家人

dàshuǐ chōngdǎo lóngwángmiào ——
yī jiā rén bù rèn yī jiā rén

홍수가 용왕사당을 부딪혀 무너뜨리다 ;
한 집안 식구끼리 알아보지 못하다.

龍王是傳說中住在水域裏的最高的神。龍王廟是供奉龍王的廟宇。發大水是歸龍王管的。大水沖倒龍王廟是自家人不認識自家人的可笑結果。

這個歇後語用來比喻自己方面的人, 由於互相不了解而發生誤會或衝突。

용왕은 전설 중 수역에 살고 있는 가장 높은 신이다. '龍王廟'는 용왕을 모시는 사당이다. 홍수가 나는 것은 용왕의 관할에 속한다. 홍수가 용왕사당을 부딪혀 무너뜨리는 것은 한 집안 식구끼리 알아보지 못하는 우스운 결과이다.

이 헐후어는 자기 측 사람끼리 서로 잘 이해하지 못해 오해나 충돌이 발생하는 것을 비유하는 데 사용한다.

【參考用例】 ☞ 각주 22번 예문.

## 014

## 刀尖上翻筋斗 —— 玩命
刀尖上翻筋斗 —— 玩命

dāojiān shàng fān jīndǒu — wánrmìng

칼 날 위에서 공중제비를 하다 ; 목숨을 걸다.

翻筋斗應該在地上翻, 假如有人爲了逞能, 要在刀尖上去翻筋斗。這不是拿生命開玩笑嗎？這就叫"玩命"。

這個歇後語用來比喩去做非常冒險的事, 隨時可能喪失性命。(*含貶義)

공중제비를 하는 것은 마땅히 지상에서 해야 하는데, 가령 어떤 사람이 잘난 척하기 위해 칼 날 위에서 공중제비를 하려고 한다면, 이는 생명을 가지고 장난하는 것이 아닌가? 이를 '玩命(목숨을 걸다)'이라고 한다.

이 헐후어는 매우 모험적인 일을 하여 언제든지 목숨을 잃어버릴 가능성이 있는 것을 비유하는 데 사용한다.

(*헐뜯거나 비방하는 따위의 부정적인 의미를 내포함.)

015

## 電線杆當筷子 —— 大材小用
## 电线杆当筷子 —— 大材小用

diànxiàngān dàng kuàizi — dà cái xiǎo yòng

전봇대를 젓가락으로 삼다 ; 큰 인재가 작은 일에 쓰이다.

中國人吃飯習慣用筷子。筷子是用兩根細小的竹棍或木棍。如果把又粗又大的電線杆當筷子使用，那豈不是大材料派小用場了嗎？

這個歇後語多用來比喻人事安排上不合理，把有突出才能的人安排去幹一般的工作，以致才能不能得到充分發揮。(*含貶義)

중국 사람들은 식사하는 습관으로 젓가락을 사용한다. 젓가락은 두 개의 가늘고 작은 대나무작대기나 나무막대기를 쓴다. 만약 굵고 큰 전봇대를 젓가락으로 사용한다면, 그것은 어찌 큰 재목을 작은 공장[용도]에 보내어 쓰는 것이 아니겠는가?

이 헐후어는 인사를 배치하는 데에 있어 불합리하여, 재능이 뛰어난 사람을 일반적인 일을 하도록 배치함으로써 그 재능을 충분히 발휘하지 못하는 결과를 초래하는 것을 비유하는 데 많이 사용한다.

(*헐뜯거나 비방하는 따위의 부정적인 의미를 내포함.)

**【參考用例】** ☞ 각주 316번 예문.

## 016

# 擀麵杖吹火 —— 一竅不通
# 擀面杖吹火 —— 一窍不通

gǎnmiànzhàng chuī huǒ —— yī qiào bù tōng

밀방망이로 불을 피우다 ; 한 구멍도 통하지 않다.
[아는 것이 하나도 없다.]

"擀麵杖"是擀麵用的木棍, 實心的, 中間沒有通氣孔。用擀麵杖去吹火, 當然不能把火吹旺。"竅"就是窟窿、孔洞。

"一竅不通"也是一個成語, 一般指對某種事物或某種技術一點也不懂, 完全外行。

'擀麵杖(밀방망이)'은 면을 평평하게 미는 데 사용하는 나무막대기로, 속이 꽉 차있어 중간에 통풍구멍이 없다. 밀방망이를 사용해 불을 피우는 것은 당연히 불을 불어서 타오르게 할 수 없다. '竅(구멍 규)'는 바로 구멍, 허점을 의미한다.

'一竅不通(아무것도 모른다)'은 성어이기도한데, 일반적으로 어떤 사물이나 어떤 기술에 대해서 조금도 이해하지 못하는 완전 문외한을 가리킨다.

**【參考用例】** ☞ 각주 379번 예문.

017

## 高射炮打蚊子 —— 小题大做

高射炮打蚊子 —— 小题大做

gāoshèpào dǎ wénzi — xiǎo tí dà zuò

고사포로 모기를 공격하다 ; 하찮은 일을 요란스레 처리하다.

高射炮是用來打飛機的。幾隻小小的蚊子, 卻用高射炮向牠們射擊, 這眞是小問題花大力氣。

"小題大做"的意思是：把小事情當做大事情來做, 太不值得了。(*含貶義)

고사포는 항공기를 공격하는 데 쓰인다. 몇 마리의 매우 작은 모기인데도 오히려 고사포를 사용해 그들을 향해 사격하는 것은 실로 작은 문제에 큰 힘을 쓰는 것이다.

'小題大做'의 의미는 '작은 일을 큰일로 간주하여 처리하는 것은 그럴만한 가치나 의의가 없다'이다.

(*헐뜯거나 비방하는 따위의 부정적인 의미를 내포함.)

## 018

# 隔年的皇曆 —— 過時了
# 隔年的皇历 —— 过时了

gé nián de huángli — guòshí le

해 지난 책력 ; 시한이 지나다. [유행이 지나다.]

口語上把曆書叫"皇曆"。一年一本皇曆, 新的一年到來, 隔了一年的皇曆就過時不能用了。

這個歇後語用來比喻過時的事物, 再沒有用了。(*含貶義)

구어에서는 역서를 '皇曆(책력)'라고 부른다. 한 해마다 한 권의 책력이 있고, 새로운 해가 도래하면 한 해가 지난 책력은 시한을 넘겨 사용할 수가 없다.

이 헐후어는 시한[유행]이 지난 물건은 더 이상 쓸모가 없는 것을 비유하는 데 사용한다.

(*헐뜯거나 비방하는 따위의 부정적인 의미를 내포함.)

## 019

# 狗拿耗子 —— 多管閒事
# 狗拿耗子 —— 多管闲事

gǒu ná hàozi — duō guǎn xiánshì

개가 쥐를 잡다； 쓸데없는 일에 참견하다.

耗子就是老鼠。捉老鼠本來是貓的事情，狗去捉老鼠，顯然是多管閒事[與自己無關的事]。

這個歇後語用來比喻做與自己無關的、多餘的事情，或做不應該做的事情。(*含貶義)

'耗子'는 바로 '老鼠(쥐)'이다. 쥐를 잡는 것은 원래 고양이의 일인데, 개가 쥐를 잡는 것은 분명 쓸데없는 일[자신과 무관한 일]에 참견하는 것이다.

이 헐후어는 자신과 무관한 쓸데없는 일을 하거나 반드시 하지 않아야 할 일을 하는 것을 비유하는 데 사용한다.

(*헐뜯거나 비방하는 따위의 부정적인 의미를 내포함.)

**【參考用例】** ☞ 각주 161, 275번 예문.

020

## 狗攆鴨子 —— 呱呱叫
## 狗撵鸭子 —— 呱呱叫

gǒu niǎn yāzi — guāguā jiào

개가 오리를 뒤쫓아 잡다 ; 꽥꽥 짖다. [훌륭하다.]

"攆"是追趕的意思。狗追趕鴨子的時候, 鴨子就會發出"呱呱呱"的叫喊聲。

"呱呱叫"在口語中用來形容極好、非常好, 有誇獎的意思。本事大、能力强、事情做得完美等, 都可以用"呱呱叫"來形容。

'攆(내쫓을 년)'은 뒤쫓다[추격하다]의 의미이다. 개가 오리를 뒤쫓아 잡을 때, 오리는 '呱呱呱(꽥꽥꽥)'라는 고함소리를 낸다.

'呱呱叫'는 구어에서 대단히 좋음, 매우 좋음을 형용하는 데 쓰이며, 칭찬하는 의미를 갖고 있다. 재능이 큰 것, 능력이 강한 것, 일을 매우 훌륭하게 하는 것 등은 모두 '呱呱叫'를 써서 형용할 수 있다.

**【參考用例】** ☞ 각주 219, 237번 예문.

## 021

# 狗咬刺猬 —— 無處下口
# 狗咬刺猬 —— 无处下口

gǒu yǎo cìwei — wú chù xià kǒu

개가 고슴도치를 깨물다 ; 입을 댈 곳이 없다.

刺猬[蝟]是一種全身長着硬刺的小動物。刺蝟遇到敵人時，便立刻縮成一團，像一個帶刺的球一樣。狗想咬刺蝟，可是無論怎樣也找不到下口的地方。

這個歇後語用來比喩做某種事情無從着手。

고슴도치는 온몸에 단단한 가시가 난 일종의 작은 동물이다. 고슴도치는 적을 만났을 때, 바로 즉시 가시 돋친 공처럼 둥글게 움츠린다. 개는 고슴도치를 깨물고 싶으나 아무리해도 입을 댈 곳을 찾을 수 없다.

이 헐후어는 어떤 일을 함에 있어서 착수할 방도가 없는 것을 비유하는데 사용한다.

022

## 狗咬呂洞賓 —— 不識好人心
## 狗咬吕洞宾 —— 不识好人心

gǒu yǎo Lǚ Dòngbīn — bù shí hǎorén xīn

개가 여동빈을 물다 ; 좋은 사람의 마음을 알지 못하다.

呂洞賓是民間傳說中的“八仙”之一。他常常幫助和救濟別人, 得到人們的喜愛。狗不認識呂洞賓這位神仙, 把他當作壞人去咬, 所以說牠“不識好人心”。

這個歇後語用來比喻把別人的一片好心當作惡意, 好壞不分。(*含貶義)

여동빈은 민간 전설 속 ‘八仙(여덟 신선)’ 중의 한 명이다. 그는 늘 다른 사람을 도와주고 구제해서 사람들의 사랑을 받았다. 개가 여동빈, 이 신선을 몰라보고 그를 나쁜 사람으로 여겨 깨무니, 이를 ‘不識好人心(좋은 사람의 마음을 알지 못하다)’이라고 말한다.

이 헐후어는 다른 사람의 좋은 마음을 악의로 여겨, 좋고 나쁨을 구분하지 못하는 것을 비유하는 데 사용한다.

(*헐뜯거나 비방하는 따위의 부정적인 의미를 내포함.)

【參考用例】 ☞ 각주 106-110번 예문.

## 023

# 狗坐轎子 —— 不識擡擧
# 狗坐轿子 —— 不识抬举

gǒu zuò jiàozi — bù shí táiju

개가 가마를 타다 ; 자신에 대한 호의를 받아들이지 않거나 무시해버리다.

"轎子"是從前的一種交通工具, 方形, 用竹子或木頭製成, 兩邊各有一根杆子, 由人擡着走或由騾馬馱着走。狗坐轎子裏並不能認識到有人在擡着它和擧着它。

"不識擡擧"的意思是：不領會或者不接受別人對自己的好意。(*含貶義)

가마는 옛날 교통수단의 일종으로 사각형이며 대나무나 나무를 이용해 만들었는데, 양쪽에 각각 기다란 막대가 한 개씩 있어 사람들이 메고 가거나 노새와 말이 짐을 싣고 갔다. 개가 가마를 타고서는 결코 어떤 사람이 그것을 메고, 들어 올리고 있다는 것을 인식하지 못한다.

'不識擡擧'의 의미는 '자신에 대한 타인의 호의를 깨닫지 못하거나 받아들이지 않다'이다.

(*헐뜯거나 비방하는 따위의 부정적인 의미를 내포함.)

024

## 棺材裏伸手 —— 死要錢
## 棺材里伸手 —— 死要钱

guāncai lǐ shēn shǒu — sǐ yào qián

관 속에서 손을 내밀다 ; 죽어서도 돈을 챙기다.

向人伸手，就有要錢的意思。已經裝進棺材的死人，還向人伸出一隻手，這不是“死要錢”嗎？

“死要錢”形容貪財入迷， 死了也不忘發財。諷刺唯利是圖的人。(*含貶義)

사람을 향해 손을 내미는 것은 곧 돈을 요구[구걸]하는 의미이다. 이미 관 속에 넣어진 죽은 사람이 여전히 사람을 향해 한 쪽 손을 내미는 것은 '死要錢(죽어서도 돈을 요구하다)'이 아닌가?

'死要錢'은 재물을 탐하는 데만 정신이 팔려 죽어서도 재산 모으는 것을 잊지 않는 것을 형용한다. 돈과 재물에만 눈이 먼 사람을 풍자한다. (*헐뜯거나 비방하는 따위의 부정적인 의미를 내포함.)

025

# 韓信將兵 —— 多多益善
# 韩信将兵 —— 多多益善

Hán Xìn jiàng bīng —— duō duō yì shàn

한신이 병사를 통솔하다； 많으면 많을수록 좋다.

韓信是漢朝皇帝劉邦手下的一名大將。將(jiàng)兵是帶兵的意思。韓信擅長帶兵，他認爲，打仗時兵帶得越多越好，有利於作戰。

"多多益善"的意思是越多越好。這個歇後語比喻做事的人越多越好，或使用的東西越多越好。(*含褒義)

한신은 한나라 황제 유방 수하의 대장군이다. '將兵'은 '군대를 통솔하다'는 의미이다. 한신은 군대를 통솔하는 데에 뛰어났는데, 그는 전투를 할 때 병사를 많이 이끌면 이끌수록 좋고 전쟁에 도움이 된다고 여겼다.

'多多益善'의 의미는 많으면 많을수록 좋다는 것이다. 이 헐후어는 일하는 사람이 많으면 많을수록 좋거나 사용하는 물건이 많으면 많을수록 좋다는 것을 비유하는 데 사용한다.

(*찬양하거나 칭찬하는 따위의 긍정적인 의미를 내포함.)

## 026

## 和尙打傘 —— 無法{髮}無天
## 和尚打伞 —— 无法{发}无天

héshang dǎ sǎn —— wú fǎ wú tiān

화상[중]이 우산을 쓰다 ; 법도 무시하고{머리카락도 없고} 하늘도 꺼리지 않다. [거리낌 없이 제멋대로 행동하다.]

這是一個諧音的歇後語。和尙沒有頭髮, 所以說"無髮"。"法"與"髮"同音(不同聲調), 即變成"無法"。和尙打着傘, 傘遮住了天(無天), "和尙打傘"就是又"無法{髮}", 又"無天"。

"無法無天"的意思是：不受法紀的約束, 毫無顧忌(jì)地胡作非爲。(*含貶義)

이것은 해음성질의 한 헐후어이다. 화상[중]은 머리카락이 없어서 '無髮(머리카락이 없다)'라고 말한다. '法(법 법)'는 '髮(터럭 발)'와 동음이어서 (성조는 다르지만), 바로 '無法(법이 없다)'로 변하였다. 화상이 우산을 쓰면 우산이 하늘을 가리므로[하늘이 없으므로], '和尙打傘'은 바로 법{머리카락}도 없고 하늘도 없는 것이다.

'無法無天'의 의미는 '법률과 기율의 규제를 받아들이지 않고 전혀 거리낌 없이 제멋대로 도리에 어긋나는 짓을 하다'이다.

(*헐뜯거나 비방하는 따위의 부정적인 의미를 내포함.)

027

## 和尚的腦殼 —— 沒法{髮}
## 和尚的脑壳 —— 没法{发}

héshang de nǎoké — méi fǎ

화상[중]의 머리[골]； 방법{머리카락}이 없다.

這是一個諧音的歇後語。和尚不留頭髮，所以是“沒髮”。“法”與“髮”同音(不同音調)，“沒髮”變成“沒法”。

“沒法”的意思是沒有辦法，沒有門路。

이것은 해음성질의 한 헐후어이다. 화상[중]은 머리를 기르지 않아서 ‘沒髮(머리카락이 없다)’이다. ‘法(법 법)’는 ‘髮(터럭 발)’와 동음이어서 (성조는 다르지만), ‘沒髮(머리카락이 없다)’가 ‘沒法(방법이 없다)’로 변하였다.

‘沒法’의 의미는 ‘방법, 수단, 비결이 없다’이다.

**【參考用例】** ☞ 각주 289번 예문.

028

## 黃連樹下彈琴 —— 苦中作樂
## 黄连树下弹琴 —— 苦中作乐

huángliánshù xià tánqín — kǔ zhōng zuòlè

황련나무 아래에서 거문고를 타다； 고통[고생] 속에서 즐거움을 찾다.

黃連是一種非常苦的中草藥。彈琴又是一件非常快樂的事情。在黃連樹下彈琴, 苦中取樂, 形成有趣的對比, 注意漢語的"苦"有"味苦(bitter)"和"痛苦(pain)"兩個意義。

"苦中作樂"的意思是在困苦的環境中尋求快樂。

황련은 맛이 매우 쓴 중국 약초이다. 거문고를 타는 것은 또한 매우 즐거운 일이다. 황련나무 아래에서 거문고를 타는 것은 고통[고생] 속에서 즐거움을 찾는 것으로 재미있는 대비[대조]를 이루는데, 중국어의 '苦'가 '입맛이 쓰다'와 '고통스럽다'는 두 가지 의미를 가지고 있음을 주의하였다.

'苦中作樂'의 의미는 '어렵고 고통스러운 환경[조건] 속에서 즐거움을 찾다'이다.

## 029

# 黃鼠狼單咬病鴨子 —— 該倒霉
# 黄鼠狼单咬病鸭子 —— 该倒霉

huángshǔláng dān yǎo bìng yāzi — gāi dǎoméi

족제비가 오로지 병든 오리만 물다 ; 정말로 재수가 없다.

鴨子病了, 已經不幸, 偏偏又給黃鼠狼咬了, 眞該牠倒霉。

這條歇後語用來比喩災難偏偏落到不幸者的頭上。

오리가 병들어 이미 불행한데, 하필이면 또 족제비에게 물리니 정말로 그 오리는 재수가 없다.

이 헐후어는 재난이 하필이면 불행한 사람의 머리 위에 떨어지는[닥치는] 것을 비유하는 데 사용한다.

## 030

## 黃鼠狼給鷄拜年 —— 沒安好心
## 黄鼠狼给鸡拜年 —— 没安好心

huángshǔláng gěi jī bàinián — méi ān hǎoxīn

족제비가 닭에게 세배하다； 좋은 마음을 품고 있지 않다.

黃鼠狼又叫黃鼬(yòu), 白天睡覺, 晚上出來活動, 常常危害鷄鴨等家禽。黃鼠狼明明想把鷄吃掉, 卻裝模作樣給鷄拜年, 這顯然是不懷好意(沒安好心)。

這個歇後語用來比喩表面上親熱和善, 實際上居心險惡。

족제비는 '黃鼬'라고도 부르는데, 대낮에는 잠을 자고 밤에 활동하러 나와 늘 닭, 오리 등의 가금(집에서 기르는 날짐승)을 해친다. 족제비가 명백히 닭을 잡아먹으려고 하면서도, 오히려 허세를 부리며[티를 내며] 닭에게 세배를 하는 것은 분명히 좋은 마음을 품고 있지 않은 것이다.

이 헐후어는 표면상 친절하고 상냥하지만, 실제 속셈은 음험하고 잔인한 것을 비유하는 데 사용한다.

**【參考用例】** ☞ 각주 48, 265, 274, 294, 399번 예문.

031

## 火燒眉毛 —— 顧眼前
## 火烧眉毛 —— 顾眼前

huǒ shāo méimao —— gù yǎnqián

불로 눈썹을 태우다 ; 눈앞[목전]의 일만 돌보다.

眉毛在眼睛的上邊, 緊挨着眼睛。眉毛失了火, 眼睛就很危險了。

這個歇後語用來比喻情況非常急迫, 必須先解決當前的問題, 其他事暫時放在一邊。也比喻眼光短淺, 只顧眼前, 不顧將來。

눈썹은 눈의 위쪽에 있으며 눈과 바싹 붙어있다. 눈썹에 불이 붙으면 눈도 곧 매우 위험해진다.

이 헐후어는 상황이 매우 급박하여 반드시 당면한 문제를 먼저 해결하고자 다른 일은 잠시 제쳐놓는 것을 비유하는 데 사용한다. 또 안목이 짧아 단지 눈앞[목전]의 일만 돌볼 뿐 미래를 바라보지 못하는 것을 비유한다.

## 032

## 鷄蛋裏挑骨頭 —— 故意找错
## 鸡蛋里挑骨头 —— 故意找错

jīdàn lǐ tiāo gǔtou — gùyì zhǎo cuòr

달걀 속에서 뼈를 찾다 ; 고의로 잘못된 것을 찾다.

鷄蛋裏面本來是沒有骨頭的, 有人偏要在鷄蛋裏挑出一塊骨頭來, 這意味着什麽呢?

這個歇後語用來比喩故意挑剔別人的缺點和錯誤, 也就是無中生有, 硬挑毛病。(*含貶義)

달걀 속에는 원래 뼈가 없는데, 어떤 사람이 일부러 달걀 속에서 뼈 한 조각을 찾아내려한다면 이것은 무엇을 의미하겠는가?

이 헐후어는 고의로 다른 사람의 단점과 잘못을 지나치게 트집 잡는 것, 곧 본래 없던 일을 있다고 말하며[꾸며내어] 굳이 흠을 잡는 것을 비유하는 데 사용한다.

(*헐뜯거나 비방하는 따위의 부정적인 의미를 내포함.)

033

# 姜太公釣魚 —— 願者上鉤
# 姜太公钓鱼 —— 愿者上钩

Jiāngtàigōng diàoyú — yuàn zhě shàng gōu

강태공이 낚시하다 ; 원하는 자가 스스로 바늘에 걸리다.

中國周朝初年, 有個叫姜子牙的人, 隱居在陝西的渭水河邊幾十年, 常用無誘餌的直鉤在水邊釣魚。姜子牙的目的不在釣魚, 而是希望有人請他出去, 施展他的政治抱負。後來在他年紀很老的時候, 終於實現了自己的理想。人們尊稱他爲"姜太公"。

"願者上鉤"用來比喻心甘情願地去做某件事情(多指上當受騙一類的事情)。

중국 주나라 원년에 '강자아'라고 부르는 사람이 있었는데, 섬서성의 위수 물가에서 수십 년을 은거하면서, 늘 미끼 없는 곧은 낚싯바늘을 가지고 물가에서 낚시를 했다. 강자아의 목적은 낚시에 있지 않았고, 누군가가 그를 (세상으로) 나오도록 청하여 그의 정치포부를 펼치기를 희망하였다. 나중에 그가 나이가 들어 늙었을 때, 마침내 자신의 이상을 실현하였다. 사람들은 그를 '姜太公'이라고 존칭하였다.

'願者上鉤'는 마음으로 간절히 원해 어떤 일을 하려하는 것(주로 사기당하는 것과 같은 일을 가리킴)을 비유하는 데 사용한다.

**【參考用例】** ☞ 각주 301번 예문.

## 034

# 脚底上擦油 —— 溜了
脚底上擦油 —— 溜了

jiǎodǐ shàng cā yóu — liū le

발바닥에 기름을 바르다 ; 미끄러지다. [슬그머니 도망치다.]

動詞“溜”有兩個意思：一個是滑行, 另一個是偷偷地走開。脚底擦了油, 走起路來很滑, 所以說是“溜了”, 這裏是第一個意思。運用的時候採用第二個意思, 比喩有的人遇到困難的事或對自己不利的事, 就採取“溜”的辦法。卽偷偷地走開或不聲不響地離開。(*含貶義)

동사 ‘溜(처마물 유/류)’는 두 가지 의미가 있다. 하나는 미끄러져 움직이는 것이고, 다른 하나는 슬그머니 비켜가는[도망치는] 것이다. 발바닥에 기름을 바르면 걸을 때 매우 미끄러워서 ‘溜了(미끄럽다)’라고 말하는데, 여기서는 첫 번째 의미이다. 응용할 때는 두 번째 의미를 쓰는데, 어떤 사람이 어려운 일이나 자신에게 불리한 일을 당하면 바로 ‘溜(슬그머니 도망치다)’의 방법을 취하는 것을 비유한다. 즉 ‘슬그머니 비켜가거나 아무 말도 없이 떠나다’는 의미이다.

(*헐뜯거나 비방하는 따위의 부정적인 의미를 내포함.)

035

## 井裏的蛤蟆 —— 沒見過大天
## 井里的蛤蟆 —— 没见过大天

jǐng lǐ de háma — méi jiànguo dà tiān

우물 안의 개구리； 큰 하늘을 보지 못하다.

居住在井裏的蛤蟆, 沒法跳出水井, 只能看到井口那麽大的一點天空, 不知道天空到底有多大。

這個歇後語用來諷刺那些眼界狹小, 見識有限的人。(*含貶義)

우물 안에 살고 있는 개구리는 우물에서 뛰어나올 방법이 없어서 단지 우물입구만한 그런 큰 하늘의 일부만 볼 수 있을 뿐, 하늘이 도대체 얼마나 큰지[넓은지] 모른다.

이 헐후어는 견문이 좁고 얕아 식견의 수준이 떨어지는[한계가 있는] 사람을 풍자하는 데 사용한다.

(*헐뜯거나 비방하는 따위의 부정적인 의미를 내포함.)

036

# 孔夫子搬家 —— 淨是輸{書}
# 孔夫子搬家 —— 净是输{书}

Kǒng fūzǐ bānjiā — jìng shì shū

공자가 이사하다 ; 언제나 지기만 하다. {온통 책뿐이다.}

這是一個諧音歇後語。孔夫子是中國儒家學說的創始人。人們認爲他最有學問, 家中的書當然很多了。孔夫子搬家, 搬的都是書。“輸”與“書”同音, “淨是書”變成了“淨是輸”。

這個歇後語用來比喩總是失敗。

이것은 해음성질의 한 헐후어이다. 공자는 중국 유가학설의 창시자이다. 사람들은 그가 가장 학식이 있으니[높으니] 집안에 책이 당연히 많다고 여겼다. 공자가 이사를 하면 옮기는 것은 모두 책이다. ‘輸(질 수)’는 ‘書(책 서)’와 동음이어서, ‘淨是書(모두 책이다)’가 ‘淨是輸(모두 패배하다)’로 변하였다.

이 헐후어는 늘 실패[패배]하는 것을 비유하는 데 사용한다.

**【參考用例】** ☞ 각주 320번 예문.

## 037

## 快刀打豆腐 —— 兩面光
## 快刀打豆腐 —— 两面光

kuài dāo dǎ dòufu — liǎng miàn guāng

쾌도(날이 잘 드는 칼)로 두부를 자르다 ; 양면이 빛나다. [양측 모두에게 영합하다.]

用一把鋒利的刀(快刀)劈開豆腐, 劈開的兩個面都是光光滑滑的。這就是“兩面光”。

“兩面光”是處世圓滑的一種表現。

한 자루의 날이 잘 드는 칼(快刀)로 두부를 자르면, 자른 양쪽 면이 모두 반들반들하다. 이것이 바로 ‘兩面光(양면이 빛나다)’이다.

‘兩面光(양측 모두에게 영합하다)’은 처세[인간관계]가 원활하다는 일종의 표현이다.

## 038

## 癩蛤蟆打哈欠 —— 好大口氣
## 癞蛤蟆打哈欠 —— 好大口气

làihárna dǎ hāqian —— hǎo dà kǒuqì

두꺼비가 하품을 하다; 대단히 큰[대단한] 입심.

癩蛤蟆就是蟾蜍(chánchú)。牠本來就有一張大嘴巴,在打哈欠的時候,牠的嘴巴更顯得大了。

“好大口氣”用來諷刺喜歡說大話、吹牛皮的人。(*含貶義)

癩蛤蟆는 바로 '蟾蜍(두꺼비)'이다. 두꺼비는 원래 큰 입을 가졌는데, 하품을 할 때 그 입은 더욱 커 보인다.

'好大口氣(대단한 입심)'는 큰소리치고 허풍떨기를 좋아하는 사람을 풍자하는 데 사용한다.

(*헐뜯거나 비방하는 따위의 부정적인 의미를 내포함.)

## 039

## 癩蛤蟆想吃天鵝肉 —— 癡心妄想
## 癞蛤蟆想吃天鹅肉 —— 痴心妄想

làiháma xiǎng chī tiān'é ròu——
chīxīn wàngxiǎng

두꺼비가 백조고기를 먹고 싶어 하다 ; 어리석은 마음과 망상이다.
[실현불가능한 일을 생각하다.]

又美麗又高雅的天鵝在空中飛, 又醜陋又笨拙的癩蛤蟆在地上爬。癩蛤蟆忽然想起要是能吃到天鵝的肉, 那該多好啊。但這是實現不了的癡心和妄想。

這個歇後語用來譏笑某些人不切實際的過高願望。(*含貶義)

아름다우면서도 고아한 백조가 하늘을 날고 있고, 못생기고도 우둔한 두꺼비는 땅에서 기어가고 있다. 두꺼비는 갑자기 만약 백조의 고기를 먹을 수 있다면 얼마나 좋으랴 하는 생각을 떠올렸다. 그러나 그것은 실현할 수 없는 어리석은 마음이고 망상일 뿐이다.

이 헐후어는 일부 사람들의 현실에 부합되지 않는 지나치게 높은 기원과 소망을 조롱하는 데 사용한다.

(*헐뜯거나 비방하는 따위의 부정적인 의미를 내포함.)

**【參考用例】** ☞ 각주 254, 375번 예문.

040

## 老虎戴佛珠 —— 假裝善人
老虎戴佛珠 —— 假裝善人

lǎohǔ dàifózhū —— jiǎzhuāng shànrén

호랑이가 염주를 (목에) 걸다； 착한 사람인 체하다.

"佛珠"是佛教徒戴在脖子上, 念經時用以計算次數的成串珠子。一貫吃人的老虎居然戴上佛珠, 裝扮起善人的模樣來了。

這個歇後語用來比喻壞人僞裝成好人, 或假發慈悲。(*含貶義)

염주는 불교신도가 목에 거는 것으로, 독경할 때 횟수를 계산하는 데 쓰는 구슬꿰미이다. 일관되게 사람을 잡아먹는 호랑이가 뜻밖에 염주를 건다면 착한 사람의 모습으로 꾸며낸 것이다.

이 헐후어는 나쁜 사람이 좋은[착한] 사람으로 위장을 하거나 거짓으로 자비[선심]를 베푸는 것을 비유하는 데 사용한다.

(*헐뜯거나 비방하는 따위의 부정적인 의미를 내포함.)

041

## 老虎的屁股 —— 摸不得
老虎的屁股 —— 摸不得

lǎohǔ de pìgu — mō bù dé

호랑이의 엉덩이； 만질 수 없다. [건드려서는 안 된다.]

老虎是一種猛獸, 惹了牠是要吃人的。摸老虎的屁股去激怒牠, 是不會有好下場的。

這個歇後語常用來比喻某些人依仗權勢、作威作福；或者某人很厲害, 別人一點也觸犯不得。(*含貶義)

호랑이는 맹수의 한 종으로, 그를 건드리면 사람을 잡아먹을 동물이다. 호랑이의 엉덩이를 만져[꼬리를 밟아] 그를 격분하게 하면 좋은 끝[결말]이 있을 수 없다.

이 헐후어는 일부 사람들이 권세에 의존하여 권세를 부리거나 또는 어떤 사람이 매우 사나워서[성질이 유별나고 더러워서] 다른 사람이 조금도 그 비위를 거스르지 못하는 것을 비유하는 데 자주 사용한다.

(*헐뜯거나 비방하는 따위의 부정적인 의미를 내포함.)

## 042

# 老虎嘴上拔鬍子 —— 找死
# 老虎嘴上拔胡子 —— 找死

lǎohǔ zuǐ shàng bá húzi — zhǎo sǐ

호랑이 주둥이의 수염을 뽑다； 스스로 죽음을 자초하다.

到老虎嘴巴上去拔鬍子, 很有可能被老虎吃掉, 這是一件十分危險的事。

這個歇後語用來比喻冒極大的危險去觸犯强者。(*含貶義)

호랑이 주둥이 위로 수염을 뽑으러 가는 것은 호랑이에게 잡아먹힐 수 있는 가능성이 높은 매우 위험한 일이다.

이 헐후어는 극도의 위험을 무릅쓰고 강자를 거스르는 것을 비유하는 데 사용한다.

(*헐뜯거나 비방하는 따위의 부정적인 의미를 내포함.)

【參考用例】 ☞ 각주 285, 317번 예문.

043

## 老鼠掉進書箱裏 —— 咬文嚼字
## 老鼠掉进书箱里 —— 咬文嚼字

lǎoshǔ diàojìn shūxiāng lǐ — yǎo wén jiáo zì

쥐가 책장[책 상자]에 떨어져 들어가다 ; 글자를 씹어 먹다. [지나치게 문구에 얽매이다.]

老鼠的牙齒總是不停地咬東西, 老鼠掉進書箱裏, 咬的都是書本, 所以說牠"咬文嚼字"。"咬文嚼字"多用來譏笑死摳(kōu)字眼, 而不領會精神實質的書呆子。有時也用來譏笑那些故意賣弄自己學問的人。(*含貶義)

쥐의 이빨은 늘 쉬지 않고 먹이를 씹고 깨무는데, 쥐가 책을 담는 상자에 빠지면 씹고 깨무는 것이 모두 책이어서 이를 '咬文嚼字(문장을 깨물고 글자를 씹는다)'라 말한다. '咬文嚼字'는 글자 하나하나를 따지느라 정신과 본질을 파악하지 못하는 공부벌레를 조롱하는 데 많이 사용한다. 때로는 고의로 자신의 학문을 뽐내는 그런 사람들을 조롱하는 데 사용하기도 한다.

(*헐뜯거나 비방하는 따위의 부정적인 의미를 내포함.)

## 044

# 老鼠過街 —— 人人喊打
# 老鼠过街 —— 人人喊打

lǎoshǔ guò jiē — rénrén hǎn dǎ

쥐가 길을 건너다； 사람마다 때려잡으라고 고함치다.

人們一般都認爲老鼠是一個很壞的東西。如果牠從大街上走過，街上的人都會大聲喊：“打死牠！”

這個歇後語用來比喻害人的東西，人人痛恨。(*含貶義)

사람들은 일반적으로 모두 쥐를 하나의 나쁜 동물로 여긴다. 만약 쥐가 큰길을 따라 지나가면, 길 위의 사람들은 모두 큰 소리로 ‘打死牠!(저놈을 때려죽이자!)’라고 외칠 것이다.

이 헐후어는 남에게 해를 끼치는 것은 모든 사람이 매우 싫어한다는[미워한다는] 것을 비유하는 데 사용한다.

(*헐뜯거나 비방하는 따위의 부정적인 의미를 내포함.)

**【參考用例】** ☞ 각주 79번 예문.

045

# 老鼠爬秤鉤 —— 自己稱自己
# 老鼠爬秤钩 —— 自己称自己

lǎoshǔ pá chènggōu — zìjǐ chēng zìjǐ

쥐가 저울갈고리를 기어오르다 ; 스스로 자신을 칭찬하다.

秤(chèng)是測定物體重量的器具。秤杆上的金屬鉤子, 是用來掛所稱(chēng)物體的。老鼠爬到秤鉤上, 是自己稱(chēng)自己的重量。"稱(chēng)"有"測定重量"的意思, 另外還有"稱讚"的意思。"自己稱自己"就是自己稱讚或誇耀自己。

這個歇後語用來比喻沒有什麽本事的人自我吹噓。

(*含貶義)

저울은 물체의 중량을 재는 기구이다. 저울대의 금속갈고리는 무게를 재는 물체를 거는 데 사용한다. 쥐가 저울갈고리에 기어오르는 것은 자신의 무게를 스스로 재는 것이다. '稱'은 '무게를 측정하다'는 의미도 있고, 이 외에 또 '칭찬하다'는 의미도 있다. '自己稱自己'는 바로 스스로 칭찬하거나 자신을 자랑하는 것이다.

이 헐후어는 어떠한 능력도 없는 사람이 스스로를 치켜세우는 것을 비유하는 데 사용한다.

(*헐뜯거나 비방하는 따위의 부정적인 의미를 내포함.)

**【參考用例】** ☞ 각주 181번 예문.

## 046

# 老鼠鑽進風箱裏 —— 兩頭受氣
# 老鼠钻进风箱里 —— 两头受气

lǎoshǔ zuānjìn fēngxiāng lǐ — liǎngtóu shòuqì

쥐가 풀무 안을 뚫고 들어가다 ; 양쪽으로 바람을 맞다. [양쪽으로 원망이나 비난을 받다.]

風箱是一種壓縮空氣、產生氣流的裝置, 一頭進氣, 一頭出氣, 用來使爐火旺盛。假如老鼠鑽到風箱裏, 無論跑到哪一頭, 都處在氣流中, 所以說是“兩頭受氣”。

“受氣”有受到欺侮的意思。“兩頭受氣”比喻受到兩方面的抱怨或責難。

풀무[야로]는 공기를 압축하고 기류를 발생시키는 일종의 장치로, 한쪽은 공기가 들어오고 다른 한쪽은 공기가 나가 불이 세차게 타오르도록 한다. 만약 쥐가 풀무 안을 뚫고 들어가면, 어느 한쪽으로 도망가든 상관없이 기류 중에 처하게 되므로 이를 일러 ‘兩頭受氣(양쪽으로 바람을 맞다)’라고 한다.

‘受氣’는 모욕을 받는다는 의미가 있다. ‘兩頭受氣’는 양쪽의 원망이나 비난을 받는 것을 비유한다.

**【參考用例】** ☞ 각주 101 105번 예문.

## 047

# 老鼠鑽牛角 —— 此路不通
# 老鼠钻牛角 —— 此路不通

lǎoshǔ zuān niújiǎo —— cǐ lù bù tōng

쥐가 소뿔을 뚫고 들어가다 ; 이 길[방법]은 통하지 않다.

牛角下頭粗, 上頭尖。假如老鼠鑽到牛角裏, 越往裏面空間越小, 最後沒有路可走。

這個歇後語用來比喻某種辦法或某種想法在現實中行不通。也比喻陷入絕境, 無路可走。

소뿔의 아래는 굵고 위는 뾰족하다. 만약 쥐가 소뿔 안으로 뚫고 들어간다면, 안으로 들어갈수록 공간이 작아져서 결국에는 더 갈 길이 없어질 것이다.

이 헐후어는 어떤 방법이나 어떤 생각이 현실에 있어서 통하지 않는 것을 비유하는 데 사용한다. 또 절망적인 상태[궁지]에 빠져 더 나아갈 길이 없는 것을 비유한다.

## 048

# 老王賣瓜 —— 自賣自誇
# 老王卖瓜 —— 自卖自夸

Lǎo Wáng mài guā —— zì mài zì kuā

왕씨가 참외를 팔다 ; 스스로 자기가 파는 물건을 칭찬하다. [자화자찬하다.]

老王是一個假定賣瓜的人。老王賣瓜, 一邊賣, 一邊誇自己的瓜甛, 這是招攬(lǎn)生意, 希望有更多的人來買他的瓜。

這個歇後語用來比喩自吹自擂, 自己誇耀自己。(*含貶義)

왕씨는 참외를 판다고 가정한 한 사람이다. 왕씨가 참외를 팔면서 한편으로는 판매하고 한편으로는 자신의 참외가 달다고 자랑을 하는데, 이는 사람을 끌어들여 장사를 해서 더 많은 사람들이 그의 참외를 사러오길 바라는 것이다.

이 헐후어는 자기 스스로 뽐내며 자화자찬하는 것을 비유하는 데 사용한다.

(*헐뜯거나 비방하는 따위의 부정적인 의미를 내포함.)

## 049

# 雷公劈豆腐 —— 專找軟的欺
# 雷公劈豆腐 —— 专找软的欺

léigōng pī dòufu — zhuān zhǎo ruǎn de qī

뇌공이 두부를 자르다； 오로지 약한 사람들만 찾아 괴롭히다.

豆腐很軟, 非常容易劈開。雷公是神話中傳說專管打雷的神, 樣子很兇惡。雷公用雷電去劈豆腐, 比喩專找老實人或軟弱的人欺負。(*含貶義)

두부는 부드러워서 매우 쉽게 쪼개진다. 뇌공은 신화 중 천둥치는 일을 전적으로 담당하는 전설의 신으로 모습이 흉악했다. 뇌공이 천둥과 번개를 이용해 두부를 자른다는 것은 오로지 순박한 사람이나 연약한 사람들만 찾아 괴롭히는 것을 비유한다.

(*헐뜯거나 비방하는 따위의 부정적인 의미를 내포함.)

**【參考用例】** ☞ 각주 257번 예문.

050

## 聾子的耳朵 —— 擺設
## 聋子的耳朵 —— 摆设

lóngzi de ěrduo — bǎishè

귀머거리의 귀 ; 장식품. [겉만 그럴듯하고 실제로는 쓸모가 없는 사람이나 사물.]

聾子雖然也長着兩隻耳朵， 可是聽不到聲音。所以這兩隻耳朵就好像一種擺設，不起任何作用。

“擺設”指那些只能裝裝樣子，而毫無實用價值的東西。這個歇後語用來比喻虛有其表或徒有其名， 而實際不起作用的人或事物。(*含貶義)

귀머거리는 비록 양쪽 귀가 자랐지만[있지만] 소리를 듣지 못한다. 그래서 이 양쪽 귀는 마치 하나의 장식품과 같이 어떠한 역할도 할 수 없다.

‘擺設(장식품)’는 단지 그럴듯하게 꾸밀 수 있을 뿐, 실용가치가 조금도 없는 그러한 물건들을 가리킨다. 이 헐후어는 겉만 번지르르하거나 유명무실하여 실제로는 쓸모가 없는 사람이나 사물을 비유하는 데 사용한다.

(*힐뜯거나 비방하는 따위의 부정적인 의미를 내포함.)

## 051

# 摟草打兎子 —— 順手
# 搂草打兔子 —— 顺手

lōu cǎo dǎ tùzi — shùn shǒu

(갈퀴로) 풀을 긁어모아 토끼를 잡다 ; 순조롭다. [하는 김에 다른 일도 하다.]

兎子藏在草叢裏, 摟草打兎子是順手就能做的。指做一件事時, 順便又做了別的事。

토끼가 풀숲에 숨어있으면 (갈퀴로) 풀을 긁어모아 토끼를 잡는 것은 쉬운 일이다. 한 가지 일을 하는 김에 또 다른 일도 하는 것을 가리킨다.

## 052

## 馬尾穿豆腐 —— 提不起來
## 马尾穿豆腐 —— 提不起来

mǎyǐr chuān dòufu — tí bù qǐlái

말총으로 두부를 꿰다； 들어 올릴 수 없다. [되지도 않을 말을 하다.]

豆腐很軟很嫩, 輕輕一碰就會碎裂, 用馬尾巴上的毛來穿豆腐, 是不可能把它提起來的。

“提不起來”常用來表示：(1)某人的能力、水平太低, 無法提拔或培養；(2)精神或勁頭不足, 無法提起來。(*含貶義)

두부는 매우 부드럽고 연하다. 살짝 만지기만해도 부서진다. 말꼬리의 털[말총]을 사용하여 두부를 꿰면 절대로 두부를 들어 올릴 수 없는 것이다.

‘提不起來’는 (1)어떤 사람의 능력과 수준이 매우 낮아서 발탁하거나 배양할 수 없고, (2)정신 또는 힘이 부족해서 들어 올릴 수 없는 것을 나타내는 데 자주 사용한다.

(*헐뜯거나 비방하는 따위의 부정적인 의미를 내포함.)

【參考用例】 ☞ 각주 250, 378번 예문.

053

## 貓哭老鼠 —— 假慈悲
## 猫哭老鼠 —— 假慈悲

māo kū lǎoshǔ — jiǎ cíbēi

고양이가 쥐 앞에서 울다 ; 거짓으로 자비를 베풀다.

貓的本性是要吃老鼠[耗子]的。假如有一隻貓, 居然同情和憐憫老鼠的遭遇而掉下眼淚, 那一定是假裝慈悲了。

這個歇後語用來比喻內心殘忍而僞裝仁慈善良的人。(*含貶義)

고양이의 본성은 쥐를 먹으려고 하는 것이다. 만약 고양이 한 마리가 뜻밖에도 쥐가 불행한 일을 만난 것에 대해 동정하고 불쌍히 여겨 눈물을 흘린다면 그것은 반드시 거짓으로 자비를 베푸는 체하는 것이다.

이 헐후어는 속마음은 잔인하나 거짓으로 인자하고 선량한 체하는 사람을 비유하는 데 사용한다.

(*헐뜯거나 비방하는 따위의 부정적인 의미를 내포함.)

**【參考用例】** ☞ 각주 214번 예문.

## 054

# 門縫裏瞅人 —— 把人看扁了
# 门缝里瞅人 —— 把人看扁了

ménfèng lǐ chǒu rén — bǎ rén kàn biǎn le

문틈으로 사람을 보다 ; 다른 사람을 얕보다.

瞅是看的意思。把門打開很小一條縫隙(fèngxì), 從縫隙中看人, 人的形象就顯得扁了。

“把人看扁了”是看不起人或小看別人的意思。(*含貶義)

‘瞅(볼 추)’는 ‘보다’라는 뜻이다. 문을 아주 작은 틈새만큼 열고 그 틈새로 사람을 보면, 사람의 형상은 납작하게 드러난다.

‘把人看扁了’는 ‘사람을 경멸하거나 다른 사람을 얕보다’라는 의미이다.

(*헐뜯거나 비방하는 따위의 부정적인 의미를 내포함.)

【參考用例】 ☞ 각주 157, 282번 예문.

055

## 木匠戴枷 —— 自作自受
木匠戴枷 —— 自作自受

mùjiang dài jiā — zì zuò zì shòu

목수가 형틀 칼을 (목에) 씌우다 ; 자업자득이다.

枷是過去套在罪犯脖子上的一種刑具, 一般用木板製成。木匠自己製作了枷, 後來卻戴在自己的脖子上, 這就是"自作自受"。

這個歇後語用來比喻自己做錯事或壞事, 自己去承受不好的後果。(*含貶義)

'枷(도리깨, 형틀 칼 가)'는 옛날 죄인의 목에 씌우는 형구의 일종으로 보통 나무로 만든다. 목수 스스로 형틀 칼을 만들고서 나중에 도리어 자신의 목에 씌운다면 이것은 바로 '자업자득'이다.

이 헐후어는 자기 자신이 잘못된 일을 하거나 나쁜 일을 하여서 스스로 그 좋지 않은 결과를 감당해야하는 것을 비유하는 데 사용한다.

(*헐뜯거나 비방하는 따위의 부정적인 의미를 내포함.)

## 056

## 泥菩薩過江 —— 自身難保
## 泥菩萨过江 —— 自身难保

ní púsà guò jiāng — zìshēn nán bǎo

진흙으로 만든 보살이 강을 건너다 ; 자기 자신도 보전하기 어렵다.

在人們的心目中，菩薩是拯(zhěng)救危難的神。可是，用泥巴做成的菩薩，在過河[江]的時候，一旦進入水裏自身就會被河水溶化，哪裏還能去保佑別人呢？

這個歇後語用來比喩自己都難以保住，不能顧得上幫助別人。(*含貶義)

사람들의 마음속에서 보살은 위난과 재난을 구하는 신이다. 그러나 진흙으로 만든 보살은 강을 건널 때, 일단 물에 들어가면 자기 자신이 강물에 용화되니[녹아버리니] 어떻게 다른 사람을 보살필 수 있겠는가?

이 헐후어는 자기 자신도 보전하기 어려워 다른 사람을 도우는 것까지 돌아볼 여유가 없는 것을 비유하는 데 사용한다.

(*헐뜯거나 비방하는 따위의 부정적인 의미를 내포함.)

## 057

# 螃蟹夾豌豆 —— 連爬帶滾
# 螃蟹夹豌豆 —— 连爬带滚

pángxiè jiā wāndòu — lián pá dài gǔn

게가 완두(콩)를 집다； 구르고 기면서.

螃蟹走路時橫着爬行。豌豆是又小又圓的東西。螃蟹要夾住豌豆實在不太容易，所以螃蟹夾豌豆的結果只能是一個爬，一個滾。

"連爬帶滾"大多用來形容失敗後驚慌逃跑的樣子。

게는 걸을 때 옆으로 기어간다. 완두는 작고도 둥근 콩이다. 게가 완두를 집으려고 해도 확실히 쉽지 않다. 그리하여 게가 완두를 집은 결과는 기껏해야 하나[게]는 기고 다른 하나[완두]는 구를 뿐이다.

'連爬帶滾'은 대부분 실패한 후 놀라서 허둥지둥 도망치는 모습을 형용하는 데 사용한다.

**【参考用例】** ☞ 각주 24번 예문.

## 058

## 旗杆上掛燈籠 —— 高明
## 旗杆上挂灯笼 —— 高明

qígān shàng guà dēnglong —— gāomíng

깃대위에 등롱을 걸다； 높고 밝다. [고명하다.]

把燈籠掛在很高很高的旗杆上點亮，燈籠又"高"又"明亮"。

"高"和"明"兩個字合起來構成一個新的詞"高明"，用來形容某個人的技能高於一般人。(*含褒義)

등롱을 아주 높은 깃대위에 걸고 불을 켜서 밝히면 등롱은 높고도 밝다.

'高(높을 고)'와 '明(밝을 명)' 두 글자가 합쳐져서 '高明'이란 하나의 새로운 단어를 구성하여, 어떤 사람의 기능이 일반인보다 높고 뛰어난 것을 형용하는 데 사용한다.

(*찬양하거나 칭찬하는 따위의 긍정적인 의미를 내포함.)

059

## 騎驢看唱本 —— 走着瞧
## 骑驴看唱本 —— 走着瞧

qí lǘ kàn chàngběn — zǒuzhe qiáo

당나귀를 타고 노래가사 대본을 보다 ; 걸어가면서 보다. [두고 보자.]

"唱本"是刊載曲藝或戲曲唱詞的小冊子。騎在毛驢的背上看唱本，一邊走，一邊看。"一邊走，一邊看"是"走着瞧"的表面意思。

"走着瞧"的實際意思是：事情發展的結果如何(比如誰勝誰負)，等着以後慢慢看。

'唱本'은 곡예 또는 희곡의 노래가사를 게재한 소책자이다. 당나귀 등에 타서 노래가사 대본을 보면 걸어가면서 (책을) 본다. '一邊走, 一邊看(걸어가면서 보다)'은 '走着瞧'의 표면적인 뜻이다.

'走着瞧'의 실제 의미는 '일이 발전한 결과가 어떠한지 (예를 들면 누가 이기고 누가 졌는지) 기다리면서 나중에 천천히 (두고) 보다'이다.

【參考用例】 ☞ 각주 52, 148, 149번 예문.

## 060

## 騎在老虎背上 —— 身不由己
## 骑在老虎背上 —— 身不由己

qí zài lǎohǔ bèi shàng — shēn bù yóu jǐ

호랑이 등에 타다 ; 몸이 자기 마음대로 되지 않다.

一個人如果騎到了老虎的脊背上, 要想下來可就困難了, 只好由老虎帶着跑, 完全失去了自由。

這個歇後語用來比喩受別人的控制, 由不得自己做主。

한 사람이 만약 호랑이 등에 탔다면, 내려오려고 해도 틀림없이 어렵고 다만 호랑이에게 곁들여[매달려] 달리는 수밖에 없게 되어 완전히 자유를 잃게 된다.

이 헐후어는 다른 사람의 제압[억압, 지배]을 받아 스스로[제 마음대로] 생각을 결정할 수 없는 것을 비유하는 데 사용한다.

## 061

# 千里送鵝毛 —— 禮輕情意重
# 千里送鹅毛 —— 礼轻情意重

qiān lǐ sòng émáo — lǐ qīng qíngyì zhòng

천리 밖의 먼 곳에서 보내온 거위의 털 ; 선물은 비록 보잘것없으나 정의는 두텁다.

"千里"形容路途遙遠。從遙遠的地方送來一片鵝毛, 東西雖然很輕, 但是它代表的情意卻很濃重。

這個歇後語用來比喻禮品雖然不多, 但表達了送禮人的一片深情厚意。(*含褒義)

'千里'는 길이 먼 것을 형용한다. 먼 곳으로부터 거위 털을 (선물로) 보내오면, 물건은 비록 가볍지만[보잘것없지만] 그것이 대표하는 정의는 도리어 아주 두텁다.

이 헐후어는 선물은 비록 많지 않지만 그 선물을 보낸 사람의 깊고 두터운 정의를 표현하였다는 것을 비유하는 데 사용한다.

(*찬양하거나 칭찬하는 따위의 긍정적인 의미를 내포함.)

**【参考用例】** ☞ 각주 77번 예문.

## 062

# 青石板上釘釘 —— 不動
# 青石板上钉钉 —— 不动

qīngshíbǎn shàng dìng dīng —— bù dòng

청석[응회암] 판위에 못을 박다 ; 움직이지 않다.

前一個“釘(dìng)”是動詞, 後一個“釘(dīng)”是名詞。在堅硬的石板上釘釘子, 釘子是釘不進去的, 也就是“釘(dìng)不動”。

這個歇後語用來比喻事情發展已成定局, 基本上不會再發生變動。

앞의 ‘釘’은 동사이고, 뒤의 ‘釘’은 명사이다. 단단한 석판위에 못을 박으면 못이 박혀 들어가지 않는데, 곧 ‘(못을) 박아도 박히지 않다’는 뜻이다.

이 헐후어는 일의 발전이 이미 확정적이고 기본적으로 더 이상 변동이 생길 수 없는 것을 비유하는 데 사용한다.

## 063

## 秋後的螞蚱 —— 蹦躂不了幾天
## 秋后的蚂蚱 —— 蹦跶不了几天

qiū hòu de màzha — bèngda bù liǎo jǐ tiān

늦가을의 메뚜기； 며칠 날뛰지 못하다. [죽을 날이 그리 멀지 않다.]

“螞蚱”就是“蝗蟲”。“蹦躂”就是“蹦跳”的意思。秋天過去, 冬天馬上就到了。螞蚱到了秋後, 活命的日子就不長了, 所以說牠“蹦躂不了幾天”。

這個歇後語用來比喻離失敗或滅亡沒有多久了。(*含貶義)

‘螞蚱’는 ‘메뚜기’이다. ‘蹦躂’는 ‘깡충 뛰다’라는 뜻이다. 가을이 지나면 겨울이 곧 바로 온다. 메뚜기는 늦가을이 되면 살아갈 날이 얼마 남지 않아서 그것이 ‘며칠 날뛰지 못한다[죽을 날이 그리 멀지 않다]’라고 말한다.

이 헐후어는 실패 또는 멸망이 그리 오래지[멀지] 않다는 것을 비유하는 데 사용한다.

(*헐뜯거나 비방하는 따위의 부정적인 의미를 내포함.)

**【參考用例】** ☞ 각주 398번 예문.

## 064

## 熱鍋上的螞蟻 —— 團團轉
## 热锅上的蚂蚁 —— 团团转

règuō shàng de mǎyǐ —— tuántuán zhuàn

뜨거운 가마솥 안의 개미 ; 갈팡질팡하며 허둥대다.

燒得灼(zhuó)熱的鐵鍋上有一群螞蟻， 圍着鍋圈轉來轉去，想逃命，又沒有辦法逃走。

這個歇後語用來比喩陷入困境， 走投無路。也用來描述心情焦急、坐立不安的狀態。

매우 뜨겁게 달군 가마솥에 한 무리의 개미가 있어, 솥 받침대를 둘러싸고 이리저리 왔다 갔다 하는데, 도망치고 싶어도 도망갈 방법이 없다.

이 헐후어는 궁지에 빠져 갈 곳이 없는 것을 비유하는 데 사용한다. 마음이 조급하고 안절부절못하는 상태를 묘사하는 데도 사용한다.

## 065

# 肉包子打狗 —— 有去無回
# 肉包子打狗 —— 有去无回

ròu bāozi dǎ gǒu — yǒu qù wú huí

고기만두로 개를 때리다 ; 가는[내버리는] 것은 있는데, 돌아오는 것이 없다.

狗很喜歡吃肉。用肉做的包子打狗，等於給狗送好吃的東西，扔出去當然就回不來了。

這個歇後語用來比喩東西放出去後收不回來。

개는 고기 먹는 것을 좋아한다. 고기만두(고기소를 넣어서 만든 만두)로 개를 때리면 개에게 맛 있은 것을 주는 것과 같아서 내버린 것(고기만두)은 당연히 돌아오지 않는다.

이 헐후어는 물건을 (한번) 내놓은 후에는 거둬들일 수 없는 것을 비유하는 데 사용한다.

## 066

# 十五隻吊桶打水 —— 七上八下
# 十五只吊桶打水 —— 七上八下

shíwǔ zhī diàotǒng dǎ shuǐ — qī shàng bā xià

열다섯 개의 두레박으로 물을 긷다 ; 일곱 개는 올라가고 여덟 개는 내려가다. [안절부절못하다.]

過去沒有自來水, 用水要到井裏去提。在桶上綁根繩子吊下井去, 水滿後再提上來。設想用十五隻吊桶輪番提水, 七個桶吊上來, 八個桶放下去。

"七上八下"也是個成語, 常用來描述心神慌亂、不安。

옛날에는 수돗물이 없어서 물을 쓰려면 우물에 가서 물을 길어서 올려야했다. 물통[두레박]에 끈을 묶어 우물에 떨어뜨리고 물이 가득 찬 다음에 다시 들어올린다. (한 줄에 묶인) 열다섯 개의 두레박으로 차례대로 물을 길어 올리면 일곱 개의 두레박은 올라가고, 여덟 개의 두레박은 내려간다.

'七上八下'는 성어이기도한데, 마음이 혼란하고 불안한 것을 묘사하는 데 자주 사용한다.

【參考用例】 ☞ 각주 46, 386번 예문.

067

## 壽星老上吊 —— 嫌命長
## 寿星老上吊 —— 嫌命长

shòuxīnglǎo shàngdiào —— xián mìng cháng

장수노인이 목을 매다 ; 명이 길다고 마음에 들어 하지 않다.

"壽星"就是"老人星", 民間把他作爲長壽的象徵, 也稱爲"壽星公"、"壽星老"。假如壽星老突然要上吊尋死, 大家不禁會議論："這老頭子是不是嫌自己活得太長了？"

這個歇後語用來比喩自己不知道保重自己的身體和生命, 盲目去冒風險或硬打硬拼。(*含貶義)

'壽星'은 바로 '장수노인'이다. 민간에서 그를 장수의 상징으로 삼아서 '壽星公', '壽星老'라고도 부른다. 만약에 장수노인이 갑자기 목을 매어 자살하려고하면 사람들은 '이 노인네가 (자신의 명이 길어) 너무 오래 사는 것을 마음에 들어 하지 않는 것인가?'라고 자기도 모르게[참지 못하고] 의논[왈가왈부]할 것이다.

이 헐후어는 스스로 자신의 몸과 생명을 조심해야하는 것도 모르고 맹목적으로 위험을 무릅쓰거나 힘으로 맞서고 무리하게 부딪치려는 것을 비유하는 데 사용한다.

(*헐뜯거나 비방하는 따위의 부정적인 의미를 내포함.)

## 068

# 睡在磨盤上 —— 想轉了
# 睡在磨盘上 —— 想转了

shuì zài mòpán shàng —— xiǎng zhuàn le

맷돌위에서 자다 ; (맷돌을 따라서 같이) 돌려고 생각하다.

這個磨盤就是方言中說的磨，是一種把糧食弄碎的工具，磨盤轉動，糧食才能壓碎。人睡在磨盤上面，大概也想隨着轉動了。

"想轉了"的意思是想偏了，想錯了；另外也表示想開了，想明白了。

이 '磨盤'은 바로 방언 중에서 말하는 맷돌로, 양식을 부스러뜨리는 도구이다. 맷돌이 돌면 양식이 눌려서 부스러질 수 있다. 사람이 맷돌위에서 자면 아마도 (맷돌을) 따라서 같이 돌려고 생각할 것이다.

'想轉了'의 의미는 '한쪽으로 치우치게[편향되게] 생각하다', '잘못 생각하다'이다. 이 밖에도 '생각을 넓게 갖다', '생각을 분명히 하다'를 나타내기도 한다.

## 069

# 孫猴子的臉 —— 說變就變
# 孙猴子的脸 —— 说变就变

Sūn Hóuzi de liǎn — shuō biàn jiù biàn

손오공의 얼굴； 변하다고 말하면 바로 변한다.

中國著名神話小說《西遊記》中的孫悟空又稱“孫猴子”, 有七十二種變化的本領, 只要一念咒語, 說變什麼就變什麼。

這個歇後語用來比喻情況變化迅速, 難以預料。

중국 저명 신화[신마] 소설 《서유기》 중의 손오공은 또 ‘孫猴子(손원숭이)’라고도 부르는데, 72가지로 변신할 수 있는 재능을 갖고 있어 주문을 한 번 (소리를 내어) 읽기만 하면 변한다고 말하는 그대로 바로 변한다.

이 헐후어는 상황변화가 신속해서 예상하기 어려운 것을 비유하는 데 사용한다.

070

## 太平洋上的警察 —— 管得寬
## 太平洋上的警察 —— 管得宽

Tàipíng Yáng shàng de jǐngchá — guǎn de kuān

태평양의 경찰 ; 관리할 범위가 넓다. [쓸데없이 관여하다.]

太平洋是世界上最大的海洋, 廣闊無邊。假設在太平洋上當警察, 管的地方就很寬很寬了。

"管得寬"指不該管或不需要管的事情也去管, 操多餘的心。(*含貶義)

태평양은 세계에서 제일 큰 해양으로 끝없이 광활하다. 태평양에서 경찰을 한다고 가정하면 관리할 지역은 넓고도 넓다.

'管得寬'은 관리하지 않아야 하거나 관리할 필요가 없는 일도 관리를 하고, 쓸데없는 걱정을 하는 것을 가리킨다.

(*헐뜯거나 비방하는 따위의 부정적인 의미를 내포함.)

【参考用例】 ☞ 각주 86번 예문

## 071

# 太歲頭上動土 —— 好大的膽
# 太岁头上动土 —— 好大的胆

tàisuì tóu shàng dòng tǔ —— hǎo dà de dǎn

태세신의 머리 위에 집을 짓다； 간[담]이 크다.

"太歲"是傳說中的神名。過去迷信的說法認爲太歲之神在地, 掘土興建工程要躲避太歲的方位, 否則就要招來禍害。居然在太歲的頭上動起土來, 這不是自找災禍嗎?

"太歲頭上動土"比喻去觸犯有權勢和强有力的人, 膽子不小。(*含貶義)

'太歲'는 전설 속의 신 이름이다. 옛날 미신의 견해로는 태세의 신이 땅에 있으니 땅을 파는 건설공사는 태세신의 방위를 피해야지 그렇지 않으면 곧바로 재해를 불러온다고 여겼다. 확실히 태세신의 머리 위에 집을 짓는 것은 스스로 재난을 부르는[자초하는] 것이 아니겠는가?

'太歲頭上動土'는 권세가 있고 힘센 사람을 거스르고 불쾌하게 하는 간[담]이 큰 것을 비유한다.

(*헐뜯거나 비방하는 따위의 부정적인 의미를 내포함.)

## 072

## 鐵打的公鷄 —— 一毛不拔
## 铁打的公鸡 —— 一毛不拔

tiě dǎ de gōngjī —— yī máo bù bá

쇠로 만든 수탉； 털 하나도 뽑히지 않다.

在公鷄身上拔毛本來是很容易的事情， 然而要在鐵鑄成的公鷄身上拔下毛來， 就不可能了。“一毛不拔”是一根毛也拔不下來的意思。

這個歇後語用來比喩一個人非常自私、吝嗇， 一點財物也不願意拿出來。(*含貶義)

수탉 몸에서 털을 뽑는 것은 원래 매우 쉬운 일이나, 쇠를 주조하여 만든 수탉 몸에서 털을 뽑는 것은 곧 불가능하다. ‘一毛不拔’는 털 하나도 뽑아낼 수 없다는 뜻이다.

이 헐후어는 한사람이 매우 이기적이고 인색하여 조금의 재물도 내어놓기를 원하지 않는 것을 비유하는 데 사용한다.

(*헐뜯거나 비방하는 따위의 부정적인 의미를 내포함.)

073

# 聽評書掉眼淚 —— 替古人擔憂
# 听评书掉眼泪 —— 替古人担忧

tīng píngshū diào yǎnlèi — tì gǔrén dānyōu

평서를 듣고 눈물을 흘리다； 옛사람을 대신하여 걱정하다.

“評書”是曲藝的一種, 講的大多是古代的故事。聽評書聽到悲慘的地方, 留下眼淚來, 替故事裏的人物[古人]着急、擔憂。

這個歇後語用來比喻對毫不相干的人或事, 產生不必要的憂慮。

‘評書’는 민간 설창문예(說唱文藝)의 일종으로, 강설(講說)하는 것이 대부분 고대의 이야기이다. 평서를 듣는데 슬픈 부분을 듣게 되면 눈물이 흘러내리며 이야기 속의 인물[옛사람]을 대신하여 초조해하고 걱정한다.

이 헐후어는 서로 조금도 관계가 없는 사람이나 일에 대해서 불필요한 근심걱정을 하는 것을 비유하는 데 사용한다.

## 074

# 秃子跟着月亮走 —— 沾光

秃子跟着月亮走 —— 沾光

tūzi gēnzhe yuèliang zǒu — zhānguāng

대머리가 달을 따라서 가다； 덕을 보다.

“秃子”指頭髮掉光了的人。秃子在月亮下面走路, 月亮的光照到秃子頭上, 秃子的頭上也發亮了, 是沾了月亮的光。

這個歇後語用來比喻憑藉別人或某種事物而得到好處。(*含貶義)

‘秃子’는 머리카락이 다 빠진 사람[대머리]을 가리킨다. 대머리가 달빛 아래서 길을 걷는데, 달빛이 대머리의 머리를 비추어 대머리의 머리 또한 밝게 빛나는 것은 달빛의 덕을 본 것이다.

이 헐후어는 다른 사람이나 어떤 사물을 빙자하여 이득을 얻는 것을 비유하는 데 사용한다.

(*헐뜯거나 비방하는 따위의 부정적인 의미를 내포함.)

075

## 禿子頭上的蝨子 —— 明擺着
## 秃子头上的虱子 —— 明摆着

tūzi tóu shàng de shīzi — míngbǎizhe

대머리의 머리에 붙은 이 ; 분명히 드러나다.

禿子的頭上光光的, 一根頭髮也沒有。如果禿子頭上有蝨子, 一眼就可以看到, 因爲它很明顯地"擺"(放)在那裏。

"明擺着"的意思是問題或事情很明顯。

대머리의 머리는 번쩍번쩍하고 머리카락은 한 가닥도 없다. 만약 대머리의 머리에 이가 있다면 한눈에 바로 볼 수가 있다. 왜냐하면 그것은 뚜렷하게 그곳에 놓여있기 때문이다.

'明擺着'의 의미는 '문제나 일이 매우 분명히 드러나다'이다.

【參考用例】 ☞ 각주 47, 253번 예문.

## 076

# 兔子的尾巴 —— 長不了
# 兔子的尾巴 —— 长不了

tùzi de wěiba — cháng bù liǎo

토기의 꼬리 ; (자라서) 길어질 수 없다.

兔子的尾巴生來就很短，不可能再長(zhǎng)長(cháng)了。

這個歇後語用來比喻時間不會長久了(多指壞人、壞事)。(*含貶義)

토끼의 꼬리는 태어날 때부터 매우 짧아 더 이상 자라서 길어질[길게 자랄] 수가 없다.

이 헐후어는 시간이 길게[오래] 갈 수가 없는 것(주로 나쁜 사람이나 나쁜 일을 가리킴)을 비유하는 데 사용한다.

(*헐뜯거나 비방하는 따위의 부정적인 의미를 내포함.)

## 077

# 脫了褲子放屁 —— 多费一道手續
# 脱了裤子放屁 —— 多费一道手续

tuō le kùzi fàngpì — duō fèi yī dào shǒuxù

바지를 벗고 방귀뀌다； 쓸데없는 이중의 수고를 하다.

放屁不需要脫褲子。如果先把褲子脫掉，再去放屁，當然不算錯，只是多費了一道手續，令人感到可笑。

這個歇後語用來比喻多此一擧、費二遍事，自找痲煩。(*含貶義)

방귀를 뀌는데 바지를 벗을 필요가 없다. 만약에 먼저 바지를 벗고서 다시 방귀를 뀐다면 당연히 잘못된 것은 아니지만, 단지 쓸데없는 이중의 수고를 하게 되어 우습게[가소롭게] 느껴진다.

이 헐후어는 부질없는 짓을 하고 쓸데없는 이중의 수고를 하여서 스스로 귀찮고 번거로운 일을 자초하는 것을 비유하는 데 사용한다.

(*헐뜯거나 비방하는 따위의 부정적인 의미를 내포함.)

【參考用例】☞ 각주 396번 예문.

078

## 外甥打燈籠 —— 照舊{舅}
## 外甥打灯笼 —— 照旧{舅}

wàisheng dǎ dēnglong — zhào jiù

외종질이 등롱을 켜들다 ; 예전그대로 따라하다. {외삼촌을 비추다.}

這是一個諧音的歇後語。“舅”和“外甥”是親戚稱呼。一個孩子, 稱他母親的哥哥或弟弟爲“舅”, 舅舅則把他叫“外甥”。外甥打着燈籠給舅舅照明引路。由於“舊”與“舅”同音, “照舅”變成“照舊”。

“照舊”的意思是：仍舊保持從前的樣子, 沒有一點兒變化。

이것은 해음성질의 한 헐후어이다. ‘舅’와 ‘外甥’은 친척칭호이다. 한 아이가 그의 어머니의 오빠나 남동생을 ‘舅(외삼촌)’라고 부르고, 외삼촌은 그를 ‘外甥(외종질)’이라고 부른다. 외종질이 등롱을 켜들어 외삼촌에게 밝게 비추어 길을 안내한다. ‘舊(예 구)’는 ‘舅(시아비 구)’와 동음이어서, ‘照舅(외삼촌을 비추다)’가 ‘照舊(예전그대로 따라하다)’로 변하였다.

‘照舊’의 의미는 ‘여전히 예전 모습을 그대로 유지하여 조금도 변화가 없다’이다.

【參考用例】☞ 각주 247번 예문.

## 079

# 王八吃秤砣 —— 鐵了心
# 王八吃秤砣 —— 铁了心

wángba chī chèngduó — tiě le xīn

거북이가 저울추를 삼키다 ; 마음을 단단히 하다. [굳게 결심하다.]

“王八”就是烏龜的俗稱。“秤砣”是稱物品時用來使秤平衡的金屬錘，用鐵鑄成。假設一隻王八把秤砣吞到肚子裏，連心也變成鐵的了。

“鐵了心”比喻主意已定，很難改變；或比喻意志堅定，毫不動搖。

‘王八’는 바로 거북이의 속칭이다. ‘秤砣’는 물건의 무게를 달 때 저울을 평형하게 하는 데 사용하는 금속추로 쇠를 주조하여 만든다. 만약에 거북이가 저울추를 배속으로 삼킨다면, 그의 마음조차도 쇠로 변할 것이다.

‘鐵了心’은 생각이 이미 정해져서 변하기 어려운 것을 비유한다. 또한 의지가 굳건하여 조금의 동요도 없는 것을 비유한다.

**【參考用例】** ☞ 각주 123, 202, 203번 예문.

## 080

### 蚊子叮菩薩 —— 認错人了
### 蚊子叮菩萨 —— 认错人了

wénzi dīng púsà — rèn cuò rén le

모기가 보살을 물다 ; 사람을 잘못 (알아)보다.

蚊子飛到廟裏, 看到一尊菩薩坐在那裏, 飛過去叮他的血。這才發現菩薩是泥土做的, 自己錯把他當成活人了。

這個歇後語用來比喻弄錯了人。

모기가 절 안으로 날아 들어가 보살 한 기가 그곳에 앉아 있는 것을 보고는 날아가서 그의 피를[살을] 물었다. 그제야 보살은 진흙으로 만든 것인데 자신이 그를 살아있는 사람으로 잘못 알아봤다는 것을 알아차렸다.

이 헐후어는 사람을 잘못 알아본 것을 비유하는 데 사용한다.

## 081

# 烏龜吃螢火蟲 —— 心裏明白
# 乌龟吃萤火虫 —— 心里明白

wūguī chī yínghuǒchóng — xīnli míngbai

거북이가 반딧불이를 먹다 ; 마음속으로 잘 알고 있다.

烏龜全身都是黑的，嘴裏一般也不聲不響。螢火蟲的尾端能夠發光。設想一隻烏龜把螢火蟲吞了下去，肚子裏面也就明亮起來了。

這個歇後語用來比喻嘴裏不說，心中明白，也就是“心中有數”的意思。

거북이의 온몸은 모두 검정색이며, 입에서는 보통 어떤 소리도 내지 않는다. 반딧불이의 꼬리 부분은 빛을 낼 수 있다. 만약에 거북이 한 마리가 반딧불이를 삼켜버린다면 뱃속 안에서도 반짝거릴 것이다.

이 헐후어는 입으로는 말하지 않지만 마음속으로 잘 알고 있는 것을 비유하는 데 사용한다. 곧 '心中有數(어떤 상황인지 명백히 알고 있다)'의 의미이다.

## 082

## 瞎子戴眼鏡 —— 多此一舉
## 瞎子戴眼镜 —— 多此一举

xiāzi dài yǎnjìng —— duō cǐ yī jǔ

장님이 안경을 쓰다 ; 쓸데없는 짓을 하다.

瞎子的眼睛看不見，戴上眼鏡還是看不見。所以瞎子戴眼鏡，完全是多餘的舉動。

這個歇後語用來比喩做多餘而不必要的事情。(*含貶義)

장님의 눈은 보이지 않는데, 안경을 써도 여전히 보이지 않는다. 그래서 장님이 안경을 쓰는 것은 완전히 쓸데없는 행동이다.

이 헐후어는 쓸데없고 불필요한 일을 하는 것을 비유하는 데 사용한다. (*헐뜯거나 비방하는 따위의 부정적인 의미를 내포함.)

## 083

# 瞎子點燈 —— 白費蠟
# 瞎子点灯 —— 白费蜡

xiāzi diǎn dēng — bái fèi là

장님이 불을 켜다 ; 초만 낭비하다. [공연한 짓을 하다.]

蠟燭是用來照明的。瞎子眼睛看不見, 用蠟燭點上燈, 仍然什麽也看不見, 只是白白地浪費了蠟燭。

這個歇後語用來比喩白費力氣, 一點效果也沒有。(*含貶義)

촛불은 밝게 비추는 데 쓰는 것이다. 장님의 눈은 보이지 않는데, 촛불을 사용해서 불을 켜도 여전히 아무것도 보이지 않고 공연히 촛불만 낭비하는 것이다.

이 헐후어는 쓸데없이[공연히] 힘만 쓰고 조금의 효과도 없는 것을 비유하는 데 사용한다.

(*헐뜯거나 비방하는 따위의 부정적인 의미를 내포함.)

【參考用例】 ☞ 각주 235번 예문.

## 084

## 蝦子過河 —— 謙虛{牽鬚}
## 虾子过河 —— 谦虚{牵须}

xiāzi guò hé — qiānxū

새우가 강을 건너다 ; 겸손하다. {수염을 끌고 가다.}

這是一個諧音的歇後語。"蝦子"就是"蝦"的方言。蝦的頭上有長短觸角各一對，口語叫蝦鬚。蝦過河的時候，蝦鬚漂浮在水面上，彷彿像兩根繩子牽着蝦向前游。"謙虛"與"牽鬚"同音，所以"牽鬚"變爲"謙虛"。

"謙虛"的意思是虛心、不自滿，肯接受別人的批評和建議。(*含褒義)

이것은 해음성질의 한 헐후어이다. '蝦子'는 곧 '蝦(새우)'의 방언이다. 새우의 머리에는 길고 짧은 촉각이 각 한 개씩 있는데, 구어로는 '蝦鬚(새우수염)'라고 한다. 새우가 강을 건널 때 새우수염은 수면 위에 뜨는데, 마치 끈 두 개가 새우를 끌면서 앞으로 헤엄쳐가는 것과 같다. '謙虛'는 '牽鬚'와 동음이어서, '牽鬚(수염을 끌고 가다)'가 '謙虛(겸손하다)'로 변하였다.

'謙虛'의 의미는 '겸허하고 자만하지 않으며 다른 사람의 비평과 건의를 기꺼이 받아들이다'이다.

(*찬양하거나 칭찬하는 따위의 긍정적인 의미를 내포함.)

## 085

# 瞎子磨刀 —— 快了
# 瞎子磨刀 —— 快了

xiāzi mó dāo — kuài le

장님이 칼을 갈다 ; 끝이 날카롭다. [곧 다되어가다.]

瞎子看不見, 在磨刀的時候, 磨一會兒, 就用手試一試刀刃, 口裏不住地說："快了！快了！""快"有"鋒利"和"迅速"兩個意思。這裏是說鋒利。

這個歇後語實際表示的意思是：事情很快就要完成, 或者目的地很快就要到達了。

장님은 보이지 않는데, 칼을 갈 때 조금 갈고는 바로 손으로 칼날을 확인하고서, 입안에서 계속 '快了! 快了!'라고 말한다. '快'에는 '鋒利(날카롭다)'와 '迅速(빠르다)'의 두 가지 뜻이 있다. 여기서는 '鋒利(칼끝이 날카롭다)'의 뜻이다.

이 헐후어가 실제 나타내는 의미는 '일이 곧 완성되려한다거나 또는 목적지에 곧 도착하려한다'이다.

## 086

# 小蔥拌豆腐 —— 一清{青}二白
# 小葱拌豆腐 —— 一清{青}二白

xiǎocōng bàn dòufu — yī qīng èr bái

실파를 두부에 버무리다 ; 아주 분명하고{푸르고} 깨끗하다.

這是一個諧音歇後語。小蔥是青青的, 豆腐是白白的。用小蔥拌豆腐, 做成一道菜, 有青又有白, 好看又好吃。"淸"與"靑"同音, "一靑二白"成了"一淸二白"。

"一淸二白"也是個成語, 有兩個意思 : (1)淸淸楚楚, 毫不含糊 ; (2)一個人很純潔, 沒有汚點。(*含褒義)

이것은 해음성질의 한 헐후어이다. 실파는 새파란 것이고, 두부는 새하얀 것이다. 실파를 두부에 버무려서 만든 요리는 푸르고 또한 희며, 보기 좋고 맛도 있다. '淸(맑을 청)'은 '靑(푸를 청)'과 동음이어서, '一靑二白(하나는 푸르고 하나는 희다)'가 '一淸二白(아주 분명하고 깨끗하다)'로 되었다.

'一淸二白'는 성어이기도한데, 두 개의 의미가 있다. (1)아주 분명하고 조금도 모호하지 않다. (2)한 사람이 매우 깨끗하고 오점이 없다.

*친앙히기니 칭찬히는 따위의 긍정적인 의미를 내포함.

【參考用例】 ☞ 각주 224-226번 예문.

087

## 小孩兒放鞭炮 —— 又愛又怕
## 小孩儿放鞭炮 —— 又爱又怕

xiǎoháir fàng biānpào —— yòu ài yòu pà

아이가 폭죽을 터뜨리다 ; 좋아하고도 무서워하다.

鞭炮又叫爆竹, 是小孩子非常喜歡的東西。但鞭炮放起來爆炸聲音很響, 而且容易燒傷手和臉, 所以小孩子又愛它又怕它。

這個歇後語用來描述對人或對物, 又喜歡、又害怕的矛盾心理。

'鞭炮'는 또 '爆竹(폭죽)'라고도 부르는데, 아이들이 매우 좋아하는 물건이다. 그러나 폭죽을 터뜨리면 터지는 소리가 매우 크게 울릴 뿐만 아니라 손과 얼굴에 쉽게 화상을 입을 수 있다. 그래서 아이들은 그것을 좋아하고도 무서워한다.

이 헐후어는 사람 또는 물건에 대해서 좋아하고도 무서워하는 모순된 심리를 묘사하는 데 사용한다.

088

## 小和尚念經 —— 有口無心
## 小和尚念经 —— 有口无心

xiǎo héshang niàn jīng —— yǒu kǒu wú xīn

어린 중이 경을 읽다 ; 말 뿐이고 진심이 어려 있지 않다. [성격이 솔직하고 말이 직선적이다.]

小和尚初入佛門, 天天跟着老和尚念經, 卻不懂得念的經文是什麽意思, 一點也不動心。

“有口無心”的意思是：(一件事情)只是嘴上說說, 並沒有把它放在心裏。

어린 중이 처음 불문에 들어가 매일 노스님을 따라서 경을 읽지만, 읽는 경문이 무슨 뜻인지 이해하지 못해서 마음이 조금도 움직이지 않는다.

‘有口無心’의 의미는 ‘(한 가지 일에서) 단지 입으로 말만 할뿐 결코 그것을 마음속에 담아두지 않다’이다.

**【參考用例】** ☞ 각주 19번 예문.

## 089

# 秀才遇見兵 —— 有理說不淸
# 秀才遇见兵 —— 有理说不清

xiùcái yùjiàn bīng — yǒu lǐ shuō bù qīng

서생이 병사를 만나다 ; 이치가 있어도 명확하게[똑똑히] 말할 수 없다.

過去, 人們把秀才看做是很有學問的讀書人, 而當兵的往往是蠻橫(mánhèng)不講理。秀才遇見兵, 雖然有一肚子的道理, 但總是說不淸楚的。

這個歇後語比喩對蠻橫不講道理的人, 是無法和他講理的。

옛날에, 사람들은 '秀才'는 학문이 뛰어난 서생이지만 병사는 늘 난폭하고 이치를 따지지 않는다고 여겼다. 서생이 병사를 만나면 비록 마음속 가득한 이치가 있지만[할 말이 매우 많지만] 언제나 명확하게[똑똑히] 말할 수 없다.

이 헐후어는 난폭하고 이치를 따지지 않는 사람에 대해 그와 이치를 따질 방법이 없는 것을 비유한다.

## 090

## 啞巴吃黃連 —— 有苦說不出
## 哑巴吃黄连 —— 有苦说不出

yǎba chī huánglián — yǒu kǔ shuō bù chū

벙어리가 황련을 먹다 ; (맛이 너무 써서) 고통스러워도 말을 할 수가 없다.

黃連是一種非常苦的中藥。啞巴吃了黃連, 感到味道很苦, 嘴裏卻說不出來。

在漢語中, "苦"有兩個意思 : 一是味道苦(bitter), 一是痛苦(pain ; suffering)。這裏的"有苦說不出"實際是指心中痛苦, 但嘴裏說不出來, 或不便說出來。

황련은 맛이 매우 쓴 중국 약초이다. 벙어리가 황련을 먹고 나서 맛이 매우 쓰다고 느껴도 입으로 말을 할 수가 없다.

중국어에서 '苦'는 두 가지 뜻을 갖고 있는데, 하나는 '맛이 쓰다'이고, 하나는 '고통스럽다'이다. 이곳의 '有苦說不出'는 실제로 마음속에 고통스러운 것이 있지만 입으로 말을 할 수가 없거나 말하기 불편한 것을 가리킨다.

## 091

# 啞巴吃餃子 —— 心裏有數
# 哑巴吃饺子 —— 心里有数

yǎba chī jiǎozi — xīnli yǒu shù

벙어리가 물만두를 먹다； 마음속에 계산이 있다. [속으로 다른 생각이 있다.]

啞巴吃餃子的時候，吃了多少餃子，嘴上雖然說不出來，但心裏總是有個數。

"心裏有數"的意思是：對某一種事情嘴上雖然不說，但是心裏十分明白。

벙어리가 물만두를 먹을 때 물만두를 얼마나 먹었는지 입으로는 비록 말을 할 수 없지만, 마음속에는 언제나 계산이 있다.

'心裏有數'의 의미는 '어떤 일에 대해서 입으로는 비록 말하지 않지만 마음속은 (계산이나 생각이) 아주 분명하다'이다.

**【參考用例】** ☞ 각주 89, 90, 92, 94번 예문.

## 092

# 閻王爺出告示 —— 鬼話連篇
# 阎王爷出告示 —— 鬼话连篇

Yánwangyé chū gàoshi — guǐhuà lián piān

염라대왕이 포고를 게시하다 ; 허튼소리[거짓말]를 늘어놓다.

佛教稱管地獄的神叫閻王或閻王爺。閻王爺貼出告示, 告示上講的都是鬼的事情, 用的都是鬼的詞語, 所以說是“鬼話連篇”。

“鬼話連篇”比喻講的全是騙人的假話、謊話。(*含貶義)

불교에서는 지옥을 관할하는 신을 일컬어 ‘閻王’ 또는 ‘閻王爺’라고 부른다. 염라대왕이 포고(布告)를 게시하는데, 포고에서는 모두 귀신의 일을 이야기하고 귀신의 어휘를 사용한다. 그래서 ‘鬼話連篇(허튼소리를 늘어놓다)’이라고 말한다.

‘鬼話連篇’은 이야기하는 전부가 사람을 속이는 거짓말이라는 것을 비유한다.

(*헐뜯거나 비방하는 따위의 부정적인 의미를 내포함.)

## 093

# 張飛穿針 —— 粗中有細
# 张飞穿针 —— 粗中有细

Zhāng Fēi chuān zhēn —— cū zhōng yǒu xì

장비가 바늘에 실을 꿰다 ; 거칠면서도 세심한 데가 있다.

中國古代的三國時代, 蜀國有名大將叫張飛。張飛以身材魁梧、擧止粗魯而著名。粗魯的張飛卻把細細的絲線穿入小小的針眼裏, 形成"粗"和"細"的有趣對比。

"粗中有細"指一個人在粗魯之中還有精細的地方。(*含褒義)

중국 고대의 삼국시대 때, 촉나라에 장비라는 유명한 장군이 있었다. 장비는 체구가 장대하고 행동이 우락부락하고 거친 것으로 이름이 나있었다. 우락부락하고 거친 장비가 오히려 가느다란 실을 아주 작은 바늘구멍 안으로 꿰었으니, '粗(거칠 조)'와 '細(가늘 세)'의 재미있는 대비[대조]를 이루었다.

'粗中有細'는 한 사람이 우락부락하고 거친 가운데서도 또한 세심한 데가 있는 것을 가리킨다.

(*찬양하거나 칭찬하는 따위의 긍정적인 의미를 내포함.)

**【參考用例】** ☞ 각주 7번 예문.

## 094

# 丈二金剛 —— 摸不着頭腦
# 丈二金刚 —— 摸不着头脑

zhàng èr Jīngāng — mō bù zháo tóunǎo

1장 2척의 금강[키가 큰 중]; 머리를 만져볼 수 없다.
[영문을 모르다.]

佛教稱金剛是佛祖[佛主]的衛士, 身高爲一丈二尺。身材這麽高大的金剛, 一般的人怎麽能夠摸得着他的頭呢?

"摸不着頭腦"的意思是：不了解情況, 不淸楚底細, 不知道緣由等等。

불교에서 금강이라 부르는 것은 석가모니의 근위병으로, 키가 1장 2척(약 4미터)이다. 키가 이렇게 큰 금강을 일반사람들은 어떻게 그 머리를 만져볼 수 있을까?

'摸不着頭腦'의 의미는 '상황을 이해하지 못하다, 내막을 분명히 알지 못하다, 영문을 모르다' 등이다.

**【参考用例】** ☞ 각주 14, 15번 예문.

095

## 芝麻開花 —— 節節高
## 芝麻开花 —— 节节高

zhīma kāi huā — jiéjié gāo

참깨가 꽃이 피다； 마다마디 높아지다. [점점 나아지다.]

芝麻是一種一年生的草本植物, 子實可以榨油。芝麻開花有一個特點：莖(jīng)往上面長一節, 開一層花。莖不斷地長, 花不斷地開。

這個歇後語用來比喩生活水平逐漸提高；也比喩人的思想、學習、技能等一天比一天進步。(*含褒義)

'참깨'는 일년생의 초본식물로, 식물의 씨는 기름을 짤 수 있다. 참깨가 꽃이 필 때 특징이 하나 있다. 줄기가 위로 한 마디 자라면 꽃이 한 층 핀다. 줄기는 끊임없이 자라고 꽃도 끊임없이 핀다.

이 헐후어는 생활수준이 점차 올라가는[나아지는] 것을 비유하는 데 사용한다. 또 사람의 사상, 학습, 기능 등이 날이 갈수록 진보하는 것을 비유한다.

(*찬양하거나 칭찬하는 따위의 긍정적인 의미를 내포함.)

**【參考用例】** ☞ 각주 198번 예문.

## 096

## 周瑜打黄蓋 —— 一個願打, 一個願挨
## 周瑜打黄盖 —— 一个愿打, 一个愿挨

Zhōu Yú dǎ Huáng Gài — yī ge yuàn dǎ, yī ge yuàn ái

주유가 황개를 때리다 ; 하나는 때리길 원하고 하나는 맞길 바라다.
[알고 때리고 알고 맞다.]

中國古代的三國時代, 吳國和蜀國聯合抵抗曹操領導的魏國。在一次大戰中, 爲了火攻曹操的營, 吳國大將黃蓋向主帥周瑜獻了"苦肉計", 讓周瑜把他打得皮開肉裂, 然後到曹操那裏去搞假投降, 以便從內部攻破曹營。

這個歇後語用來比喩在一件事情或一筆交易中雙方的態度, 說明雙方都是心甘情願的。

중국 고대의 삼국시대 때, 오나라가 촉나라와 연합해서 조조가 이끄는 위나라에 저항했다. 한 차례 큰 전투 중에 조조의 병영을 화공하기위해 오나라 대장인 황개는 사령관인 주유에게 '고육책(苦肉策)'을 바쳤는데, 주유로 하여금 그를 피부가 터지고 살이 찢길 정도로 때리게 한 후에 조조에게로 가서 거짓으로 꾸며 투항하게 하여 내부로부터 조조 병영을 쳐부수도록 하였다.

이 헐후어는 일 또는 거래[교역] 중에 쌍방의 태도를 비유하는 데 사용하여 쌍방 모두 기꺼이 원하고 있다는 것을 설명한다.

## 097

# 豬八戒吃人參果 —— 全不知滋味
# 猪八戒吃人参果 —— 全不知滋味

Zhū Bājiè chī rénshēnguǒ — quán bù zhī zīwèi

저팔계가 인삼과를 먹다 ; 그 맛을 모르다. [가치를 모르다.]

≪西遊記≫中有一段描寫豬八戒吃人參果的故事。故事說：豬八戒偸了鎭元大仙種的人參果, 由於貪嘴好吃, 連人參果的滋味也沒有嘗到, 就囫圇(húlún)呑下肚裏。

這個歇後語用來比喩：(1)不知道食物的滋味；(2)不知道東西的價值[不識貨]。(*含貶義)

≪서유기≫에 저팔계가 인삼과를 먹는 것을 묘사한 이야기가 있다. 이야기에서 말하길, 저팔계는 진원대선이 심어놓은 인삼과를 훔쳤는데, 게걸스럽게 먹는 것을 좋아해서 인삼과의 맛조차도 보지 못하고 통째로 삼켜 뱃속으로 들어갔다.

이 헐후어는 (1)음식물의 맛을 모르고 (2)물건의 가치를 모르는[알아보지 못하는] 것을 비유하는 데 사용한다.

(*헐뜯거나 비방하는 따위의 부정적인 의미를 내포함.)

## 098

# 豬八戒照鏡子 —— 裏外不是人
# 猪八戒照镜子 —— 里外不是人

Zhū Bājiè zhào jìngzi — lǐ wài bù shì rén

저팔계가 거울을 보다 ; 안팎이 모두 사람이 아니다. [아무리 보아도 사람처럼 생기지 않다. 욕을 먹거나 난처하게 되어 꼴이 말이 아니다.]

豬八戒長着大耳朵、長嘴巴，豬頭人身，面目醜惡難看。豬八戒拿着鏡子照自己，鏡子裏面和外面都不是人的模樣。

這個歇後語用來比喩裏外、上下都討不到好，夾在中間受氣；或比喩處境困難，到處受到埋怨。(*含貶義)

저팔계는 큰 귀와 긴 입을 달고 돼지머리에 사람 몸을 가져 몰골이 추악하고 보기 싫다. 저팔계가 거울을 가지고 자신을 비추면, 거울 속과 밖 모두 사람의 모습이 아니다.

이 헐후어는 안팎과 위아래 모두 잘 보여서 마음에 들지 못하고[기분이나 비위를 맞추지 못하고] 중간에 끼여서 모욕을 당하는 것을 비유하는 데 사용한다. 또는 처지가 곤란하여 도처에서 원망을 받는 것을 비유한다. (*헐뜯거나 비방하는 따위의 부정적인 의미를 내포함)

【參考用例】 ☞ 각주 65-67번 예문.

## 099

# 竹籃打水 —— 一場空
# 竹篮打水 —— 一场空

zhúlán dǎ shuǐ — yī cháng kōng

대광주리로 물을 긷다 ; 텅 비다. [수포로 돌아가다.]

竹籃子有許多小洞, 用來打水, 水都漏掉了, 籃子裏總是空空的。

這個歇後語用來比喻希望和努力完全落空, 費了很大的勁, 最後一無所獲。

대광주리는 많은 작은 구멍이 있어 물을 길으면 물이 다 새서 없어지고 광주리 안은 언제나 텅 빈다.

이 헐후어는 희망과 노력이 완전히 물거품이 되고, 매우 큰 힘을 썼지만 마지막에 아무것도 얻은 것이 없다는 것을 비유하는 데 사용한다.

【參考用例】 ☞ 각주 339번 예문.

## 100

## 啄木鳥找食 —— 全憑嘴
## 啄木鸟找食 —— 全凭嘴

Zhuómùniǎo zhǎo shí — quán píng zuǐ

딱따구리가 먹이를 찾다 ; 전부 입에만 의지하다.

啄木鳥吃食, 全靠自己堅硬的嘴, 啄開樹皮, 捕捉樹洞裏的蟲子。

這個歇後語用來諷刺某種人不踏踏實實地工作, 只憑耍(shuǎ)嘴皮、說漂亮話過日子。

딱따구리가 먹이를 먹는데, 전부 자신의 단단한 부리에 의지해서 나무껍질을 쪼아 나무속의 벌레를 잡는다.

이 헐후어는 어떤 사람이 착실하게 일하지 않고 단지 입만 놀리며 듣기에는 좋으나 실현할 수 없는 말만 하면서 생활하는 것을 풍자하는데 사용한다.

저자
**溫端政**

1932년 中國 浙江省 溫州 출생
1958년 北京大學 中國語言文學系 졸업
山西省忻縣師範專科學校, 晋北師範專科學校, 山西省教育學院 교수 역임
山西省社會科學院 語言硏究所 소장, 山西省語言文字工作委員會 부주임,
全國漢語方言學會 및 中國辭書學會 이사, 山西省語言學會 부회장 역임
현재 山西省社會科學院 語言硏究所 명예소장, 山西省語言學會 명예회장

대표논저 : ≪漢語語彙學≫, ≪歇後語≫, ≪諺語≫(北京: 商務印書館) 등
중국상용어사전주편 : ≪中國俗語大辭典≫, ≪古今俗語集成≫, ≪諺海≫,
≪漢語常用語詞典≫, ≪中國歇後語大詞典≫, ≪新華歇後語詞典≫ 등

역주자
**제해성**

경상남도 진주 출생
계명대학교 문과대학 중어중문학과 졸업
國立臺灣師範大學 國文硏究所 석사과정 졸업
北京師範大學 中國語言文學系 박사과정 졸업
國立臺灣師範大學, 復旦大學 中文系 방문연구
현재 계명대학교 인문대학 중국어문학과 교수

역주서 : ≪사기정선(史記精選)≫ (계명대학교출판부, 2007년)
편저서 : ≪<圍城>으로 읽는 高級中國語讀解≫(신아사, 2012년)
공저서 : ≪중국어문학의 이해≫ (신아사, 2015년)

中國古典文體論 및 先秦兩漢史傳文學 연구논문 국내외학술지 발표

형상과 해학의 중국숙어

# 歇後語

1판 1쇄 발행 _ 2012년 2월 29일
2쇄 발행 _ 2025년 2월 20일

역 주 자 • 제 해 성
발 행 인 • 정 현 걸
발　　행 • 신 아 사
인　　쇄 • 부건애드
출판등록 • 1956년 1월 5일 (제9-52호)
주　　소 • 서울특별시 은평구 녹번동 28-36번지 2F
전　　화 • (02) 382-6411 • 팩스 (02) 382-6401
홈페이지 • www.shinasa.co.kr
E-MAIL • shinasa@chol.com

ISBN 978-89-8396-767-1(93820)

정가 *18,000*원